软制衡与新遏制

欧美对俄罗斯政策比较研究

宋芳 著

南京大学出版社

图书在版编目(CIP)数据

软制衡与新遏制：欧美对俄罗斯政策比较研究 / 宋芳著． — 南京：南京大学出版社，2025.1. — ISBN 978-7-305-28470-0

Ⅰ. D871.20；D850

中国国家版本馆 CIP 数据核字第 2024983ZB7 号

出版发行	南京大学出版社		
社　　址	南京市汉口路 22 号	邮　编	210093

书　　名　软制衡与新遏制：欧美对俄罗斯政策比较研究
　　　　　　RUAN ZHIHENG YU XIN EZHI:OUMEI DUI ELUOSI ZHENGCE BIJIAO YANJIU
著　　者　宋　芳
责任编辑　陈一凡　　　　　　　　编辑热线　025-83593947
责任校对　张靖爽

照　　排	南京南琳图文制作有限公司
印　　刷	江苏凤凰通达印刷有限公司
开　　本	787 mm×1092 mm　1/16　印张 20　字数 292 千
版　　次	2025 年 1 月第 1 版　2025 年 1 月第 1 次印刷

ISBN 978-7-305-28470-0

定　　价　90.00 元

网址：http://www.njupco.com
官方微博：http://weibo.com/njupco
官方微信号：njupress
销售咨询热线：(025) 83594756

* 版权所有，侵权必究
* 凡购买南大版图书，如有印装质量问题，请与所购
　图书销售部门联系调换

序　一

在冷战结束后大国关系迅速而剧烈变化的国际政治版图中,美西方与俄罗斯的关系对世界秩序的重构影响重大,新千年之际普京上台以来双方关系的变化更是引人注目。及至2013年年底爆发的乌克兰危机,尤其2022年俄乌冲突爆发后,俄罗斯被美西方视为对欧洲—大西洋地区的和平与稳定造成"最重大和最直接的威胁"。围绕此番冲突的大国博弈及其未来走向受到国际社会的高度关注,成为当下国际关系研究领域的前沿议题。在此背景下,中央党校青年教师宋芳博士的学术专著的出版,可望为读者认识冷战后美西方与俄罗斯关系的变化及其学理探讨做出贡献。

冷战后美西方与俄罗斯的关系很大程度上是在"欧洲安全"的语境中展开的,但如果从历史演进的角度来看,人们谈论欧洲的战争与和平更多是将其与"欧洲均势"的话语联系起来,而俄罗斯在近代欧洲国际体系中的角色,即彼时它在欧洲均势体系中的地位和作用便引人注目。虽谈不上能主导欧洲的力量平衡,却也举足轻重。不过,当1648年"三十年战争"结束、一般认为欧洲近代国际体系发轫之时,俄罗斯尚未显山露水,直至经历结束西班牙王位继承战争的《乌得勒支和约》至"七年战争"的战火洗礼,俄罗斯及普鲁士才在欧洲国际舞台上崭露头角。因此,史家认为,《乌得勒支和约》的深远意义在于均势原则的确立,即它标志着该原则从此被欧洲各国在处理欧洲事务时奉为圭臬,而"七年战争"中俄国和普鲁士的崛起不仅扩展了欧洲国际体系的覆盖范围,而且改变了欧洲大国间的权力结构,使欧洲从原来的"三强"(英、法、奥)体系转变为"五强"(Pentarchy)体系。到了19世纪,这种"五强"格局成为维系欧洲"百年和平"的欧洲经典均势体系的主要形态。

五强均势格局的形成标志着欧洲近代前期以英法等传统大国博弈为核心的欧洲国际体系的转型,即1814—1815年维也纳会议后普鲁士王国/德意志帝国逐渐成为欧洲均势体系的威胁,而俄罗斯也俨然成为另一个大国。它在欧洲政治舞台上纵横捭阖,其作用已经变得不可或缺,两次参加世界大战,先后以三国协约和反法西斯同盟成员国的身份参与抗衡德意志帝国和击败纳粹德国称霸欧洲乃至世界的图谋。然而,两次世界大战不仅改变了欧洲力量对比的态势,而且直接导致了传统欧洲均势体系的瓦解:从地缘政治的视角来看,近代以来欧洲国际体系的一个特征是其自主运行性,即直至一战,欧洲的战争与和平本质上是通过欧洲列强之间的同盟转换和均势演变而实现的,无需欧洲之外势力的介入,而第一次世界大战(简称一战)和第二次世界大战(简称二战)的结果却很大程度上由一个域外崛起的大国即大西洋彼岸的美国的参战所决定,这一事实直接反映了欧洲的衰落,同时宣告了世界力量重心的转移和全球性国际体系的真正形成。

国际关系结构现实主义大师肯尼斯·沃尔兹认为均势乃是国际政治中"特有的政治理论"(distinctively political theory),如果按照这一论断,从近代由欧洲主导的国际体系演化为二战后的全球性国际体系并没有改变国际体系结构的性质,二战结束后初期形成的世界两极格局仍然是以力量平衡为基础的。不过吊诡的是,作为该两极格局中西方阵营一方的成员是二战中崛起的美国领导的北约盟国,包括两次挑战欧洲国际秩序的德国,东方阵营一方成员则是同样在二战中崛起为超级大国的苏联及其华约盟国,这就意味着苏联的对手是在两次世界大战中与其并肩浴血奋战的盟友和以命相搏的敌人。敌友阵营的这种转换令人感慨,但观照两百多年欧洲近代国际关系中"外交革命"屡见不鲜的历史,这样的力量分化和均势重构或许不足为奇,甚至有些顺理成章,以致在现实主义者看来,二战中英美等西方大国能够捐弃前嫌、"不讲政治"地超越社会制度和意识形态的差异而与苏联结盟共同抵抗轴心国集团,其原因乃是它们面临着明显威胁,因此斯蒂芬·沃尔特认为,对安全的偏好有可能超过对意识形态的偏好,当渗透进实用主义的利益时,"以意识形态为基础的联盟就不可能继续存在";如果一个联盟刻意传播反对与之敌对的意识形态,它实际上还是一种"被掩饰了的均势联盟"。①

与近代欧洲大国外交家一样,经典现实主义学者将均势理论奉为圭臬,或者如沃尔特所说,绝大多数现实主义学者"都贬低意识形态在联盟选择中的重要性";他本人对两次世界大战间歇期间英法未能与苏联结盟制德的解释是,双方确实存在着相互"反感"的情况,而让它们走到一起的真正逻辑不是这种"反感"消失了,而是当面临更大威胁时,"国家将与它能得到的任何盟友联盟"。② 这就涉及现实主义对国家间联盟起源的一个主要命题,即联盟形成和维系的基本影响因素或自变量在于应对国际权力分布失衡的威胁即"权力均衡论",此论在同盟理论研究中发挥着重大的基础性作用,此后现实主义学者有关同盟理论的研究或多或少基于对其的继承和发展。这种"权力均衡论"在二战结束后转变为西方国家出于对苏联咄咄逼人的扩张态势的担忧而结成跨大西洋安全同盟的"底层逻辑",旨在遏制苏联对它们的安全威胁。欧洲人特别是英国人从均势论看到了跨大西洋同盟的价值,因为他们意识到斗转星移,主导世界的力量重心已经从欧洲转向两个超级大国,支配欧洲战争与和平的欧洲均势已经为全球性两极均势所替代,而欧洲已无力单独抗衡苏联,只能依靠美国

---

① 斯蒂芬·沃尔特:《联盟的起源》,周丕启译,上海:上海人民出版社,2018 年,第 31、33 页。

② 同上,第 31 页。

来共同防御华约集团；换言之，苏联的安全威胁造就了跨大西洋同盟。

因此，北约的形成和维系离不开一个具有强大威胁性的对手的存在，后者在冷战期间是苏联集团，而且对手越强、威胁越大，跨大西洋同盟就越团结、越稳固。反之，冷战结束、苏联瓦解后，缺少强大对手的北约的存续就难免不断受到人们的质疑。冷战后频发的局部战争、非传统安全威胁，以及国际恐怖主义、大规模杀伤性武器的扩散等对国际安全的各种挑战不能充分解释北约继续存在的合理性和合法性，直到俄乌冲突——这一冷战结束后欧洲最大规模的军事冲突发生后，俄罗斯俨然再次成为欧洲安全的最大威胁，随之"新冷战"出现、北约强势复活，跨大西洋同盟存续的"底层逻辑"似乎就是不证自明的了。

不过，二战后的世界毕竟不是欧洲列强及其所玩弄的均势主宰国际关系的时代了，如果说从"权力均衡"和安全威胁的视角对跨大西洋同盟起源和存续进行的认知充满了历史智慧和现实洞见的话，那么现实主义学者至少还需要解释一个重要问题：北约究竟是一种怎样的联盟？按照对传统联盟及其功能的一般理解，失去对手后的联盟同时失去了自身存在的意义，参与联盟的国家迟早会卷入新一轮力量较量和联盟重组，但为什么北约在冷战结束后并没有解体或消失，反而不断扩张，其成员也从冷战结束时的16国增加到俄乌冲突爆发前的30国？

这是一个冷战结束之时就已经存在的问题，对其解释的分歧也一直存在至今，而北约官方的解释涉及它的性质，即北约不仅是一个针对安全威胁的军事防御同盟，而且是一个其成员国拥有共同价值观的政治同盟。冷战后北约已经成功地进行了功能转型，即除了防御性同盟，它的政治性功能得到了成功建设。例如，2010年11月北约发布的防务和安全"战略概念"正式提出北约是"全球最有效的政治军事联盟"，其目标是一个完整、自由和拥有共同价值观的欧洲，实现它的最有效的办法则是"将所有渴望融入欧洲—大西洋结构的欧洲国家最终一体化"。北约宣称，它的价值观和目标是"普遍的、永恒的"。① 总之,这样一种同盟看上去与传统的欧洲同盟至少在性质及内部结构上是有着显著区别的。

实际上,从一开始北约就强调了该联盟成员国拥有共同价值观的特点,而美国学者多伊奇等人也在1957年提出"安全共同体"的概念以作呼应。② 这些美国学者以欧洲历史上的诸多案例为基础,研究"政治共同体与北大西洋地区"的主题,认为军事力量已经不是促进政治融合从而消除战争的有效手段;与"均势"理论相反,围绕美、英、加等核心力量发展起来的"多元安全共同体"更能有效地预防冲突;这种安全共同体的一个特征就是其成员必须拥有共同的"主要价值观"和期望,或者至少必须将相互冲突的价值观去政治化。③ 显然多伊奇等人的"多元安全共同体"概念带有明显区别于现实主义的自由主义倾向,不过他们在其结论中还是客观地指出,这种安全共同体的存在需要三个条件,而当时北大西洋地区只具备一个条件。④ 如果我们考虑到1958年戴高乐上台后法美(北约)矛盾的激化及其对北大西洋同盟的深刻影响,多伊奇等人严谨和冷静的态度还是值得称道的,此后一段时期西方学界关于"安全共同体"的讨论也似沉寂下去了。

然而,苏联的瓦解和冷战以西方的"不战而胜"结束之后,不仅"历史终结论"一时甚嚣尘上,而且西方不少人认为跨大西洋"安全共同体"的巩

---

① "Strategic Concept for the Defence and Security of the Members of the North Atlantic Treaty Organization," Heads of State and Government at the NATO Summit in Lisbon 19 - 20 November 2010, https://www.nato.int/cps/en/natohq/topics_82705.htm.

② Karl W. Deutsch and others, *Political Community and the North Atlantic Area: International Organization in the Light of Historical Experience*, Princeton: Princeton University Press, 1957.

③ 参见对多伊奇等学者著作的书评,包括:R. N. Rosecrance, "Book Reviews," *The Western Political Quarterly*, pp. 902 - 903; Kenneth W. Thompson, "Book Reviews," *The American Political Science Review*, pp. 531 - 533; John Bowle, "Book Review," *International Affairs*, Vol. 34, No. 2, pp. 198 - 199;等等。

④ R. N. Rosecrance, "Book Reviews," p. 903.

固和扩张更是水到渠成,该概念此时已不仅仅是一种构想而是一种现实存在了。

从本质上看,自由主义取向的"安全共同体"概念乃是"民主和平论"的现实版,冷战后它又更受到建构主义国际关系理论的加持。伊曼纽尔·阿德勒在其论文《想象的(安全)共同体:国际关系中的认知区域》中引用身份认同理论,认为多伊奇提出的"多元安全共同体"是社会建构出来的"认知区域",是其人民"共享的理解和共同身份想象";随着共同体越来越紧密地整合起来,他们从中可以追寻其身份的渊源,而且"自由的共同体区域尤其易于转变为安全共同体"。[①]托马斯·里斯则在其《民主共同体的集体认同:以北约为例》的论文中提出,北大西洋同盟是自由民主国家的多元安全共同体的制度形式;而民主的规范和决策规则是这些制度的表征,自由主义国家在处理相互关系时把这些规范(互不使用武力和武力威胁)和规则(和平)外部化了。反过来,这些规范和规则的实施又"加强了共同体意识和行为体集体认同"。[②]

不少有着欧洲统一情怀的欧洲人认为,欧洲一体化的长足发展使得欧洲为均势和权力政治所主宰的时代一去不复返了;类似地,以跨大西洋同盟为标志的成熟的安全共同体被认为消除了民主国家之间发生战争的根源,它为欧洲的长治久安提供了保证,甚至西方的"永久和平"的愿景也不是遥不可及了。然而,尽管跨大西洋同盟为欧洲安全提供了重要的制度保证,它并没有消弭同盟内部此起彼伏的矛盾和冲突,甚至使同盟面临生存危机,如1966年法美矛盾的激化导致戴高乐退出北约军事一体化机

[①] Emanuel Adler, "Imagined (Security) Communities: Cognitive Regions in International Relations," *Millennium: Journal of International Studies*, 1997, Vol. 26, p. 250.

[②] Thomas Risse-Kappen, "Collective Identity in a Democratic Community: The Case of NATO," in Peter J. Katzenstein, ed., *The Culture of National Security: Norms and Identity in World Politics*, New York: Columbia University Press, 1996.

制,冷战结束后的 2003 年法德与美国围绕伊拉克战争的分歧导致同盟危机,等等。① 或许可以说,北大西洋"多元安全共同体"的稳定很大程度上较少地源于成员国人民的"身份认同",更多地依赖美国超强权势维持的霸主地位,以及欧洲以默认这种霸权换取的美国对欧洲"安全依赖"的接受,即跨大西洋两岸之间的权力结构及其对同盟成本和收益讨价还价的结果。

的确,2003 年北约危机重创美欧关系,给西方尤其美国人敲响了警钟。事发后美国学界出现了众多有关跨大西洋同盟前途的论著,其中一部有代表性的论文集标题就是《西方的终结:大西洋秩序的危机和变迁》,它主要展示了对大西洋安全共同体危机及其前景的不同观点的分析,主编之一即冷战后美国主流的自由国际主义领军人物之一伊肯伯里(G. John Ikenberry)。他归纳道,这次危机理论上可能会是三种结果之一:1. 导致经济崩溃和西方的终结;2. 从根本上重组大西洋秩序内部关系的规范和制度;3. 它可能会导致适应,即某些规则的改变,同时保持大多数制度的完整。② 这表明,尽管有三种选择,安全共同体解体的选择也赫然在列。

同样,由伊拉克战争引发的跨大西洋同盟危机发生之后,研究安全共同体的专家也对安全共同体理论进行了反思,尤其是 2009 年伊曼纽尔·阿德勒和帕特里希亚·格莱夫发表了一篇题为《当安全共同体遇到力量平衡:相互重叠的区域安全治理机制》的论文。他们在文中举出一个例子:在 2008 年 4 月 2 日北约布加勒斯特峰会上,法国总理弗朗索瓦·菲

---

① 在《西方的终结:大西洋秩序的危机和变迁》中,威廉·希区柯克(William I. Hitchcock)列举了北约全部历史中的 5 次重要危机,亨利·诺(Henry R. Nau)列举了 6 次重要危机。参见 Jeffrey Anderson, G. John Ikenberry, & Thomas Risse, eds., *The End of the West*?: *Crisis and Change in the Atlantic Order*, Ithaca and London: Cornell University Press, 2008, p. 54, pp. 91 - 92。

② Jeffrey Anderson, G. John Ikenberry, & Thomas Risse, eds., *The End of the West*: *Crisis and Change in the Atlantic Order*, pp. 12 - 13. 该著作出版于危机发生 5 年后,编者声称他们是深思熟虑的,而不是赶风头的应景之作。

软制衡与新遏制：欧美对俄罗斯政策比较研究

永在解释法国和德国不愿邀请格鲁吉亚和乌克兰成为北约成员国的原因时说道："我们反对格鲁吉亚和乌克兰，因为我们认为这不是对欧洲内部和欧洲与俄罗斯之间权力平衡的一个好的答案。"欧洲分析人士很快指出，这里的"平衡"可以被视为欧洲主要大国和美国之间的平衡，同时也可能是另一个平衡即北约国家与俄罗斯之间的平衡。于是他们就提出了一个问题：上述例子是否表明了竞争的驱动力和一种新的法国、德国或"欧洲"自信的回归或延续？换句话说，均势思维的例子只是过去时代的残余，而在成熟的欧洲和跨大西洋安全共同体中真的没有实际影响了吗？两位作者的结论是：至当时为止，国际关系中关于各种国际秩序的争论比比皆是，但尽管在分析和规范上存在着截然不同的秩序，特别是它们所基于的治理安全体系（如权力平衡和安全共同体），但在政治话语和实践中，它们经常共存或重叠。具体来说，"均势"和"安全共同体"不仅是理论上可以用来分析不同结构的安全秩序，而且是基于不同混合实践的安全机制。简言之，他们是将均势和安全共同体两种秩序和机制纳入了同一个理论和实践分析框架，其核心概念就是两者的"重叠"。在以上观点的基础上，作者提出了两种机制重叠的四种路径。（1）时间/进化：安全机制的"多变性"随着时间推移而"重叠"。（2）功能：功能多样性及其重叠。（3）空间：空间的多样性及其重叠。（4）关系性：关系多样性和重叠。[①]笔者认为，虽然在当代国际关系实践中，观察到西方国家间和国际组织中的权力政治和均势策略取向并不困难，但像阿德勒这样的安全共同体专家能够提出安全共同体与均势两种机制的并存和重叠，正体现了他们的理性和客观的态度。

回到本文开头美西方与俄罗斯关系的叙事中，就阿德勒和格莱夫上

[①] Emanuel Adler & Patricia Greve, "When security community meets balance of power: overlapping regional mechanisms of security governance," *Review of International Studies*, Feb. 2009, Vol. 35, pp. 59 – 84.

述论文所提出的关于北约东扩引起的争论而言,它涉及两个层面的问题,一是北约向东扩张至乌克兰等国家并不是美西方"凯歌行进"的过程,二是北约同盟内部对俄罗斯政策的分歧也不会因为"身份认同"而自然化解。这两个层面的问题都使美西方"安全共同体"在理论和实践上遇到了严峻挑战,"欧洲人士"由此敏锐地观察到其中权力平衡作用的存在也就不足为奇了。宋芳博士正是看到了冷战后美西方与俄罗斯关系的重要性和复杂性,尤其普京上台后双方关系一步步转向恶化,在其著作中对这种关系的变化和在此期间跨大西洋同盟内部分歧的特点和性质进行了深度探讨。

宋芳的研究有自己的特色,学术创新意识强,特别是在主要观点的阐述及其论证上可圈可点,具有较大的启发性。首先,宋著认为,在美西方与俄罗斯关系中存在着双重结构性矛盾,即美西方与俄罗斯之间的结构性矛盾和美国与欧洲盟国之间的结构性矛盾。前者表现为冷战后美国和欧洲意图通过北约、欧盟的双东扩及其他举措挤压俄罗斯西部的战略空间,这与普京俄罗斯的强硬应对发生强烈碰撞;后者则是欧美之间存在着美强欧弱的结构性矛盾,并因双方极力维护各自的自身利益而在俄罗斯问题上产生政策分歧。在双重结构性矛盾的分析视域下,作者能够比较准确地把握美西方与俄罗斯之间博弈和跨大西洋同盟内部博弈各自的特点及其区别,也没有忽视跨大西洋同盟的某种程度的"安全共同体"特征及其作用,如客观和辩证地看待该同盟成员国之间存在着共同价值观等。

宋著的另一个重要贡献在于,提出欧美对俄政策的特征可分别概括为"软制衡"和"新遏制",对二者的成因做了较为详细和周到的梳理和阐述,揭示了其政策表征与深层动因之间的逻辑联系。这里的欧洲对俄"软制衡"是相对于美国对俄"新遏制"或者说"硬制衡"而言的,后者的制衡涉及在不同程度上动用军事力量的制衡。根据研究,国际政治中对"软制衡"的使用由来已久,在现有的学术文献中不少是关于冷战后各种行为体针对美国霸权的"软制衡"，[1]但针对俄罗斯的"软制衡"研究尚不多见。例如，研究"软制衡"的美国学者保罗虽然提到欧盟在制裁俄罗斯问题上"行动迟缓"，并认为欧美在俄罗斯威胁问题上的立场分歧使美国对俄"硬制衡"的程度"难以预料"，[2]但他并未做进一步的展开和解释。宋著在厘清概念的基础上，以较大的篇幅结合2008年俄格战争和2013年年底爆发的乌克兰危机两个典型案例，从实证的角度论证了相关观点，尤其对美欧有明显差别的对俄战略和政策反应的原因做了言之有据的深入分析，具有较大的理论创新性和现实价值。实际上，欧洲的对俄"软制衡"相异于美国的对俄"新遏制"，这何尝不也是一种对美国的"软制衡"呢！

宋芳的研究属于国际问题学科范畴，做起来有自己的难处，一是所涉及的文献档案正处于保密期，二是国际局势"变乱交织"，准确把握和预判其进展殊为不易。2022年2月俄乌冲突爆发后，跨大西洋同盟看上去在援乌抗俄问题上形成了难得的共识并一致行动——这恰好说明北约的军事同盟性质，如前所述，俄罗斯新的安全威胁为同盟存续和发展提供了符合逻辑的理由和新的动力。然而，俄乌冲突的结果是什么、欧洲未来的安全框架如何重构、跨大西洋同盟内欧洲与美国的关系会向什么方向发展以至全球安全格局和大国力量的博弈将如何演变？诸多问题现在下结论为时尚早，有待专家、学者们用心探讨，但对它们的研究恐怕多少还是离不开关于"安全共同体"与"均势"关系的理解，笔者期望并相信已经崭露头角的宋芳博士能够为此做出新的贡献。

洪邮生
南京大学教授、博士生导师
2024年10月

---

[1] T. V. Paul, *Restraining Great Powers: Soft Balancing from Empires to the Global Era*, New Haven & London: Yale University Press, 2018, pp. 97-118.

[2] T. V. Paul, *Restraining Great Powers: Soft Balancing from Empires to the Global Era*, pp. 149-150.

序　二

在当今世界政治版图中，欧美与俄罗斯之间的关系无疑是非常复杂且引人注目的版块之一。自2000年俄罗斯普京总统上台以来，国际政治舞台上的风云变幻愈发激烈，美欧与俄罗斯之间的关系经历了深刻的调整与变革。这场地缘政治博弈，不仅重塑了三者之间的互动模式，更对全球格局产生了深远的影响。回顾历史，我们可以发现，这一时期的俄美欧关系变迁，实际上是冷战结束后国际力量重新洗牌的延续和深化。

世界历史进入近代以来，西方逐渐强大，取代了原来东方的领先地位，主导了全球历史的发展潮流。同时，西方内部的分裂和竞争也很激烈，既有威斯特伐利亚体系下的多极争雄，也有维也纳体系下英国与俄罗斯的百年竞争，更有两次世界大战特别是一战期间西方内部的捉对厮杀，还有雅尔塔体系下两个超级大国——美国与苏联的50年冷战。俄罗斯与欧美是什么关系？俄罗斯到底是西方还是东方？为什么无论在历史上还是现实中，俄罗斯与欧美经常处于竞争和冲突状态，"剪不断，理还乱"。无论是欧美对俄政策，还是俄对欧美的政策，既有相同点，也有不同点。无论俄美关系，俄欧关系，还是俄美欧三边（角）关系，都很密切、复杂而又微妙,扑朔迷离,变幻莫测。个中原因是什么呢?[①]

  冷战结束后,随着苏联的解体,俄罗斯一度试图融入西方世界,但双方在意识形态、地缘政治利益等方面的深刻差异,使得这种融合始终未能如其所愿。普京总统上台后,俄罗斯开始重新审视其国际地位和战略目标,力图恢复其大国地位。与此同时,美国作为唯一的超级大国,试图维护和巩固其全球霸权地位,而欧洲则在一体化进程中寻求更大的自主性和影响力。在这样的历史背景下,美欧与俄罗斯之间的关系变得更加复杂和微妙。一方面,面对共同的威胁和挑战,如恐怖主义、核扩散等,美欧与俄罗斯在一定程度上需要合作;另一方面,地缘政治利益、价值观等方面的深刻分歧,又使得双方频繁出现摩擦和对抗。该书正是基于这样的历史背景,以地缘政治竞争的独特视角为切入点,细致入微地剖析了欧美在对俄罗斯政策上所展现的一致性与差异性,为读者揭开了这一复杂关系的神秘面纱。

  地缘政治,作为国际关系中最为古老而深邃的议题之一,其背后隐藏的是国家间对于权力、安全、利益的永恒追求与博弈。欧美与俄罗斯,作为世界上非常具有影响力的几股力量,它们之间的互动无疑是对这一追求与博弈的生动诠释。该书通过深入挖掘欧美对俄政策背后的深层次原因,揭示了双方在地缘政治舞台上既合作又对抗的微妙态势,以及这种态势背后所蕴含的结构性矛盾与战略考量。

  尤为值得一提的是,书中提出的"软制衡"与"新遏制"两种政策特征,不仅精准地捕捉到欧美在对俄政策上的不同取向,更为我们理解双方在地缘政治博弈中的复杂心态提供了有力抓手。欧盟的"软制衡"策略,体现了其在面对俄罗斯时的谨慎与务实,既希望维护自身安全,又不愿过度

---

  ① 关于这些问题的论述和分析,参见李兴:《转型时代俄罗斯与美欧关系研究》,北京:北京师范大学出版社,2007年;李兴等:《亚欧中心地带:俄美欧博弈与中国战略研究》,北京:北京师范大学出版社,2013年;李兴、刘军:《俄美博弈的国内政治分析》,北京:时事出版社,2011年;等等。

刺激这个强大的邻国。而美国的"新遏制"政策，则彰显了其作为世界唯一超级大国的强硬姿态与决心及其意图通过全方位压制来削弱俄罗斯的影响力。"软制衡"和"新遏制"概念的提出及将其运用于俄与欧美关系的研究，是本书作者学术创新的努力尝试。

该书不仅仅停留在对政策差异的描述上，更进一步深入剖析了导致这些差异生成的四个核心变量：安全威胁感受度、经济依赖度、战略文化及决策与执行能力。这些变量的交织与碰撞，共同构成了欧美对俄政策多元而复杂的面貌。通过对这些变量的细致分析，该书不仅为我们提供了对欧美与俄罗斯关系更为深刻的理解，也为我们洞察当下国际格局的演变提供了宝贵的视角。

作者通过翔实的数据分析与案例研究，揭示了欧美对俄政策背后的深层次原因，强调了结构性因素对于国际关系走向的重要性。特别是在特朗普政府时期，美欧关系中长期存在的不对称性被进一步放大，欧洲寻求"战略自主"的努力虽面临重重挑战，但亦表明了欧洲在国际事务中角色转变的可能性。

此外，该书对 2013 年年底爆发的乌克兰危机的深度剖析，不仅巧妙地验证了前文阐述的理论观点，而且深刻揭示了地缘政治竞争的残酷本质，为洞悉 2022 年俄乌冲突中欧美与俄罗斯之间错综复杂的博弈态势提供了宝贵的视角和参考。2022 年的这场冲突再次凸显了欧美与俄罗斯之间根深蒂固且难以逾越的结构性矛盾，它如同一记警钟，提醒我们面对现实挑战。

总而言之，该书以其独特的视角、深入的分析和丰富的案例，为我们呈现了一幅欧美与俄罗斯地缘政治博弈的生动画卷。它不仅是对当代国际关系的深刻剖析，更是对未来国际格局演变的重要预测。宋芳在北京师范大学攻读硕士期间，就表现出对学术的兴趣和执着，勤于思考，打下了比较扎实的专业基础。后来她又到南京大学攻读博士学位，期间还到美国进修，学业大有长进。毕业后经过激烈竞争进入中共中央党校国际战略研究院工作,获得了一个科研和教学工作的高水平平台。此书是她在博士论文的基础上反复补充、修改而成,历经数年,花费不少心血,殊为不易。作为青年学者,宋芳学风严谨,能坐住冷板凳,耐住寂寞,潜心于学,用心于业,实为难得。相信通过阅读该书,读者将能够对欧美与俄罗斯之间的关系有更为全面而深入的理解,也能够在纷繁复杂的国际形势中找到属于自己的思考路径。

大力推荐。

李 兴

北京师范大学教授、博士生导师

2024 年 12 月于京师园

前　言

自2000年俄罗斯普京总统上台以来,欧美与俄罗斯之间的关系经历了重大转变,双方的地缘政治博弈日趋激烈,对国际格局和世界政治的演变产生了深远的影响。本书聚焦2000年至2020年,旨在从地缘政治竞争的独特视角出发,深入探讨在面对共同威胁时,欧美对俄罗斯政策所展现的一致性与差异性,提出欧美在对待俄罗斯的政策上,分别呈现出"软制衡"与"新遏制"的显著特征。这两种不同的政策取向,不仅反映了各自独特的战略考量,而且揭示了双方在地缘政治博弈中的复杂性和微妙性。通过对这些差异生成的主要变量进行深入分析,本书旨在使读者对欧美与俄罗斯关系,以及欧美自身关系的本质产生更为深刻的理解,同时洞察当下国际格局的变迁。

从结构性层面来看,欧美对俄罗斯政策的同异源于两种根本性的结构性矛盾。首先是欧美与俄罗斯之间的结构性矛盾,是其打压俄罗斯的根本原因。其次是欧盟与美国之间的结构性矛盾,这一矛盾在俄罗斯问题上成为欧美政策分歧的重要来源。然而,欧美在世界政治经济中的共同利益远大于分歧,这使得在俄罗斯问题上,双方的政策一致性大于差异性。因此,在总体战略取向上,欧美对俄政策以合作为主,但合作中亦不乏差异。

　　欧美对俄政策的一致性在于，自20世纪90年代起，它们曾试图将俄罗斯纳入西方体系，但自2000年普京上台以来，双方政策逐渐转变为共同防范和压制俄罗斯，对俄政策由原先的缓和转为明显的强硬。这一转变的根源在于欧美与俄罗斯之间根深蒂固的结构性矛盾，这成为它们共同选择压制和对抗俄罗斯的根本原因。从传统的地缘政治视角出发，欧美都将俄罗斯视为潜在的威胁。这种一致性具体体现在双方共同推动北约和欧盟的"双东扩"战略，通过扩大西方势力范围来挤压俄罗斯的战略空间。

　　在制定对俄政策时，欧美都基于"目标＋所能承受的后果"这一综合考量。就目标而言，欧盟和美国都期望消除俄罗斯的威胁并约束其行为。然而，在评估各自所能承受的后果时，两者却表现出显著的差异。欧盟对刺激俄罗斯可能带来的后果持谨慎态度，因此其政策相对温和，即"软制衡"。这种政策旨在避免与俄罗斯发生直接而强烈的对抗，维护一个安分、稳定的俄罗斯形象更符合欧盟的整体利益。相比之下，美国则采取了更为强硬的"新遏制"政策。这一政策在政治、军事、经济和外交等多个领域对俄罗斯实施步步紧逼的战略压制，显示出美国能够承受严厉打击俄罗斯所带来的后果。

　　本书深入剖析了四个核心变量——安全威胁感受度、经济依赖度、战略文化、决策与执行能力——共同决定了欧美对俄罗斯采取的政策。首先，安全威胁感受度的差异是关键因素之一。由于欧盟在军事领域的显著缺陷及其与俄罗斯的地理邻近性，欧盟国家普遍有强烈的不安全感。具体而言，欧盟国家对大西洋同盟的有效性有所疑虑，担忧在遭遇俄罗斯攻击时，美国可能不会及时提供其所需的支持，这种担忧既包括被美国抛弃的忧虑，也包括被美国军事行动牵连的顾虑；而与俄罗斯直接相邻，则导致直接冲突的风险增加。相比之下，美国凭借其强大的军事实力和与俄罗斯的距离优势，更能承受与俄罗斯直接对抗的潜在后果。美国的不安全感更多源于俄罗斯对其海外利益和盟友安全的潜在威胁,以及对美国全球霸权地位的挑战。其次,欧美与俄罗斯经济依赖程度的差异也是决定政策差异的重要因素。欧盟对俄罗斯的能源供应和市场依赖度较高,而美国与俄罗斯的经济关系则相对独立,相互依赖程度较低。再次,战略文化的差异也在很大程度上影响了欧美对俄政策的选择。历史的创伤使欧盟形成了更为审慎的战略文化,倾向于通过多边合作和国际法的方式处理与俄罗斯的关系。而美国则更倾向于采用单边主义和武力手段来解决问题。最后,决策与执行能力的差异也是欧美对俄政策差异的重要原因。欧盟作为一个由多个国家组成的集团,在决策和执行层面往往面临较大的困难,内部意见不一和协调难度较大。而美国则相对集中了更多的决策权于总统手中,使得政策制定和执行更为高效。

特朗普总统时期,美国将俄罗斯列为重大威胁之一,显著加大了对俄的遏制力度。与此同时,特朗普政府对欧盟商品实施关税壁垒,对欧洲一体化持消极态度,并强硬要求欧洲盟友承担更多同盟义务,这些举措凸显了欧美关系中固有的结构性矛盾。这一矛盾主要体现在美国试图维护其主导的霸权等级结构,与欧洲追求更为均衡、平等的跨大西洋关系之间的张力。面对特朗普政府的压力与挑战,欧盟不得不将"战略自主"作为优先议题,以减少对美的过度依赖。同时,尽管面临美国的反对,欧盟仍坚持加强与俄罗斯的能源项目合作,以期在能源供应上实现多元化,确保能源安全。这些举措在一定程度上加剧了欧美在对俄政策上的分歧。然而,尽管欧洲在寻求战略自主和减少对美依赖的道路上不断前进,但其自身的实力和凝聚力仍显不足。与此同时,美国的全球战略依然离不开欧洲盟友的支持与配合。因此,尽管欧美之间在对俄政策等方面存在分歧,但双方的外交关系依然保持着一定的稳定性,呈现斗而不破的局面。

目　录

绪　论 ··· 001
　　一、问题提出与研究意义 ·· 001
　　二、国内外研究现状 ·· 008
　　三、基本假设、主要概念和变量选取 ···························· 026
　　四、研究思路和内容 ·· 039
　　五、研究方法 ··· 042

第一章　2000年以来国际秩序的变化与欧美俄对外战略的调整 ··· 045
　　第一节　国际秩序的变化 ·· 047
　　　　一、国际体系的重构 ·· 048
　　　　二、地缘政治竞争与欧亚大陆地缘环境的重塑 ············ 050
　　　　三、美欧同盟的延续与分歧 ···································· 055
　　第二节　欧盟一体化的深化与面临的挑战 ······················ 062
　　第三节　美国全球战略的调整 ······································ 068
　　第四节　普京上台后俄罗斯重塑大国地位的努力 ············· 071
　　本章小结 ··· 078

第二章　欧美与俄罗斯结构性矛盾的激化：欧美对俄政策趋硬 …… 082
　第一节　20世纪90年代欧美的对俄政策 …………………… 083
　第二节　欧美与俄罗斯矛盾激化的过程………………………… 088
　　一、2000年至2008年 ……………………………………… 088
　　二、2008年至2014年 ……………………………………… 091
　　三、2014年至2020年 ……………………………………… 092
　第三节　欧美与俄罗斯矛盾激化的原因………………………… 094
　　一、欧美与俄罗斯的结构性矛盾无法调和 ………………… 096
　　二、"双东扩"与地缘政治博弈的强化 …………………… 099
　第四节　欧美政策趋硬对俄罗斯产生的影响…………………… 102
　本章小结………………………………………………………… 106

第三章　欧美对俄政策特征的差异 ………………………………… 108
　第一节　"软制衡"：欧盟对俄政策选择 ……………………… 110
　　一、欧盟对俄"软制衡"政策的选择 ……………………… 111
　　二、欧盟内部关于对俄政策的博弈和协调 ………………… 117
　　三、欧盟对俄"软制衡"政策的体现 ……………………… 122
　第二节　"新遏制"：美国对俄政策选择 ……………………… 127
　　一、美国对俄"新遏制"政策的选择 ……………………… 128
　　二、美国对俄"新遏制"政策的体现 ……………………… 133
　本章小结………………………………………………………… 139

第四章　欧美对俄政策差异的原因分析 …………………………… 141
　第一节　安全威胁感受度差异 ………………………………… 145
　　一、实力差距 ………………………………………………… 145
　　二、地缘环境因素 …………………………………………… 147
　　三、安全认知差异 …………………………………………… 151

第二节　经济依赖度差异……………………………………… 154
第三节　战略文化差异………………………………………… 158
　　一、战略文化中的单边与多边………………………………… 160
　　二、战略文化中武力的使用…………………………………… 161
第四节　决策与执行能力差异………………………………… 165
本章小结………………………………………………………… 171

第五章　案例分析：俄格冲突与乌克兰危机中的欧美对俄政策…… 174
第一节　俄格冲突中的欧美对俄政策比较…………………… 175
　　一、俄格冲突爆发及欧美俄的纷争…………………………… 176
　　二、美国的对俄政策…………………………………………… 181
　　三、欧盟的对俄政策…………………………………………… 183
　　四、欧美对俄政策的比较……………………………………… 186
第二节　乌克兰危机中的欧美对俄政策比较………………… 187
　　一、乌克兰危机的爆发及其地缘政治意义…………………… 188
　　二、美国的对俄政策…………………………………………… 193
　　三、欧盟的对俄政策…………………………………………… 196
　　四、欧美对俄政策的比较……………………………………… 200
第三节　西方与俄罗斯会出现"新冷战"吗？………………… 203
本章小结………………………………………………………… 208

第六章　特朗普政府时期的美欧俄关系………………………… 210
第一节　欧美关系面临新的挑战……………………………… 211
　　一、原有矛盾的加深——利益分配的分歧加深……………… 214
　　二、新矛盾的产生——特朗普的"另类"风格……………… 218
第二节　特朗普政府时期的欧美对俄政策比较……………… 221
　　一、欧美对俄罗斯的态度和政策……………………………… 222

二、欧美俄在"北溪-2"问题上的角力 …………………… 226
　第三节　欧美俄关系的未来走向 ……………………………… 231
　　一、美俄竞争日趋激烈 ………………………………………… 231
　　二、跨大西洋关系:"变局"还是"延续"? ……………………… 235
　　三、欧俄关系的调整 …………………………………………… 240
　本章小结 …………………………………………………………… 242

结束语 ……………………………………………………………… 244

参考文献 …………………………………………………………… 250

绪　论

一、问题提出与研究意义

自1949年跨大西洋军事同盟——北大西洋公约组织（简称北约）成立以来，欧洲[①]主要国家与美国建立了紧密的盟友关系，共同在冷战期间遏制苏联。冷战结束后，欧洲的对外政策在很大程度上继续追随美国的步伐。然而，随着2000年普京上台，俄罗斯的外交政策发生了显著变化，摒弃了叶利钦时期的亲西方立场。在此期间，欧盟的东扩，以及北约在东欧部署全球反导系统等举措，显著挤压了俄罗斯的战略空间，加剧了与俄罗斯的地缘政治竞争。特别是在2008年，因原苏联加盟共和国格鲁吉亚

---

① "欧洲"本是一个地理学概念，在第二次世界大战后的冷战国际关系语境中，特指属于以美国为首的西方阵营的西欧国家，以及在西欧逐渐发展起来的欧洲共同体。随着冷战及东西欧分裂的结束，"欧洲"的地缘政治内涵发生变化，广义上指包括俄罗斯的整个欧洲，狭义上主要指俄罗斯及多数于冷战后独立的原苏联加盟共和国之外的欧洲国家。随着东欧国家加入欧盟，这一"欧洲"概念范围内的大多数国家为欧盟成员国。由于欧盟的共同外交与安全政策（CFSP）机制的存在，本书所论及的2000年至2020年"欧洲"对俄罗斯政策又大致等同于这一时期欧洲大国主导下的欧盟对俄罗斯政策。也就是说，本书中的"欧洲"一般指2000年至2020年的欧盟所代表的欧洲。

申请加入北约等事件,俄罗斯与该国爆发了冲突,而这一事件得到了美国和欧洲国家的支持,这进一步加剧了俄罗斯与欧美之间关系的紧张。2013年年底至2014年,乌克兰危机再次将俄罗斯与欧美的关系推向了风口浪尖。由于乌克兰申请加入欧盟等问题,双方矛盾激化,俄罗斯事实上接管了克里米亚。此举引发了欧美对俄罗斯的严厉制裁,双方关系急剧恶化,形成了战略对峙的态势。至今,这一态势仍在持续,对国际政治格局产生了深远的影响。

欧美对俄罗斯战略空间的不断挤压与普京领导下的俄罗斯强硬的抵制态度和行为导致双方地缘政治博弈不断升级。然而,美国和欧洲都将普京领导下的俄罗斯视为对西方的安全威胁和战略竞争对手,并采取共同的应对措施以捍卫其共同利益,但在与俄罗斯的博弈过程中,欧洲又明显地表现出与美国有区别的对俄态度和政策特征:美国在战略上对俄罗斯表现出更为不信任的态度并采取更为咄咄逼人和不妥协的姿态,外交政策和行为上更为强硬和严厉,与俄罗斯的对立甚至令人担忧地延伸至军备竞赛领域;欧洲国家则更愿意采取与俄罗斯进行外交谈判和协调的姿态,而不是对其实行强硬的对抗政策。如被视为反制俄罗斯在乌克兰问题上采取强硬政策的主要直接手段之一,美国对俄罗斯一直坚持实行严厉的经济制裁,而欧洲国家的态度则有所不同,这种差异和矛盾在如何对待俄欧合作的"北溪-2"输气管道项目问题上比较典型地暴露出来,美国强烈反对,甚至对欧洲公司进行"制裁"警告,但欧洲国家坚持与俄罗斯合作。美国、欧洲和俄罗斯都是世界政治和安全格局中主要的行为体,它们之间的关系影响到世界秩序和国际关系的稳定和发展方向,也直接影响到中国和平与发展的国际环境。2000年以来欧美与俄罗斯愈演愈烈的地缘政治博弈,以及在此过程中欧美对俄政策的一致性和差异性自然引起世人和学术界的高度关注。究竟如何理解普京上台以来欧美与俄罗斯关系的持续恶化?欧美对俄政策发生了怎样的变化?欧美对俄政策的一致性和差异性及其特征究竟是什么?特别是,什么变量导致欧美对俄政策的差异？如何看待欧美与俄罗斯的关系，以及欧美俄三角关系的未来发展？中外学者对以上问题的答案不尽一致甚至存在很大分歧，那么，从理论和实证角度研究这些问题并提出自己的观点和结论正是本书的主要目的。

（一）本选题的现实意义

首先，研究俄罗斯与欧美的关系，有助于理解国际体系和国际秩序的现状和发展趋势，具有重大的现实意义。二战后形成的冷战体系中，苏联与美国形成两极对峙，领导苏东集团与西方集团进行对抗，因而苏联与西方的关系决定了冷战时期国际秩序的主要状态。冷战体系所确立的国际秩序的影响力延续至今，跨大西洋军事同盟——北约和欧洲一体化组织——欧盟的存在和继续发展，说明了西方秩序的强大生命力，自信的西方迫不及待地将自己的价值观向外传播。在西方体系内部，最重要的关系是欧洲与美国的关系，欧美同盟的合作与纷争影响着西方体系的运行。俄罗斯虽不如昔日的苏联那般辉煌，但也是横跨欧亚的大国。俄罗斯与西方的对峙没有因苏联的解体而消失，一方面是因为体系的惯性，另一方面是因为文化与价值观的分歧。俄罗斯与欧美关系虽然不再能决定整个国际体系，但也能够从一个重要方面反映目前全球权力分配的特点和国际秩序的发展趋势。在有关国际安全的更广泛的辩论中，俄罗斯处于多种说法的交汇点，俄罗斯的问题并不是其独有的，反映了过去20多年来国际秩序发生的深刻结构性变化。[1] 未来俄罗斯与欧美关系的走向仍是牵动国际体系和国际秩序的重要因素。

其次，研究欧美关系和双方在俄罗斯问题上的合作和分歧，有助于理解跨大西洋同盟关系的性质和发展趋势。欧盟和美国是国际社会的重要

---

[1] Peter Rutland, "Still out in the cold? Russia's place in a globalizing world," *Communist and Post-Communist Studies*, Volume 45, Issues 3-4, 2012, p.344.

行为体,在走向多极化的世界中举足轻重,欧美关系乃是当今世界上最重要的双边关系之一。二战后,在美苏对抗的两极格局下,出于共同的安全和战略需要,欧美结成紧密合作的跨大西洋同盟,通过北约组织在全球政治和安全中发挥着重大的影响;同时,美国通过一系列国际制度和规则,构建了在西方世界的霸权地位,形成欧美政治和经济之间不对称的相互依赖关系。冷战结束后,北约的基础发生了动摇,但是在全球化的背景下,面对新的各种全球问题,欧美关系仍然具有相当的活力,在安全、政治、经济、社会、文化诸领域影响着世界格局的重塑和国际关系的发展。然而从一开始,伴随着同盟和合作,欧美之间的纷争和博弈不断,甚至屡屡出现危机,"9·11"事件后在伊拉克战争问题上,欧美发生了较为严重的冲突,双边关系受到重创。同时,在对待俄罗斯的政策上,欧美也体现了较大的差异。研究欧美对俄政策的异同能够探讨欧美在制定各自对外战略时的主要考量,有助于理解欧美关系的动力和性质。欧盟和美国在应对崛起中的大国时的合作或分歧,对我们理解跨大西洋安全关系,以及更广泛地理解未来的全球权力关系,都有着深远的影响。

再次,有助于理解当下乌克兰危机中俄罗斯与西方的战略对峙。乌克兰危机是冷战后欧洲发生的最为严重的政治危机,其实质是欧美与俄罗斯在欧亚大陆矛盾的爆发,是西方与俄罗斯挤压与反挤压、西化与反西化的新一轮较量。双方矛盾不断激化,有学者将其对抗称为"新冷战"[①]。西方国家尤其是美国希望推广自己的价值观,想在毗邻俄罗斯的原苏联加盟共和国地区扩大西方的影响,将其纳入西方体系,包围、孤立俄罗斯。而大国对于边界线上的潜在威胁十分敏感。乌克兰是俄罗斯与西方的重要缓冲地带,拿破仑帝国、德意志帝国和纳粹德国都曾越过乌克兰的广袤

---

① Robert Legvold, "Managing the New Cold War: What Moscow and Washington Can Learn from the Last One," *Foreign Affairs*, Vol. 93, No. 4, July/August 2014, pp. 74 - 84.

平原侵略俄罗斯,历史的教训使得没有一个俄罗斯领导人会容许乌克兰与其宿敌结盟,或被纳入西方势力范围。① 研究欧美对俄政策有助于理解乌克兰危机为什么会爆发,以及俄罗斯与西方的根本矛盾是什么。

最后,服务于中国的对外战略和处理与欧美俄的关系。比较欧美对俄政策的异同,落脚点还是服务于中国的对外战略。理解欧美的结构性差异,以及欧美与俄罗斯的战略矛盾对中国在亚欧关系格局中做出理性决策具有重要意义。中国具有发展中大国、经济大国和地区大国等多重身份,俄罗斯是中国最大的邻国,欧盟是中国重要的经济伙伴,美国则将中国视为最主要的战略竞争对手之一。中国参与国际事务、发挥国际影响力绕不开欧美俄。长期以来,西方政治制度与价值体系占主导地位,对中国构成长期压力和挑战。美国奥巴马政府的亚太再平衡战略制衡中国的意图明显,特朗普政府阻止中国发展和崛起的企图更是昭然若揭。美国对中国和俄罗斯的战略竞争图谋促使中俄都有意愿强化合作,发展双方的新时代全面战略协作伙伴关系以应对来自美国的压力,而欧美对俄态度和政策的差异也为中国提供了更大的战略空间和更多的战略选择。因此,本研究可为国家战略的制定提供参考,裨益于国家在当今风云诡谲的国际局势中理性而有效地运筹大国关系。

(二)本选题的学术价值

第一,本选题在国内外已有成果较少,具有较大的学术探讨空间。国内外的研究大多集中于探讨(1)双边关系,如欧俄关系、美俄关系、美欧关系,并且角度各不相同,具体有:从欧洲的角度分析欧俄关系或欧盟对俄政策,从俄罗斯的角度考察俄欧关系、俄美关系或俄罗斯对欧、对美政

---

① John J. Mearsheimer, "Why the Ukraine Crisis Is the West's Fault: The Liberal Delusions That Provoked Putin," *Foreign Affairs*, Vol. 93, No. 5, September/October 2014, p. 5.

策,从美国的角度探讨美俄关系或美国对俄政策,等等。(2)三边关系,即欧美俄三角关系,或在分析两国关系时将第三国当作影响因素,分析欧美俄三方的远近亲疏、互动模式等。直接比较研究2000年至2020年欧美对俄政策的文献几乎没有,本书希望能够克服困难,尝试将欧洲对俄政策与美国对俄政策做比较研究,如果能够找出影响二者一致性和差异性的变量,无疑具有一定的学术价值。

第二,研究欧美战略的差异及其原因、探讨三边关系的机理和发展逻辑,为理论研究做出贡献。探讨欧美之间战略差异的动因、性质和影响,可以更好地发现和把握欧美关系的规律性和未来趋势。研究欧美对俄政策,必然涉及对欧美俄三边关系的探讨,三边关系的内在机理十分复杂,体现在通过第三方影响其余的两边,或者经营双边以制衡第三方或平衡第三方的压力等。本书涉及的三边,既有美国这样的世界霸权国,又有俄罗斯这样的地区大国,还有欧盟这样的超国家联盟。参与者角色的不均衡、参与者互动的复杂使得这组三边关系的研究具有挑战性,如果能归纳出欧美俄三边关系结构的特点、互动规律、发展逻辑,无疑具有较大的学术价值。

第三,将欧盟和北约"双东扩"、2008年俄格冲突和2013年年底爆发的乌克兰危机纳入三边关系的分析框架,方法上有创新。在传统的欧美俄三边关系研究,以及"双东扩"问题和乌克兰危机研究中,注意力会放在欧美俄三方的博弈上,其实,北约—美—俄、北约—美—欧、乌—俄—西方等关系都是可以放在三边关系的框架中去考察的,本书的案例研究一方面考察欧美对俄政策在北约东扩和乌克兰危机中的体现,另一方面从三边关系的角度探究北约东扩和乌克兰危机的地缘政治意义、欧美的分歧,以及俄罗斯与西方的矛盾。

绪 论

（三）关于研究时段的选取

本书的研究时段主要是新世纪以来的二十年，即从2000年至2020年。这样的时段界定主要有以下考虑。

首先，2000年普京上台后俄罗斯与西方的关系进入了一个新阶段。普京2000年成为俄罗斯总统，掌控俄罗斯，即使是在梅德韦杰夫执政期间，普京对俄也有实际的控制。从2000年至2020年，俄罗斯的内政外交具有一定的稳定性与延续性，以俄罗斯为坐标，考察欧美对俄的政策简化了研究的难度。

其次，以2001年"9·11"事件为标志，国际秩序发生了主要变化。从1991年冷战结束开始，国际体系形成了以美国为首的单极体系，美国在全球范围内推行霸权，其对外政策是一种进攻性的扩张政策，而欧洲大体呈现的是一种继续追随美国的态度，甚至是俄罗斯也实行亲西方的政策。并且，由于冷战结束后的前十年俄罗斯一直较弱，它对美欧几乎构不成威胁，美国对俄政策主要是试图从内部改变俄罗斯，促成俄罗斯的民主化改革，将其纳入西方体系。但是经过十年的发展，俄罗斯内部改革并未朝美国希望的方向发展，小布什政府抛弃了这种理想主义的外交政策，转向现实主义。同时，世界多极化趋势已经十分明显，欧洲和俄罗斯的实力都有很大提升，2000年以来大国关系的调整频繁且复杂，使得研究更具挑战性。

再者，1999年欧元启动，标志着欧盟内部合作进一步加强，其经济一体化的深入不断推动政治一体化的发展，欧盟发展水平的提高也进一步吸引着中东欧国家加入欧盟。同时，美国不断推动北约东扩，吸纳中东欧成员。2000年以来欧盟和北约多次扩大，欧亚大陆地缘博弈剧烈，使得俄罗斯与欧美关系也发生了明显的变化。综上所述，选取2000年为本书时间起点是合适且有现实意义的。

二、国内外研究现状

(一) 关于跨大西洋同盟存续问题的研究

关于同盟存续的问题,国际关系学界各个流派都试图解释同盟为何能够维系。现实主义认为共同的利益是同盟继续存在的原因。汉斯·摩根索(Hans J. Morgenthau)曾分析称,当一国发现结盟并兑现承诺的代价超过预期收益,则不会采取联盟的政策,相反,同盟形成的必要条件是利益的一致。[①] 结构现实主义者认为,威胁认知的趋同、综合军事能力的有效运作和主要大国继续利用联盟结构使联盟得以维系。按照新自由制度主义的逻辑,制度适应性和盟友对同盟制度的遵守是同盟能够保持生命力的一种衡量标准。建构主义认为,共同的认同和对规范的共识反映了同盟的凝聚力和团结,使同盟得以延续。就跨大西洋同盟来说,安全关系是欧美同盟存在和延续的核心要素。欧洲对美国在安全上的依赖程度决定了欧洲外交的空间大小,同时也决定了欧美同盟内部关系的模式。[②]

在欧美同盟的发展过程中,欧洲进行过多次独立安全与自主外交的尝试。第一次是在1958年至1963年,法国总统戴高乐想构建区别于大西洋联盟的真正的欧洲安全体系,然而在两极世界中,一切都要服从于超级大国之间的对抗,这种追求自治的愿望被法国的伙伴尤其是西德视为危险的梦想,西德不愿破坏与美国的同盟关系。第二次出现在20世纪90年代欧洲没能解决波斯尼亚和科索沃危机之后。1998年的《圣马洛宣言》认识到需要在防御政策中建立自主行动的能力。英法认为欧洲的军

[①] 汉斯·摩根索:《国家间政治:权力斗争与和平》(第七版),徐昕、郝望、李保平译,北京:北京大学出版社,2006年,第219—220页。

[②] 冯仲平:《欧洲安全观与欧美关系》,《欧洲研究》2003年第5期,第1页。

事弱点可能破坏安全,于是《圣马洛宣言》就成为欧洲安全与防务政策的创始法案。第三次出现在2013年年底爆发的乌克兰危机。法德的外交倡议促成了2015年2月俄罗斯、欧洲和乌克兰之间《明斯克协议》的签订。《明斯克协议》可能是短暂的、脆弱的,但它是多年来第一次,欧洲人自己解决欧洲的问题。①

关于欧美之间的合作与分歧,洪邮生认为,四大自变量——安全威胁、经济依存、价值观念、社会认同——及其所包含的权力和利益的分配决定了欧美的合作和纷争及其性质。欧盟提倡多极化和多边主义,而美国带有单边主义取向,极力维护自己的单极霸权。② 赵怀普提出,冷战后单边主义与多边主义的不同路线选择导致美欧分歧增多,进而对双边关系造成了损害。③ 殷翔对后冷战时代的欧美安全机制进行了研究,并认为,后冷战时代的欧美关系既不会走向分裂、敌对,也不会走向联合一致,而是逐步调整为一种正常关系,即根据各自战略利益的需要来判断在具体问题领域中的合作或竞争。④ 在安全和外交问题上,美国很少将欧盟视为有价值的地缘政治伙伴。尽管欧盟经常能够在经济问题上作为一个统一的行为体发言和行动,但在政治军事领域,并不能统一行动。在战术层面上,比起与欧盟发展双边关系,华盛顿更倾向于与欧盟成员国发展双边关系。⑤ 欧美同盟关系实质是一种不平等的关系,虽然欧洲盟国在多数情况下会追随美国,但欧美之间的矛盾却是始终存在的事实。弱势的欧洲与强势的美国摆脱不了利益、观念、偏好等纷争,处于半边缘地位的

---

① Jean-Yves Haine, "A New Gaullist Moment? European Bandwagoning and International Polarity," *International Affairs*, Vol. 91, No. 5, 2015, pp. 991－992.
② 洪邮生:《欧盟与美国对华战略比较——兼论中欧美三边互动》,《现代国际关系》2005年第8期。
③ 赵怀普:《当代美欧关系史》,北京:世界知识出版社,2011年。
④ 殷翔:《后冷战时代的美欧安全机制研究》,博士学位论文,上海交通大学,2011年。
⑤ Jan Hallenberg and Håkan Karlsson ed., *Changing Transatlantic Security Relations: Do the US, the EU and Russia form a new strategic triangle?* New York: Routledge, 2006.

欧洲成员国必然会向占据中心位置的美国发起挑战,这就注定了欧美同盟迄今并将继续遭遇各种挫折。① 金玲将当前欧美关系的特征总结为:一方面,国际格局变化和各自内部政治和社会力量重组导致欧美关系呈现内生性矛盾,影响跨大西洋关系的短期发展和长期走向;另一方面,决定欧美关系的结构性要素(欧洲对美国安全依赖、双边经济关系高度依存,以及西方自由民主价值观纽带等)并未发生质变,仍维持着跨大西洋关系的韧性。②

(二) 关于欧美与俄罗斯关系的研究

欧美在俄罗斯问题及与俄罗斯相关的问题上有着共同的利益,如支持核不扩散;限制与伊朗、叙利亚、委内瑞拉的交往;限制常规武器贸易;"尊重俄罗斯邻国的主权、领土完整和战略独立性",等等。在没有与俄罗斯建立战略伙伴关系的情况下,美国可以与欧洲合作,确定这些目标中的优先项,并与俄罗斯谈判达成协议。③ 欧盟是美国推进"遏俄""弱俄"战略的重要盟友,同时也是俄罗斯寻求与美国适当平衡的重要战略伙伴,欧盟是美俄矛盾的调停者。④ 一些观察家将俄罗斯看作现有体系的适应者,并不对西方构成威胁;⑤另一些则将俄罗斯看作一个扩张的国家,不

---

① 魏光启:《欧美同盟的域外行动剖析》,《欧洲研究》2011年第6期。
② 金玲:《跨大西洋关系:走向松散联盟?》,《国际问题研究》2018年第4期,第35页。
③ Eugene Rumer and Angela Stent, "Russia and the West," *Survival*, 2009, Vol. 51, No. 2, pp. 101 – 102.
④ 李兴、刘军等:《俄美博弈的国内政治分析》,北京:时事出版社,2011年。
⑤ Mark Bowker, *Russia, America and the Islamic World*, London: Ashgate, 2007; Dmitri Trenin, *Getting Russia Right*, Washington, D. C.: Carnegie Endowment for International Peace, 2007; Dmitri Trenin, *Post-Imperium: A Eurasian Story*, Washington, D. C.: Carnegie Endowment for International Peace, 2011; Jeffrey Mankoff, *Russian Foreign Policy: The Return of Great Power Politics*, Boulder, C. O.: Rowman & Littlefield, 2009; Deborah Welch Larson and Alexei Shevchenko, "Status Seekers: Chinese and Russian Responses to U. S. Primacy," *International Security*, Vol. 34, No. 4, 2010, pp. 63 – 95.

绪　论

遵守国际规则。① 如果俄罗斯的利益和野心不会破坏现有的国际规则，欧美可以把俄罗斯当作全球体系的平等贡献者，并成熟地理解俄罗斯和西方利益的差别，接受各自政治文化和价值体系的不同。② 然而，如果俄罗斯怀有"修正主义"的计划，它将威胁西方利益，欧美必须遏制或从根本上改变俄罗斯。③ 布热津斯基（Zbigniew Brzezinski）认为一定要将西方集团扩大，主动接触俄罗斯甚至将其纳入欧盟，否则俄罗斯将利用其能源资产，加剧西方的分裂，甚至个别欧洲国家可能为寻求更大的商业机会，单独与俄罗斯和解，并产生一系列分裂西方的结果。④ 袁鹏认为冷战后美国处理与俄罗斯和欧洲关系的根本目标是将俄罗斯融入美欧跨大西洋共同体，借此强化美欧关系而不是使俄罗斯成为美欧关系的障碍。⑤

　　虽然欧洲和美国采用相似的方法处理与俄罗斯的关系，不过，俄罗斯在二者的战略思想中所处的地位不同。美国作为一个拥有全球安全利益的世界大国，对它来说，俄罗斯至关重要，但只在解决一些紧迫问题上是重要的，例如核军备控制，核不扩散，伊朗、阿富汗和中东和平等。而对欧

---

① Richard Pipes, "Is Russia Still an Enemy?" *Foreign Affairs*, Vol. 76, No. 5, September/October 1997; Thomas Ambrosio, *Challenging America's Global Preeminence: Russia's Quest for Multipolarity*, London: Ashgate, 2005; Janusz Bugajski, *Expanding Eurasia: Russia's European Ambitions*, Washington, D.C.: Center for Strategic and International Studies, 2008; Edward Lucas, *The New Cold War: The Future of Russia and the Threat to the West*, London: Palgrave, 2009; Roger E. Kanet ed., *A Resurgent Russia and the West: The European Union, NATO and Beyond*, Republic of Letters, 2009.

② James Sherr, *Russia and the West: A Reassessment*, Shrivenham Paper No. 6, January 2008.

③ Andrei P. Tsygankov, *Russia and the West from Alexander to Putin: Honor in International Relations*, New York: Cambridge University Press, 2012, p. 2.

④ Zbigniew Brzezinski, "Balancing the East, Upgrading the West: U.S. Grand Strategy in an Age of Upheaval," *Foreign Affairs*, Vol. 91, No. 1, (January/February 2012), pp. 97 – 104.

⑤ 袁鹏:《美国对俄战略析论——依据、目标、框架、变化》,《现代国际关系》2006 年第 1 期。

盟来说，如何处理与庞大的邻国俄罗斯的关系是其外交政策中最为重要的。俄罗斯既是潜在的威胁也是潜在的机遇，欧洲安全问题的解决离不开俄罗斯，欧洲和俄罗斯的联系是多方面的：历史的、社会的和经济的。[1]还有学者从地理上进行探讨，认为欧洲国家与俄罗斯的地理位置决定了它们注定要待在一起并进行持续的互动，接触与合作是欧洲的唯一选择。相比之下，距离更遥远的美国，充其量只会与俄罗斯进行有限的合作。[2]艾萨克·克菲尔(Isaac Kfir)从北约的无效性角度探讨了欧美的分歧，首先，欧洲和美国对哪些事件符合关键的安全威胁持相互矛盾的观点，即对威胁有不同的认知。一种新兴的欧盟战略文化正在形成，这种战略文化看待威胁与美国的角度不同，欧洲人认为应该使用非军事、和平的方法来应对威胁，即典型的多边方式。其次，尽管北约国家和俄罗斯之间存在重大分歧，但在某些问题上，北约国家知道，如果没有莫斯科的支持，就不可能达成目标，这限制了它们有效挑战俄罗斯的能力。[3] 伯奇菲尔德(Vicki L. Birchfield)和扬(Alasdair R. Young)认为欧盟的对俄政策与美国的对俄政策是独立的两条线，二者并不会相互影响，但是在乌克兰危机中，存在着欧美俄三边关系，欧盟与美国的政策趋于一致，欧美协调行动共同应对俄罗斯的挑战。[4]

关于欧俄关系的研究，一些学者探讨欧俄关系的变化，认为在不同时期欧俄之间的关系有不同的特点。安娜·索菲·马斯(Anna-Sophie

---

[1] Manfred Huterer, *The Russia Factor in Transatlantic Relations and New Opportunities for U. S. -EU-Russia Cooperation*, Foreign Policy at Brookings, May 2010.

[2] Eugene Rumer and Angela Stent, "Russia and the West," *Survival*, Vol. 51, No. 2, 2009, pp. 91 - 104.

[3] Isaac Kfir, "NATO and Putin's Russia: Seeking to balance divergence and convergence," *Comparative Strategy*, Vol. 35, No. 5, 2016, pp. 447 - 464.

[4] Vicki L. Birchfield and Alasdair R. Young eds. , *Triangular Diplomacy among the United States, the European Union, and the Russian Federation: Responses to the Crisis in Ukraine*, London: Palgrave Macmillan, 2018.

绪 论

Maass)认为1999年至2015年,欧俄关系从讨好变为对抗。① 汤姆·卡西尔(Tom Casier)认为欧盟与俄罗斯的关系从合作(1993年至2003年)到务实竞争(2004年至2014年)再转变为对抗状态(2014年至今)。② 就欧俄之间能否进行更多合作的问题,大致分为两种观点。一种观点是,欧盟与俄罗斯存在共同的利益,双方可以降低交易成本,促进合作的发生。③ 俄罗斯是欧盟最大的邻国,在一些领域如核不扩散,欧俄之间甚至比欧美之间有更多的共同诉求。④ 对欧盟而言,欧洲的安全与稳定离不开俄罗斯,双方在国际格局多极化、加强地区安全合作等许多方面都有共同的利益。⑤ 还有分析认为,欧美的竞争客观上推动了欧俄的合作,这也是欧美俄三角关系的特征之一。⑥

另一种观点是,欧盟与俄罗斯之间存在巨大的分歧,合作难以实现。一些学者从观念和文化的差异角度解释欧俄之间的分歧,认为双方对政治生活有着不同看法;双方观念、文化的结构性差异导致误解和不信任的产生。⑦ 影响欧俄关系的另一个关键因素是双方内部的转型,有学者认为,由于欧盟正努力克服决策中的内部分裂问题,对原苏联加盟共和国外

---

① Anna-Sophie Maass, *EU-Russia Relations, 1999—2015: From Courtship to Confrontation*, New York: Routledge, 2016.
② Tom Casier and Joan DeBardeleben eds., *EU-Russia Relations in Crisis: Understanding Diverging Perceptions*, Routledge, 2018.
③ Mark Webber, *Russia and Europe: Conflict or Cooperation?* New York: St. Martin's Press, 2000.
④ Fraser Cameron, *An Introduction to European Foreign Policy*, New York: Routledge, 2007.
⑤ 罗英杰:《利益与矛盾——冷战后俄罗斯与欧盟关系研究》,北京:世界知识出版社,2009年。
⑥ 罗志刚:《俄罗斯—欧盟关系研究》,北京:中国社会科学出版社,2009年。
⑦ Kjell Engelbrekt, Bertil Nygren, *Russia and Europe*, London: Routledge, 2010; Roy Allison, Margot Light, Stephen White, *Putin's Russia and the Enlarged Europe*, London: Chatham House Publishers, 2006;范军:《俄欧关系:一个共同的欧洲家园?》,《华东师范大学学报》(哲学社会科学版)2004年第1期。

交政策日趋一致,俄罗斯认为这是对其势力范围的干涉。① 欧盟和俄罗斯在软实力和硬实力上相互竞争,吸引周边国家进入自己的势力范围,② 这种博弈日趋激烈,加剧了双方的矛盾。此外,与俄罗斯的关系问题已经成为影响欧盟成员国分裂的一个重要因素。"老"成员似乎更在意确保长期能源供应和与俄罗斯关系正常化,而"新"成员更关心的问题是俄罗斯在原苏联地区排除异己,控制独联体其他成员,利用"能源武器"来敲诈那些依赖天然气和石油供应的国家。③ 同时,欧俄关系受到美俄关系和欧美关系的影响,欧盟在处理与俄罗斯的关系中缺乏连贯和统一的政策,④ 欧盟内部分成两派:一派认为应该以耐心和谨慎的态度处理与俄罗斯关系,另一派认为俄罗斯是一个威胁,应该以强硬的态度对待俄罗斯,而美国总是支持后者。自冷战结束以来美国对俄罗斯的政策,至少在某种程度上是以遏制俄罗斯的影响为基础的,美国政策直接影响到欧盟内部的分歧。⑤ 此外,有研究将法国、德国和英国作为理解欧洲对俄行为反应的关键行为体,三个国家处理俄罗斯问题的不同方式应从它们过去的地缘政治经验的角度加以解释,将外部压力转化为具体的外交政策:法国致力于推动欧盟成为强大的全球行为体,德国作为沟通俄罗斯的桥梁缔造者在国际事务中自我约束,英国在制衡俄罗斯的过程中深受大西洋主义承

---

① Anna-Sophie Maass, *EU-Russia Relations, 1999—2015: From Courtship to Confrontation*, London: Routledge, 2016.

② Nicu Popescu, Andrew Wilson, *The Limits of Enlargement-lite: European and Russian Power in the Troubled Neighbourhood*, European Council on Foreign Relations, 2009.

③ Roger E. Kanet, "Russia and the European Union: The U. S. Impact on the Relationship," *Jean Monnet/ Robert Shuman Paper Series*, Vol. 9 No. 2, January 2009, p. 8.

④ Federiga Bindi ed., *The Foreign Policy of the European Union: Assessing Europe's Role in the World*, Washington, D. C.: Brookings Institution Press, 2010.

⑤ Roger E. Kanet, "Russia and the European Union: The U. S. Impact on the Relationship," *Jean Monnet/Robert Schuman Paper Series*, Vol. 9 No. 2, January 2009.

诺的影响。① 尼古拉斯·史密斯（Nicholas Ross Smith）认为，地理范围更广的欧洲（尤其是共同邻域）是新兴多极世界中许多潜在的竞争区域之一。通过对其军事、经济、能源和政治等领域的权力分配进行考察，可以发现欧洲存在以欧盟和俄罗斯为代表的两极。② 俄罗斯具有明显的军事优势，并具有一定的能源和政治实力，而欧盟无疑拥有较强的经济实力和软实力，同时也具有一定的政治实力。欧盟和俄罗斯的势力范围在东欧和南高加索地区重叠，尤其是在白俄罗斯、摩尔多瓦和乌克兰等地。由于地缘政治和体系结构的压力，欧俄在其共同邻域争夺影响力。③

美国与俄罗斯的关系同样复杂。冷战后美国的对俄政策本质是防止俄罗斯所谓的"帝国情结"的复活，并将俄罗斯纳入美国主导的西方体系。该政策有三大支点：美对俄的历史记忆、美对俄在欧亚地区的现实利益诉求和俄在美全球战略中的位置。④ 冷战后美俄关系经历四次重启：第一次是在老布什执政的最后一年，面对一个新生的俄罗斯，美国选择部分重置美俄关系；第二次是比尔·克林顿时期，美国全面调整与俄罗斯的关系，加速俄罗斯内部改革，使俄罗斯实现民主化，让俄罗斯融入西方；⑤第三次是俄罗斯主动改善与美国关系，在美国遭遇"9·11"恐怖袭击后，俄罗斯总统普京第一个给美国总统小布什打电话表示慰问和支持，希望成为美国的伙伴；第四次是由奥巴马发起，希望改善因俄格冲突导致的双方

---

① Henrik Boesen Lindbo Larsen, "The Russo-Georgian War and beyond: Towards a European Great Power Concert," *European Security*, Vol. 21, No. 1, March 2012, pp. 102 - 121.
② Licínia Simão, "The new European bipolarity," *Open Democracy*, March 14, 2014.
③ Nicholas Ross Smith, *EU-Russian Relations and the Ukraine Crisis*, Cheltenham, UK/ Northampton, USA: Edward Elgar Publishing, 2016, p. 5.
④ 庞大鹏：《有限的改善，可控的对立》，《世界知识》2018年第16期，第36页。
⑤ James M. Goldgeier and Michael McFaul, *Power and purpose: U.S. policy toward Russia after the Cold War*, Washington, D. C.: Brookings Institution Press, 2003.

关系恶化。① 虽然美国和俄罗斯在改善双边关系上都曾做出努力,然而,这些努力并没有起到实质的效果,"重启"之后双方又立即回到原来的状态中去,对抗和竞争才是美俄关系的常态。究其原因,一是当代国际关系的权力结构,美国与俄罗斯的权力不对等,美国是霸权国,俄罗斯是一个虚弱的地区大国,美国认为俄罗斯应该接受这种不对称的权力结构,而俄罗斯偏要让美国以平等的身份看待它;二是美国和俄罗斯的政治文化和价值观的差异,美国支持联合国的保护责任、"人道主义"干预、"推广民主"、"政权更迭",俄罗斯希望维持国际社会现状,维护绝对主权,不干涉其他国家的内部事务;②三是两国国内政治的影响。美国国内精英阶层存在**"恐俄症"或"厌俄症"**(Russophobia),害怕俄罗斯的政治制度与西方特别是美国的利益和价值观不相容,导致美国的利益受到俄罗斯的损害,于是以各种形式扭曲地批评俄罗斯的民族性、政治制度和外交政策。③同样,俄罗斯为了转移国内矛盾,树立俄罗斯强硬的大国形象,在国际事务中与美国对着干。

虽然俄罗斯已不是美国对外政策的优先项,但美国政府仍十分重视美俄关系,并投入了大量的财力、物力、人力去研究如何处理与俄罗斯的关系,希望将美俄关系放在一个不同的位置,同时拥有一个独立、强硬的政策,支持乌克兰、格鲁吉亚,以及那些与俄罗斯关系不好的其他邻国。④关于美国的对俄政策,有些学者支持对俄罗斯实行打压,将俄罗斯的行为限制在可控的范围内,即"新遏制"战略(neo-containment strategy)。这

---

① Angela E. Stent, *The Limits of Partnership: U. S. -Russian Relations in the Twenty-First Century*, Princeton and Oxford: Princeton University Press, 2014.

② Angela E. Stent, *The Limits of Partnership: U. S. -Russian Relations in the Twenty-First Century*, Princeton and Oxford: Princeton University Press, 2014.

③ Andrei P. Tsygankov, *Russophobia: Anti-Russian Lobby and American Foreign Policy*, New York: Palgrave Macmillan, 2009.

④ Robert H. Legvold, "U. S. Policy Toward Russia," *Bulletin of the American Academy of Arts and Sciences*, Vol. 63, No. 2, 2010, p. 43.

种观点认为,今天俄罗斯的威胁等同于冷战时期苏联的挑战;俄罗斯再次落入强权之手,重新征服邻国,伤害西方,阻挠和削弱美国,西方早该抛弃改变俄罗斯的想法,重新回到大国政治中,遏制俄罗斯,取得"新冷战"的胜利。① 一些学者认为应该与俄罗斯进行接触(engagement),试图找出美国和俄罗斯的共同利益所在,坦率地面对两国存在分歧的核心问题。虽然俄罗斯作为一个虚弱的大国,美国很难找到与俄罗斯的共同利益,但是在维护欧亚大陆的安全与稳定上,俄美有着共同的利益。② 还有一些学者主张美国与俄罗斯既合作又对抗,在一些两国有明确共同利益的领域(如防止核武器扩散和打击恐怖主义)寻求合作,而当俄罗斯给其邻居制造麻烦或向被美国视为非法的政权提供过多的援助时选择对抗。实际上,这是"选择性接触"与"选择性遏制"相结合的战略。③ 而汤闯新认为,即使美国与俄罗斯合作,也是一种临时的、策略性的、虚情假意的合作。美俄之间的竞争,才是根本的。④

2017年12月18日特朗普政府出台的《美国国家安全战略报告》中,明确将俄罗斯称为"修正主义"国家,认为俄罗斯挑战美国的权力、影响力和利益,试图削弱美国的安全与繁荣。"俄罗斯谋求恢复其大国地位,并在其边界附近建立势力范围,发展军队、控制信息,妄图塑造一个与美国的价值观和利益相对立的世界。"⑤这充分表明美国将俄罗斯视为具有威

---

① Edward Lucas, The New Cold War: Putin's Russia and the Threat to the West, New York: Palgrave Macmillan, 2008.
② Robert Legvold, "Meeting the Russian Challenge in the Obama Era," in Vinod K. Aggarwal and Kristi Govella ed., Responding to a Resurgent Russia: Russian Policy and Responses from the European Union and the United States, New York: Springer, 2012, pp. 101 – 123.
③ John Edwards and Jack Kemp, Russia's Wrong Direction: What the United States Can and Should Do, New York: Council on Foreign Relations Report, March 2006.
④ 汤闯新:《大国竞争决定世界变局》,上海:上海书店出版社,2015年,第71页。
⑤ Donald Trump, National Security Strategy of the United States of America, The White House, December 18, 2017.

胁性的对手,未来美国对俄罗斯的政策可能会更加强势。

(三) 关于俄罗斯与西方关系的研究

俄罗斯与西方的关系一直是学术界热衷于探讨的问题。俄罗斯与西方的关系可谓"剪不断,理还乱",俄罗斯与西方在地理和民族关系上更加接近,在文化宗教上同根同源,从地缘上说俄罗斯应该是一个欧洲国家,然而它的身份并不被传统欧洲国家接受。俄罗斯也进行过多次"融入"西方的尝试,然而都以失败告终。在西方学者看来,普京领导下的强势的俄罗斯,致力于恢复其世界主要大国的地位,重建大俄罗斯帝国(如苏联的规模),将其影响力扩大到中欧甚至西欧,如有必要不惜诉诸军事干预(如俄格冲突)。① 普京在竞选总统第三任期时称,"西方国家对安全有独特的理解,与我们的理解不同"。② 的确,俄罗斯和西方在看待国际安全问题时有不同的角度,如北约扩大、美国在欧洲部署反导系统、叙利亚问题等。③ 同时,不信任也是导致俄罗斯与西方关系恶化的重要原因。莱格沃尔德(Robert Legvold)认为,怀疑和误解持续地破坏着双方关系。北约东扩和美国计划在欧洲部署导弹防御系统让俄罗斯觉得这些行动是针对它的。而俄罗斯对其邻国(尤其是乌克兰)的严厉政策,使西方认为俄

---

① Bertil Nygren, *The Rebuilding of Greater Russia: Putin's Foreign Policy Toward the CIS Countries*. Abingdon, UK: Routledge, 2007; Jakob Hedenskog, Vilhelm Konnander, Bertil Nygren, Ingmar Oldberg, and Christer Pursiainen, eds. *Russia as a Great Power: Dimensions of Security under Putin*. Abingdon, U. K.: Routledge, 2005; Vladimir Rukavishnikov, "Choices for Russia: Preserving Inherited Geopolitics through Emergent Global and European Realities," in Roger E. Kanet ed., *Russia: Re-Emerging Great Power*, Houndmills, U. K.: Palgrave Macmillan, 2007, pp. 54 – 78.

② Vladimir Putin, "Russia and the Changing World," February 27, 2012, http://premier.gov.ru/eng/events/news/18252/.

③ Mary Kaldor and Iavor Rangelov eds., *The Handbook of Global Security Policy*, U. K.: John Wiley & Sons Ltd, 2014.

罗斯不仅想影响而且要控制原苏联加盟共和国的领土。① 拉森(Deborah Welch Larson)与舍甫琴科(Alexei Shevchenko)则另辟蹊径,他们认为,"相对于传统的权力或基于利益的解释,羞辱感和地位的不协调更能解释俄罗斯与西方关系的曲折"。②

从地理上解释,因为俄罗斯在西北部缺乏天然边界,所以来自西北部的任何威胁对俄罗斯来说都十分严峻。不安全感迫使俄罗斯常常向西扩张,而欧洲总是向东扩张(如欧盟、北约东扩),③这样一来,俄罗斯与欧洲的利益在中东欧一带就不可避免地发生冲突。从观念认同上分析,奇甘科夫(Andrei P. Tsygankov)将"荣耀"(honor)作为决定俄罗斯对外关系的关键因素。当俄罗斯认为自身荣誉感是被认可的,就会选择与西方国家合作;如果没有被尊重,它就会采取独立的政策,或防御或进攻。一方面,俄罗斯认为自己属于西方,希望通过加入西方联盟获得西方对自己的认可;另一方面,俄罗斯认为自己有独特性,与西方国家不同,希望西方尊重自己的独特性。④ 还有学者从外部环境解释,认为俄罗斯在国际事务中的强势不是因为其外交政策的实质发生了变化,而是它所处的环境的变化(尤其是作为俄罗斯主要出口商品的石油和天然气全球价格的上涨和伊拉克战争导致的美国实力的衰落)赋予了俄罗斯更大的选择空间。⑤

---

① Robert Legvold, "Managing the New Cold War: What Moscow and Washington Can Learn from the Last One," *Foreign Affairs*, Vol. 93 No. 4, July/August 2014, pp. 74 - 84.

② Deborah Welch Larson and Alexei Shevchenko, "Russia Says No: Power, Status, and Emotions in Foreign Policy," *Communist and Post-Communist Studies*, Volume 47, Issues 3 - 4, 2014, p. 277.

③ Mikhail Rykhtik, "How Russia Sees the World," in Vinod K. Aggarwal, Kristi Govella ed., *Responding to a Resurgent Russia: Russian Policy and Responses from the European Union and the United States*, New York: Springer, 2012, p. 18.

④ Andrei P. Tsygankov, *Russia and the West from Alexander to Putin: Honor in International Relations*, New York: Cambridge University Press, 2012.

⑤ Jeffrey Mankoff, "Russia and the West: Taking the Longer View," *The Washington Quarterly*, Vol. 30, No. 2, 2007, p. 124.

俄罗斯在处理与西方的关系时,懂得运用自身优势,利用能源经济阻碍欧盟扩张及其制衡俄罗斯的能力。俄罗斯将天然气出口一方面作为"**胡萝卜**",对交好的原苏联加盟共和国和西欧的战略合作伙伴给予优惠,另一方面作为"**大棒**",与那些关系不好却又依赖能源的国家签订条件苛刻的合同。① 前者的典型代表是德国,这导致德国政客不赞成欧盟在外部能源安全问题上实施统一的天然气政策。俄罗斯将其与德国的关系视为在欧洲事务中寻求更大影响力的宝贵财富。② 后者的典型代表是捷克和乌克兰,二者都因亲西方遭遇过俄罗斯的"断气"惩罚。

(四) 关于俄格冲突和乌克兰危机的研究

欧美同盟对俄政策的同异在俄格冲突和乌克兰危机(本书中的"乌克兰危机"指 2013 年年底爆发的乌克兰危机)中表现得淋漓尽致,两个事件的背景是欧盟东扩和北约东扩。"双东扩"是欧美与俄罗斯矛盾的焦点,也是欧美同盟合作与分歧的体现。在欧美推动欧盟东扩和北约东扩的原因和战略意义上,霍华德·威亚尔达(Howard J. Wiarda)指出,欧洲希望将与俄罗斯之间的缓冲地带纳入西方的势力范围,美国希望包围、限制俄罗斯,防止新的俄罗斯威胁出现,而欧盟东扩和北约东扩是实现这个目标的基本途径。③ 林婕认为国际力量失衡带来的危机感使大西洋联盟必须携手保护冷战成果,防范、弱化俄罗斯是美欧的共同利益,在北约东扩的进程中,美欧有着战略上的一致性,即使有摩擦,最终也会因为共同的

---

① Mikael Wigell and Antto Vihma, "Geopolitics versus Geoeconomics: The Case of Russia's Geostrategy and its Effects on the EU," *International Affairs*, Vol. 92, No. 3, 2016, pp. 615 – 616.

② Constanze Stelzenmüller, "Germany's Russia question: A New Ostpolitik for Europe," *Foreign Affairs*, Vol. 88, No. 2, 2009, pp. 89 – 100.

③ Howard J. Wiarda, "The Politics of European Enlargement: NATO, the EU, and the New U.S.-European Relationship," *World Affairs*, Vol. 164, No. 4, 2002, pp. 178 – 197.

目标而消除分歧。① 还有学者认为,欧盟和北约扩大能够传播其价值观,使欧洲更加"安全"和"稳定"。② 关于欧盟扩大和北约扩大有何不同,有学者认为北约扩大导致大国关系变化较大,引发的矛盾较深;欧盟扩大相对温和,大国关系的变动不会涉及国家之间的核心利益。美国对于欧盟扩大表现出矛盾心态:既希望欧洲强大起来分担领导责任,又担心欧盟过于独立而挑战美国地位。③

当然也有一些学者和分析家认为不应该推动北约扩大,认为扩大北约是一个可疑的、有潜在灾难性的想法,它会造成欧洲的分裂,破坏与俄罗斯的友好关系,并给美国带来代价高昂的、危险的和难以负担的安全义务。④ 米尔斯海默(John J. Mearsheimer)认为乌克兰危机的核心问题是北约东扩,美欧大战略的中心内容是让乌克兰脱离俄罗斯的势力范围并将其融入西方,由此西方威胁到俄的核心战略利益而引发冲突。欧美应该抛弃使乌克兰西化的计划,尤其是放弃让北约吸纳乌克兰和格鲁吉亚。⑤

从俄罗斯的角度来看,欧盟和北约扩大到俄罗斯之前的势力范围,显然是对其势力范围的侵犯,完全消除了它与欧美势力的缓冲空间。⑥ 尤

---

① 林婕:《冷战后北约东扩与美欧关系》,博士学位论文,武汉大学,2005年。
② Rachel Epstein, "Why NATO Enlargement Was a Good Idea," September 13, 2016, https://politicalviolenceataglance.org/2016/09/13/why-nato-enlargement-was-a-good-idea/; "Remarks by NATO Deputy Secretary General Ambassador Alexander Vershbow," April 3, 2014, http://www.nato.int/cps/en/natolive/opinions_108850.htm? selectedLocale=en.
③ 冯绍雷主编:《构建中的俄美欧关系——兼及新帝国研究》,上海:华东师范大学出版社,2010年。
④ Ted Galen Carpenter and Barbara Conry ed., *NATO Enlargement: Illusions and Reality*, Washington, D.C.: Cato Institute, 1998.
⑤ John J. Mearsheimer, "Why the Ukraine Crisis Is the West's Fault," *Foreign Affairs*, Vol. 93 No. 5, September/October 2014, pp. 1 – 12.
⑥ J. L. Black and Michael Johns ed., *The Return of the Cold War: Ukraine, the West and Russia*, Routledge, 2016, p. 27.

其是北约的军事同盟性质使俄罗斯坚决不容许其继续扩张,并以"俄格冲突"作为对北约东扩最强烈的回击。这场冲突不仅针对格鲁吉亚,而且针对美国、北约和西方,它针对的是一个不利于俄罗斯的欧洲的安全体系。俄罗斯的目标是摧毁北约扩张到格鲁吉亚或与俄罗斯接壤的任何地方的任何机会,并劝诫其他邻国不要与西方太接近。①

危机中的乌克兰就像 1914 年的巴尔干,许多相互交织的国内冲突被放大和国际化,外部行为体加剧了乌克兰内部的分裂。有观点认为,乌克兰危机的升级是因为对后冷战时代国际秩序有不同理解的多个权力中心相互竞争和博弈。② 西方的学者多指责俄罗斯是乌克兰危机的罪魁祸首,并阐述了俄罗斯的地缘政治动机,认为"俄罗斯吞并克里米亚和支持乌克兰东部的分裂分子是破坏世界秩序的侵略行为"。③ 有分析者认为乌克兰危机非常清楚地说明了俄罗斯对欧洲安全的理解与西方不同。西方国家看到了一个整体、自由、和平的欧洲出现,而俄罗斯看到的是一个由美国控制的、被持续的冲突拖累、仍然支离破碎的大陆。④ 俄罗斯对于乌克兰危机起因的看法当然与西方截然相反,俄罗斯发布的国家安全战略报告明确指出:"美国及其盟国正在妨碍俄罗斯的独立外交政策,是美

---

① Ronald Asmus, *A Little War that Shook the World: Georgia, Russia, and the Future of the West*, New York: Palgrave Macmillan, 2010, p. 5.
② Richard Sakwa, *Frontline Ukraine: Crisis in the Borderlands*, London: I. B. Tauris & Co Ltd, 2015.
③ J. L. Black and Michael Johns ed. *The Return of the Cold War: Ukraine, the West and Russia*, Routledge, 2016; Andrew T. Wolff, "The Future of NATO Enlargement after the Ukraine Crisis," *International Affairs*, 2015, Vol. 91, No. 5, pp. 1103 - 1121; Stefan Auer, "Carl Schmitt in the Kremlin: the Ukraine crisis and the return of geopolitics," *International Affairs*, 2015, Vol. 91, No. 5, pp. 953 - 968.
④ Andrew Monaghan, "The Ukraine Crisis and NATO-Russia Relations," 2014, http://www.nato.int/docu/review/2014/Russia-Ukraine-Nato-crisis/Ukraine-crisis-NATO-Russia-relations/EN/index.htm.

欧支持乌克兰的违宪政变导致了俄罗斯边境附近的军事冲突。"[1] 俄罗斯将整个经济前途置于危险之中,同时威胁欧洲和国际安全秩序的关键支柱。欧盟在外交政策危机和激烈的内部经济危机之间左右为难。华盛顿列出的制裁措施目的在于惩罚普京,迫使俄罗斯政权更迭。与此形成对比的是,柏林列出的制裁措施旨在阻止未来俄罗斯对乌克兰的野心,并在一年后到期。[2] 危机表明,"硬实力"不仅不是欧盟的一种选择,而且似乎不再是其战略思想的一部分。[3]

有学者对乌克兰危机能否解决持悲观态度,认为俄罗斯与西方之间根深蒂固的不信任使得双方达成妥协、解决危机变得十分困难。[4] 关于如何解决危机,有学者认为应放弃把乌克兰纳入北约或欧盟[5],在一个全球权力转移的世界,欧盟应更多地采取地缘政治的方式,在制定对外方针行动时顾及俄罗斯的经济和政治利益。[6] 但也有学者提出了大胆的想法,认为应该将俄罗斯纳入欧洲-大西洋安全结构中。理想的情况是,现有的集体防御组织(北约)应转变为一个集体安全组织,将俄罗斯和乌克兰都包括在内。[7] 乌克兰危机还引发了关于北约重新强调其领土防御或

---

[1] Vladimir Vladimirovich Putin, *On the Russian Federation's National Security Strategy*, The Kremlin, December 31, 2015.

[2] Elizabeth Pond, "Germany's Real Role in the Ukraine Crisis: Caught between East and West," *Foreign Affairs*, Vol. 94, No. 2, March/April 2015, pp. 173 - 177.

[3] Andrew Wilson, *Ukraine Crisis: What It Means for the West*, Yale University Press, 2014.

[4] J. L. Black and Michael Johns eds., *The Return of the Cold War: Ukraine, the West and Russia*, New York: Routledge, 2016.

[5] John J. Mearsheimer, "Why the Ukraine Crisis is the West's Fault," *Foreign Affairs*, Vol. 93 No. 5, September/October 2014, pp. 1 - 12.

[6] Peter van Ham, *The EU, Russia and the Quest for a New European Security Bargain*, Clingendael Report, November 2015.

[7] Tom Sauer, "The Origins of the Ukraine Crisis and the Need for Collective Security between Russia and the West," *Global Policy*, Vol. 8. Issue 1, February 2017, pp. 82 - 91.

集体防御核心目标的进一步辩论。许多专家和学者警告说,世界正面临一场新的冷战,甚至是北约和俄罗斯之间的一场真正的战争。① 斯蒂芬·沃尔特(Stephen M. Walt)将北约在冷战后的存续定义为"某种反常现象",他认为乌克兰危机意义重大,因为它为这个老化的联盟提供了一个共同行动的机会。②

综上所述,目前国内外的研究成果大多集中于对欧俄、美俄、欧美双边关系或欧美俄三边关系的研究,但探究 2000 年以来欧洲对俄政策或美国对俄政策的著作并不多见,直接比较欧美对俄政策的文献更是少之又少。此外,通过梳理文献,笔者发现目前的研究成果存在几个问题。一是研究主体的不平衡。大多数的研究是从俄罗斯的角度出发,探讨俄欧关系或俄美关系,即使有从欧洲或美国角度探讨欧俄关系或美俄关系的内容,也只是占据一本书的某一章节,系统的研究并不多见。这凸显了美俄关系、欧俄关系中的不对称性,表明俄罗斯已经不是美欧外交政策的核心关注对象,而欧美尤其是美国仍然是俄罗斯外交对象的重中之重。二是研究时间线的断档。目前的研究成果对于 2000 年至今整个时间段的欧美关系、欧俄关系、美俄关系鲜有系统梳理。2000 年以来,学者们感兴趣的点是 2001 年"9·11"事件后美俄关系的升温,2003 年伊拉克战争导致的欧美同盟的裂痕,2008 年俄格冲突时北约东扩与俄罗斯的矛盾,2013 年年底爆发的乌克兰危机中俄罗斯与西方的关系,以及欧盟和北约扩大的历程,等等。这些研究大多是碎片化的,在问题产生时对其进行追踪和分析,等到时效性一过,研究就告一段落。三是研究内容的表面化,缺少有深度的宏观考察和理论升华。一些著作和文章偏向于对现象的描述,

---

① Matthew Kroenig, "Facing Reality: Getting NATO Ready for a New Cold War," *Survival*, Vol. 57, No. 1, 2015, pp. 49 - 70.
② Stephen M. Walt, "NATO Owes Putin a Big Thank-You," September 4, 2014, http://www.foreignpolicy.com/articles/2014/09/04/nato_owes_putin_a_big_thank_you_russia_ukraine.

绪 论

在梳理欧美俄三者关系时，或针对某一问题领域（如安全、能源、经贸关系），或针对某一热点事件（如俄格冲突、乌克兰危机）进行表象分析，而深挖影响变量或进行理论归纳的文献较少。实际上，一些重要问题亟待进一步研究和探讨，例如，如何归纳2000年至2020年欧洲和美国对俄罗斯的政策？欧美的对俄政策有何相同又有何不同？哪些因素导致了欧美对俄政策的差异？是什么导致俄罗斯与西方的矛盾持续存在？近年来，美欧与俄的矛盾似乎进一步升级，在诸多问题上，三方的博弈日趋激烈。欧美与俄罗斯关系似乎达到了冷战结束以来的最低点，以至于一些学者将其描述为"新冷战"。但是，关于为什么西方与俄罗斯关系会持续恶化，多数西方研究倾向于将责任归于俄罗斯，批评普京在其国内外的专制方式，认为普京对重建俄罗斯帝国或恢复苏联规模的追求，为新的世界秩序重新建立了冷战框架。当然也有部分西方学者和分析家认为，是西方的行为（如不断地推动北约扩大、挑战俄罗斯底线）导致双方关系恶化。相比之下，俄罗斯分析家总是认为这是西方的错。[①] 虽然许多学者认为"双东扩"及其引发的俄格冲突和乌克兰危机是破坏西方与俄罗斯关系非常重要的原因，但他们并没有深入剖析这些地缘政治事件是如何破坏二者关系的。许多问题仍需进一步探索。总之，本研究希望克服困难，尝试将欧洲对俄政策与美国对俄政策做比较研究，如果能够找出影响二者一致性和差异性的变量进而归纳出一般性规律，无疑具有一定的学术价值，并且对"百年未有之大变局"下中国如何处理与欧美俄的关系问题有一定的借鉴意义。

---

① "Мнение: НАТО вместо антитеррористического проекта стало 'антироссийским'," Rambler News Agency, January 31, 2017, https://news.rambler.ru/europe/35965981-mnenie-nato-vmesto-antiterroristicheskogo-proekta-stalo-antirossiyskim/; "Russian analyst on NATO aggression: Neither Europe nor Russia benefit," Free West Media, March 15, 2017, http://freewestmedia.com/2017/03/15/russian-analyst-about-nato-aggression-neither-europe-nor-russia-benefit/.

三、基本假设、主要概念和变量选取

（一）基本假设

本书旨在研究 2000 年至 2020 年欧美在地缘政治竞争背景下对俄政策的一致性和差异性，并探讨其政策异同的原因。本书的基本假设是：2000 年以来美国和欧洲认为俄罗斯对它们构成了共同威胁，联手采取针对俄罗斯的政策和措施，双方的地缘政治博弈不断加强；欧美对俄政策又同中有异，分别呈现"软制衡"与"新遏制"两种不同的特征。欧美对俄政策的一致性是欧美与俄结构性矛盾的反映，而其特征的差异性则体现了欧美之间结构性矛盾的影响，尽管两种结构性矛盾具有不同的性质和作用。具体来说，欧美对俄政策特征的差异是由安全威胁感受度、经济依赖度、战略文化，以及决策与执行能力等 4 个主要变量所共同决定的。

本书将以问题为导向，结合 2000 年至 2020 年欧美处理对俄关系的特点，探究欧美对俄政策同异的根源。本书将首先从宏观层面对 2000 年后欧美对俄关系的国际格局背景进行探讨，其次阐述欧美采取的对俄战略并比较其异同，分析影响其异同的基本变量，并进一步从实证层面通过对俄格冲突、乌克兰危机的案例研究加深探讨，最后对美国特朗普总统上台后美欧俄三边关系进行分析，以深化对影响当下及今后国际关系格局的欧美俄关系的理解。

（二）主要概念

1. "结构性矛盾"和欧美对俄关系

"结构性矛盾"是近年来学术界使用频率很高的一个概念，多见于经济和社会领域，国际关系学界亦经常使用，但对其内涵一般学者未加界定或者释义很少。本书认为，这一概念的内涵可结合结构现实主义国际关

绪 论

系理论加以理解。根据结构现实主义大师肯尼思·华尔兹(Kenneth N. Waltz)的理论,国际体系是由结构和互动的单元构成,而同类单元的互动产生了结构;① 重要的是,"结构根据其组成部分的排列方式来加以定义,只有排列方式的改变才是结构性改变"。② 由于结构根据单元间能力的分配来界定,即国家根据权力大小而占据不同的位置,"国际结构只有在组织原则或者单元能力发生变化时才会改变"。③ 这样,华尔兹将单元能力等的变化与结构的变化建立了因果关系,从而为其结构现实主义理论奠定了基石。④ 因此,国际关系中的结构性矛盾不是一般性的矛盾,而是那些涉及体系结构的稳定和变化的矛盾,其主要影响因素是国家间单元能力即国家权势的变化。⑤

在国际关系结构——无论是多边结构还是双边结构——中,结构性矛盾的内涵可以被界定为国家间因实力和权势的变化而具有的改变它们之间关系结构的矛盾,这种矛盾比较突出地表现在大国兴衰的过程中,崛起国与守成国之间便存在着这种结构性矛盾。如果国际政治中国家间的矛盾涉及它们之间权势的增减从而可能改变其关系结构,即可视之为结构性矛盾,如国家间因地缘政治利益诉求不同而引起的安全对立和冲突、长期悬而未决的重要领土纠纷,以及涉及国家生存与发展等重大核心利

---

① 肯尼思·华尔兹:《国际政治理论》,信强译,上海:上海人民出版社,2017年,第84、99页。
② 肯尼思·华尔兹:《国际政治理论》,信强译,上海:上海人民出版社,2017年,第85页。
③ 肯尼思·华尔兹:《国际政治理论》,信强译,上海:上海人民出版社,2017年,第99、103页。
④ 借用杰伊·戈德斯坦关于国际关系理论中"体系"概念的界定,华尔兹的"结构"概念不是一种描述性结构,而是特定的诠释性结构,即建立和诠释了国际政治行为体与结构的因果关系,因而才具有理论的内涵。参见 Jay S. Goodman, "The Concept of 'System' in International Relations Theory," Background, Vol. 8, No. 4 (February 1965), p. 258。
⑤ 实际上,对于影响结构变化的因素,除了结构现实主义对国家权力的阐释,不同理论流派存在不同的理解,如新自由制度主义强调国际制度的作用,建构主义强调观念和认同等;相应地,对于结构性矛盾的产生原因,不同流派的解释重点也存在差异。

益的矛盾,等等。因此,结构性矛盾具有如下特点。(1)矛盾的难以调和性。由于关乎相关国家的核心利益,且长远来看涉及国际关系结构的变化,矛盾双方很难做出实质性的妥协让步。(2)长期性。由于矛盾的难以调和,尤其当矛盾涉及大国、强国时,它们的博弈往往长期化。有学者便认为,"结构性矛盾是指由历史积怨和现实发展所引起的长期积累且无法短期消除的矛盾,一系列不信任因素会长期频繁影响两国或多国关系"。① (3)冲突易发性。结构性矛盾的存在容易导致国家间的摩擦和纷争,甚或对立和冲突,在一定的条件下具有导致国家间战争的潜在的、较大的风险,影响国家间关系的稳定。

然而,现实国际政治中国家间结构性矛盾的存在并不意味着必然导致它们之间的冲突乃至战争。一般来说,国家间结构性矛盾的发展大致可能导致三种结果:(1)结构性矛盾导致当事国关系恶化,双方对峙或长期存在,或引向冲突和战争,这种情形多体现在历史上大国争夺或维护地区和世界霸权的战争,或者国家间为争夺领土和势力范围的战争之中;(2)虽然存在着结构性矛盾,但国家间为了更为重大的共同利益而能够维护相互间关系的稳定,合作大于分歧。这种情形多出现在同盟之内,如二战期间苏联与西方盟国之间虽然存在着互不信任甚至严重分歧,但它们能够为了应对更为严重的共同威胁、战胜德国法西斯军队而保持合作和协调;(3)尽管存在着结构性分歧,但是当事国双方领导人保持理性的政治意愿和审慎的战略诉求,因而结构性矛盾能够得到有效的管控,双边关系能够保持长期稳定。必须注意的是,结构性矛盾是在一定条件下产生的,也不是必然按照一定的方向发展并导致某种特定的结果;当条件发生变化时,它也会向着其他结果发展。

---

① 张新颖:《国际关系中的结构性矛盾及其转化:以一战前的英德关系为例》,《理论学习》2009年第8期,第62页。显然,该文作者所定义的只是结构性矛盾的一个特点而不是概念的内涵。

绪 论

本书认为,美国和欧洲与俄罗斯之间存在着结构性矛盾,主要表现在冷战后美欧进一步推动"双东扩"和以美国为首的北约在俄西部的军事部署挤压了俄罗斯的战略空间,使2000年以后双方的地缘政治博弈愈演愈烈,形成了战略对峙和双边关系紧张的局面,尽管现阶段尚不存在滑向军事冲突的迹象,但如果任其恶化,则在一定条件下存在着向"新冷战"即上述结构性矛盾可能导致的第一种结果发展的可能性。同时,欧洲与美国之间也存在着结构性矛盾,即二战后跨大西洋之间形成了美强欧弱的权势格局,在战略和外交上则是美主欧从的态势,这种不对称的态势导致美欧之间的结构性矛盾,从法国戴高乐总统挑战美国在北约中的霸权,到2003年"老欧洲"围绕伊拉克战争公开叫板美国,欧美纷争不断,如美国著名学者斯坦利·霍夫曼(Stanley Hoffmann)所言:"一部大西洋同盟史就是一部危机的历史"。[①] 欧美在对俄罗斯政策上既有一致性,又存在着差异性,这种差异性在一定程度上折射出双方的结构性矛盾,这也是本书研究的重点所在。当然,本书认为,欧美之间的结构性矛盾不同于它们与俄罗斯之间的结构性矛盾,欧美不仅在世界政治经济中的共同利益大于分歧,而且在俄罗斯问题上政策的一致性应该大于差异性,因而总体上双方保持着合作,大抵属于上述结构性矛盾发展可能导致的第二和第三种结果之间的类型。

2. "软制衡":欧洲对俄政策的特征

2000年至2020年,在地缘政治竞争领域,虽然欧美对俄政策总体上保持一致,但同中有异,又存在着较为明显的差异性。本书认为,欧洲对俄罗斯政策的整体特征可以归纳为"软制衡"(soft balancing)。

"软制衡"政策是国际关系中经常运用的"制衡"(balance)政策的一种表现形式,"制衡"的概念源于均势(balance of power)理论。在一个多

[①] Stanley Hoffmann, "NATO and Nuclear Weapons: Reason and Unreason," *Foreign Affairs*, Vol. 60, No. 2, 1981, p. 327.

国体系中,因为其他国家视霸权国家为威胁,所以它们会参与牵制和平衡潜在的霸权。有学者指出,"均势是一个体系层次的概念,指的是体系中大国之间实力分布大致平衡的状况。制衡是一个单元层次的概念,指的是体系中大国通过单独或者联合的方式,平衡潜在或实际霸权国权力的行为"。① 然而,当前学界有关"制衡"这一概念的使用却十分多样化,集中体现在基于制衡主体和制衡对象不同而表现出的差异。华尔兹和斯蒂芬·沃尔特等人认为制衡是崛起国对霸权国的制衡②,而兰德尔·施韦勒(Randall L. Schweller)和约翰·米尔斯海默等人认为制衡是霸权国对崛起国的制衡③。中国学者还对国际关系中的"制衡"与"遏制"概念进行区分,认为"遏制意味着拒绝对象的发展甚至生存,而制衡意味着允许对象生存,但规定限制其发展,亦同时强调提升自身的发展"。④ "制衡"存在着两种主要形式:一种是"硬制衡",即主要以使用军事力量为手段的制衡,旨在对抗并削弱被制衡国的军事能力,迫使对方做出实质性让步;另一种则是"软制衡",即主要不是通过使用武力威胁的途径或胁迫等强制手段,而是外交协调或其他方式和手段对被制衡国施加压力,达到制衡的目的。

"软制衡"概念的提出,最初是为了说明在美国主导的单极体系中其他国家对抗美国优势所采取的一种方式,20世纪90年代末、21世纪初得到学者们的重视。斯蒂芬·沃尔特和约瑟夫·乔夫(Josef Joffe)等学者

---

① 刘丰:《大国制衡行为:争论与进展》,《外交评论》2010年第1期,第113页。
② 肯尼思·华尔兹:《国际政治理论》,信强译,上海:上海人民出版社,2017年,第134页;斯蒂芬·沃尔特:《联盟的起源》,周丕启译,上海:上海人民出版社,2018年,第17—18页。
③ Randall L. Schweller, "Bandwagoning for Profits: Bringing the Revisionist State back in," International Security, Vol. 19, No. 1, 1994, pp. 72 - 107; Clenn H. Snyder, "Mearsheimer's World-Offensive Realism and the Struggle for Security: A Review Essay," International Security, Vol. 27, No. 1, 2002, p. 161.
④ 孙灿、钮维敢:《冷战后美国亚太安全护持战略行为模式——以南海外交为例》,《国际安全研究》2016年第3期,第38页。

绪　论

试图阐明传统军事制衡即"硬制衡"与更微妙的制衡形式之间的区别。[1] 根据保罗（T. V. Paul）的观点，"软制衡是指没有正式联盟的隐性制衡。这种情况通常发生在国家之间为了制衡一个潜在的威胁性国家或一个正在崛起的大国而发展出的协议或有限的安全谅解。软制衡通常基于有限的军备建设、临时合作演习或在区域或国际机构中的合作；如果安全竞争变得激烈，强国变得越来越具有威胁性，这些政策可能会转变为公开的、硬制衡的战略"。[2] 使"软制衡"概念发展得较为成熟并受到广泛认可的研究是罗伯特·佩普（Robert A. Pape）的文章，他给"软制衡"下的定义是："不直接挑战优势，但使用非军事手段拖延、挫败、破坏更强大国家的侵略性的单边军事政策。"[3] 保罗在其 2018 年的一篇文章中进一步阐释了"软制衡"的手段和特点，即"软制衡"是"通过国际机制来限制国家的权力或侵略性政策；通过有限的、非正式的协议进行协调一致的外交；并实施经济制裁，使该国的行动在世界眼中不那么合法，从而使其更难以实现战略目标"。[4] 综上所述，"软制衡"理论的核心假定是：在权力极端不平衡的情况下，针对霸权国的非军事手段的制衡是大国间权力互动的主要

---

[1] Stephen M. Walt, "Keeping the World 'Off Balance': Self-Restraint and U. S. Foreign Policy," in G. John Ikenberry ed., *America Unrivaled: The Future of the Balance of Power*, Ithaca and London: Cornell University Press, 2002, pp. 121 – 154; Josef Joffe, "Defying History and Theory: The United States as the 'Last Remaining Superpower'," in G. John Ikenberry ed., *America Unrivaled: The Future of the Balance of Power*, Ithaca and London: Cornell University Press, 2002, pp. 155 – 180.

[2] T. V. Paul, "Introduction: The Enduring Axioms of Balance of Power Theory and Their Contemporary Relevance," in T. V. Paul, James J. Wirtz, and Michel Fortmann eds., *Balance of Power: Theory and Practice in the 21st Century*, Stanford, CA: Stanford University Press, 2004, p. 3.

[3] Robert A. Pape, "Soft Balancing against the United States," *International Security*, Vol. 30, No. 1, Summer 2005, p. 10.

[4] T. V. Paul, "How 'Soft Balancing' Can Restrain Trump's America," August 9, 2018, http://policyoptions.irpp.org/magazines/august-2018/how-soft-balancing-can-restrain-trumps-america/.

形式,并有可能成为实现均势的准备阶段的策略。"软制衡"策略的关键是:主要运用国际制度、经济策略和外交布局等手段达到压制对方的目的,即发挥国际机构的约束作用,使用经济手段加以威慑,通过外交措施限制自由度,以及运用智谋使对方决策失误和外强中干等。

本书认为,在外交实践中,"软制衡"不仅仅局限于应对霸权国,还可以用于应对地区性大国或具有威胁性的大国。在本书中,相对于美国的强硬对俄政策,欧盟的对俄政策体现出"软制衡"的典型特征。欧盟一方面努力提升自身实力,推动自身扩大;另一方面,在配合美国与俄罗斯展开地缘政治博弈的同时,发挥其多边主义捍卫者的优势,利用国际机构约束俄罗斯,通过经济制裁等手段限制俄罗斯,通过外交措施限制俄的自由度。因此,可以说,"软制衡"是欧盟应对俄罗斯威胁、限制俄罗斯行为的一种政策特征和手段。

3. "新遏制":美国对俄政策特征

本书认为,2000 年以来,美国对俄罗斯政策特征可称为"新遏制"(neocontainment),它既是冷战时期美国对苏"遏制"(containment)政策的延续,又具有不同于冷战"遏制"的内涵。

冷战"遏制"政策是冷战时期美国及其盟国推行的反苏反共政策,由美国驻苏大使馆临时代办、后任美国国务院政策规划室主任的乔治·凯南(George F. Kennan)于 1946 年首先提出,很快杜鲁门总统决定以"遏制战略"作为美国的对苏战略,它遂成为美国对以苏联为首的社会主义国家的一种战略和政策的总称。该政策主张加强美国与西欧等国的关系,提出以军事包围、经济封锁、政治颠覆、文化渗透等各种手段"遏制"苏联及其他社会主义国家的发展和影响。因此,"遏制"政策的内涵大致可以归结为阻止和对抗苏联及其盟国的任何扩张行为,它适用于全球的每一个角落,并成为美国对付苏联的主要战略,直到 1991 年苏联解体、冷战结束。

"新遏制"的概念与冷战时期的"遏制"存在着直接的联系。冷战结束以后,随着美俄关系的由暖转冷,尤其是 2000 年普京总统上台后双边关系的持续恶化,美国政治家和学者开始策划新的美国对俄政策,"新遏制"的概念被提了出来。美国的现实主义政治家如小布什总统时期曾任国务卿的康多莉扎·赖斯(Condoleezza Rice)等认为,美国对俄罗斯行为的回应可以被称为"新遏制",即利用美国的权力来制止俄罗斯恣意妄为和威胁性的行为。① 这种观点也得到了爱德华·卢卡斯(Edward Lucas)等学者的支持,他们将今天俄罗斯的威胁等同于冷战期间苏联的挑战,认为俄罗斯再次落入"专制独裁者"之手,并企图重新征服邻国,伤害西方,阻挠和削弱美国的影响力。美国和欧洲早该抛弃改变俄罗斯的想法,并接受俄罗斯是敌人的"新现实","回到大国政治博弈中,重新遏制俄罗斯,取得'新冷战'的胜利"。② 迈克尔·曼德鲍姆(Michael Mandelbaum)也认为,冷战期间美国选择遏制苏联,几十年中成功地阻止了苏联的军事进攻、限制了苏联的影响力,现在美国对俄罗斯应该进行"新遏制",曼德鲍姆称这种"新遏制"政策"能够为美国在21世纪捍卫其利益提供最大的可能"。③

俄罗斯主流外交政策思维同样表明,自苏联解体以来,美国对俄政策的核心目标便在于削弱并孤立俄罗斯,实行一种"新遏制"政策。这一观点认为,美国扩大北约主要是希望在西方与俄罗斯之间建立一种有利于西方的军事平衡;北约绕开联合国对科索沃的干预,虽然不是直接针对俄罗斯的军事行动,但其目的是在政治上削弱俄罗斯在欧亚大陆的地位,这也是对该地区的一个警告,意图向其说明西方军事胁迫可能出于政治目的,而俄罗斯可能成为潜在的目标。美国在高加索和中亚地区的军事基

---

① James M. Goldgeier and Michael McFaul, *Power and Purpose: U. S. Policy toward Russia after the Cold War*, Washington, D. C.: Brookings Institution Press, 2003, p. 306.

② Edward Lucas, The New Cold War: Putin's Russia and the Threat to the West, New York: Palgrave Macmillan, 2008.

③ Michael Mandelbaum, "The New Containment: Handling Russia, China, and Iran," *Foreign Affairs*, Vol. 98, Issue 2, March/April 2019, p. 123.

地和军事合作项目也是如此。①

本书认为,美国对俄"新遏制"政策的假定是,俄罗斯对美国的全球利益和美国盟友的安全构成威胁,俄罗斯实力的恢复和对外政策的强势,目的可能是谋求地区霸权,美国势力有被排挤出欧亚大陆的危险。要避免出现这种局面,美国就要提前布下棋子,主动发起攻势,包围、遏制俄罗斯。"新遏制"能最大程度地发挥阻遏美国对手的作用,维持美国的全球霸主地位。美国借助欧洲盟友的力量,在俄罗斯与欧洲大陆之间打造一个战略支点(乌克兰)来遏制俄罗斯的崛起,借以搅动、牵制、围堵俄罗斯,这既是北约东扩的继续,也是美国"新遏制"战略的表现,而美国继退出美苏《反导条约》后又退出两国《中导条约》,谋求军事上的战略优势,引起人们对美俄新的军备竞赛、冷战回归的担心。

(三) 影响欧美对俄政策差异的主要变量

影响一国对外政策的因素相当多,如综合实力、历史因素、领导人个人偏好、国内政治因素,等等,即使是盟友,面对共同的威胁,由于国家间实力的悬殊、地缘环境的不同、战略文化的差异等,各国实际确定的对外政策也就有了较大区别。本研究选择了四个重要性突出且作用重大的因素作为分析影响欧美对俄政策差异的主要变量,即安全威胁感受度、经济依赖度、战略文化,以及决策与执行能力。四个变量有其内在的逻辑关系,既有导致欧美分歧的普遍性因素,同时也有对俄关系的特殊性因素。其中,相对来说,实力差距与地缘环境差异所导致的安全威胁感受度不同是更为根本、更为重要的变量。

1. 安全威胁感受度不同

在地缘政治竞争的背景下,本书所涉及的安全威胁大多指传统安全

---

① Celeste A. Wallander, "Geopolitics and Neocontainment, as well as Common Security: Russian Views on Proliferation," PONARS Policy Memo, No. 371, December 2005, p. 25.

威胁。传统安全威胁主要是指国家面临的军事威胁及威胁国际安全的军事因素。对安全威胁的感受和认知在很大程度上影响国家对外政策的制定。由于各国对安全威胁的感受和认知存在显著差异,它们在制定对外政策时自然会呈现不同的特点和取向。欧美对来自俄罗斯的安全威胁的感受度不同很大程度上是它们各自的实力和所处的地缘环境差异所导致的。

首先就实力对比来看,实力强弱决定了国家在国际体系中地位的高低和权力的多少。这里的实力对比不仅要考虑欧美之间的差距,而且要考虑欧盟与俄罗斯、美国与俄罗斯之间的差距。俄罗斯的经济实力相对薄弱,与美欧差距显著,且欧美的经济实力差距不明显,故经济实力并非导致欧美对俄政策差异的决定性因素。所以,这里的实力对比主要指军事方面。美国具有强大的军事实力和核打击能力,而欧盟军事能力存在很大缺陷,这加深了欧盟对于自身安全的忧虑。

其次从地缘环境差异来说,地缘环境与一国的对外政策具有较为稳定的相关性。一国所处的地理位置及其周边环境对该国所面临的安全形势具有至关重要的影响。"地缘特征塑造了国家安全方面的观念与传统,对国家对外政策的目标偏好具有重要影响。"① 本书所指的地缘环境差异,除涉及美国相对于欧洲国家拥有天然的屏障之外,主要指欧美与俄罗斯的地理邻近性的差异。

实力的差距和地缘环境的差异所导致的结果是,国家对安全威胁的感受程度不同。一国无法选择自己所处的地理位置和与谁做邻居,欧洲国家与俄罗斯地理上的邻近使它们担心自己首先遭到俄罗斯的直接军事打击,同时,军事实力的欠缺又使欧洲国家加大了对大西洋同盟有效性的怀疑,即欧洲担心如果真的遭到俄罗斯的打击,美国是否会以及能够在多

---

① 初智勇:《俄罗斯对外结盟的目标形成及影响因素——基于权力结构、地缘关系、意识形态视角的分析》,《俄罗斯研究》2015 年第 3 期,第 161 页。

大程度上帮助欧洲。相比之下,美国的军事实力和地缘环境使其能够承受"刺激"俄罗斯带来的后果。美国的不安全感在一定程度上并非源自对俄罗斯直接威胁其本土安全的担忧,而是由于俄罗斯能够威胁美国的海外利益和盟友安全,同时挑战美国霸权。

2. 经济依赖度不同

按照新自由制度主义国际关系理论大师罗伯特·基欧汉(Robert Keohane)和约瑟夫·奈(Joseph Nye)的定义,"依赖"指的是为外力所支配或受其巨大影响的一种状态。[①]"相互依赖"意为彼此依赖,"当交往产生需要有关各方付出代价的相互影响时(这些影响并不必然是对等的),相互依赖便出现了"。"相互依赖"与"相互联系"的区别在于交往各方是否都付出代价。[②] 在相互依赖的政治中,国内利益、跨国利益和政府利益交织在一起,国内政策与外交政策密切相关。[③] 经济依赖度是指一国经济上对其他国家的依赖程度:一方面,其他国家发生的经济情况对本国的经济发展产生直接的影响;另一方面,本国的经济行为在一定程度上也依赖其他国家的行动和政策。一国对经济利益越是看重,该国经济与他国相互依赖程度越会影响其外交政策的制定。

经济依赖度差异对于理解欧美对俄政策差异十分重要,因为欧俄关系与美俄关系之间很大的不同在于经济上是否存在相互依赖。美国与俄罗斯的经济相对独立,相互依赖程度低,即使危机中美国对俄实施严厉的经济制裁,美国国内的经济也不会受到损害;而对欧俄关系来说,欧盟更依赖俄罗斯的能源和市场,对俄实施的经济制裁也会使欧盟自己受到重

---

① 罗伯特·基欧汉、约瑟夫·奈:《权力与相互依赖》,门洪华译,北京:北京大学出版社,2002年,第9页。
② 罗伯特·基欧汉、约瑟夫·奈:《权力与相互依赖》,门洪华译,北京:北京大学出版社,2002年,第10页。
③ 罗伯特·基欧汉、约瑟夫·奈:《权力与相互依赖》,门洪华译,北京:北京大学出版社,2002年,第9页。

绪　论

创。经济相互依赖程度越高，对彼此行动的束缚程度越大，对彼此政策的限制也就越多，这对于理解欧盟在对俄政策上的"软弱"颇有助益。

3. 战略文化差异

"战略"和"文化"最初是分属不同领域的两个相互独立的词语。文化研究和国家安全战略之间的联系可以追溯到二十世纪四五十年代所谓的"国家性格研究"[①]。"战略文化"作为一个术语出现在冷战期间，则是杰克·斯奈德(Jack Snyder)在其1977年的报告《苏联战略文化：有限核选项的含义》中提出的。他将战略文化定义为"国家战略共同体成员在核战略方面通过指导或模仿获得并相互分享的理想、有条件的情感反应和习惯性行为模式的总和"。[②] 斯奈德认为，在苏联内部，个人被社会化到一种特定的苏联思维模式，其领导人通过一种独特的战略文化来看待世界。因此，战略文化被定义为一种特定的安全和军事愿景，它对决策者产生了影响。这种思维方式的持久性使它们成为一种"文化"的表现，而不仅仅是一种政策。后来，"战略文化"的概念在国际关系领域得到了广泛的应用，主要是通过独特的国家战略属性来解释独特的国家战略行为。它的持续相关性不仅体现在国际事件(如乌克兰危机)中，还进一步体现在不同的国家安全战略上。简而言之，战略文化是对一个国家的战略思维、战略取向、战略意图等产生影响的深层次的文化因素。对战略文化的研究使我们得以理解和解释国家战略和军事行动，将特定策略置于更广阔的历史背景中考察，从而更好地预判国家行为，帮助我们理解国家在何种情

[①] Nayef Al-Rodhan, "Strategic Culture and Pragmatic National Interest," 22 July 2015, https://www.globalpolicyjournal.com/blog/22/07/2015/strategic-culture-and-pragmatic-national-interest.

[②] Jack Snyder, *The Soviet Strategic Culture: Implications for Limit Nuclear Operations*, Santa Monica: Rand, 1977, p. 8.

况下,以及如何通过恰当的手段实现其安全目标。①

从表面上看,务实的追求和其他战略考量往往似乎完全由眼前利益所决定,但战略文化这种内生的、观念性的因素会潜移默化地影响国家的行为方式,所以战略文化的重要性不容忽视。同时,虽然战略文化具有一定的稳定性,但并不意味着战略文化是不会改变的。事实上,战略文化是动态的、不断变化的概念,是对一个国家的历史和国际地位的理解,经过几代人的思考和探讨,一国的战略文化可能会被重新评估进而发生改变。

与欧洲权力政治时期的战略文化截然不同,冷战后的欧洲逐渐形成了新的审慎的战略文化,倾向于使用"软实力",运用多边主义和国际法的方式处理俄罗斯问题,而美国更偏爱"硬实力",喜欢用单边的、武力的方式解决问题。所以欧美在战略文化上的分歧是其对国际问题的看法和行为方式有所不同的重要原因,这在2000年以后欧美对俄罗斯政策中表现出来,可视为分析二者政策差异的一个重要变量。

4. 决策与执行能力差异

本书的比较对象——欧盟和美国不是同质的国际行为体,因而决策与执行能力的差异成为影响欧盟和美国对俄政策的重要因素。欧盟"既不同于传统民族国家的政治结构,也不是完全意义上的多边合作的政府间国际组织",欧盟的性质体现了"欧洲超国家主义与政府间主义的平衡与统一"。② 欧盟在外交和安全领域并不拥有超国家权力,其决策过程依旧遵循政府间合作框架,因而形成一种独特模式:成员国在保持各自外交独立决策权的同时,也基于欧盟政府间合作共同制定外交政策。正如德国学者弗兰科·阿尔吉利所分析的那样,欧盟最大的挑战在于"制定并且

---

① Nayef Al-Rodhan, "Strategic Culture and Pragmatic National Interest," 22 July 2015, https://www.globalpolicyjournal.com/blog/22/07/2015/strategic-culture-and-pragmatic-national-interest.

② 洪邮生等:《让渡还是坚守:一体化语境中的欧洲人主权观研究》,南京:南京大学出版社,2015年,第261—262页。

贯彻一项得到全体成员国支持的政策",例如在发生国际危机时各成员国能够自愿地、认真地执行一致的政策。①

欧盟统一对外政策的实践发端于1992年签订的《马斯特里赫特条约》中欧共体各国正式提出的"共同外交与安全政策"(Common Foreign and Security Policy,简称CFSP)。然而"共同外交与安全政策"体现了成员国"政府间合作"的关系,它还远没有成为真正意义上的共同政策,各国基于现实原因,极不情愿让渡外交与安全政策给某一超国家机构。在超国家权力与国家主权之间的矛盾、成员国国家利益的分歧,以及该机制本身的制度缺陷②等因素的共同作用下,欧盟共同外交与安全政策在实践中一直表现乏力并且阻碍重重。2003年的伊拉克战争使欧盟内部出现分歧,欧盟共同外交与安全政策严重受挫。在统一的对俄政策上,欧盟共同外交与安全政策也面临同样的问题。

相比之下,美国是联邦制国家,虽然美国的决策程序也较为复杂,但美国总统拥有相当大的决策权。按照美国宪法的规定,美国外交政策的决策机构是总统和国会。尽管美国的各种利益团体、政党派系等势力会影响外交政策的制定,但主要还是由美国总统最后拍板。决策与执行能力差异是欧美对俄政策制定和实施层面的差异,体现了国家集团与主权国家之间行动能力的差别。

四、研究思路和内容

本书关注的是在地缘政治竞争的背景下,欧盟和美国对俄罗斯认知和政策的同异,主要谈欧美与俄罗斯的矛盾与冲突方面,围绕欧美与俄罗

---

① 弗兰科·阿尔吉利:《对欧盟共同外交与安全政策的要求》,《世界经济与政治》2004年第8期,第64页。

② 张茂明:《欧盟共同外交与安全政策:机制与问题》,《欧洲研究》1999年第5期,第51页。

斯势力范围的争夺、地缘影响力的竞争等背景展开。虽然,欧美与俄罗斯也在经贸、反恐和核军控等领域有合作,但这些不是本书探讨的主要内容。这在一定意义上缩小了本书的研究范围,使文章主题更加鲜明。

本书除绪论和结束语外,分为六章。第一章主要分析2000年以来国际秩序的变化与欧美俄对外战略的调整。从20世纪90年代进入21世纪,国际秩序对欧美俄来说主要有三大调整。第一,世界朝着多极化的方向发展。欧盟、俄罗斯、中国等多个力量中心不断发展壮大,一种新的权力格局正在重塑国际秩序。第二,欧亚大陆的地缘政治竞争日趋激烈。欧美将东欧国家纳入自己的势力范围,并持续挤压俄罗斯的战略空间,引起俄罗斯的强烈不满和坚决抵制。这种挤压与反挤压、遏制与反遏制的博弈在欧亚腹地展开。第三,欧美同盟关系的调整。欧盟自身实力增强、独立性彰显,与美国对国际事务的看法不同(如伊拉克战争),在对俄政策上也存在分歧。与国际秩序变化相适应的是欧美俄对外战略的调整。

第二至第四章是本书的主体部分,探讨欧美对俄政策的同异及其原因。本书认为,从结构性层面来说,欧美对俄罗斯政策的同异源于两种结构性矛盾:一是欧美与俄罗斯之间的结构性矛盾;二是欧盟与美国之间的结构性矛盾。前者是欧美选择共同打压俄罗斯的原因,而后者则成为欧美对俄政策分歧的重要原因之一。

第二章具体分析欧美对俄政策的一致性及其原因。欧美对俄政策的一致性体现在从20世纪90年代二者都希望将俄罗斯纳入西方体系转变为2000年以来共同防范、压制俄罗斯,欧美对俄政策从缓和到趋于强硬。究其根源,欧美与俄罗斯的结构性矛盾,是欧美选择共同压制、对抗俄罗斯的原因。欧美从传统的地缘政治认知出发,都将俄罗斯视为潜在的威胁,这种一致性主要表现在共同推动北约、欧盟"双东扩",扩大西方势力范围,同时挤压俄罗斯的战略空间。欧美对俄政策趋硬的过程有着明显的阶段性。

第三章重点提出和探讨欧美对俄政策的差别及其特征。欧美对俄政策的制定基于对"目标＋所能承受的后果"的综合考量。从目标上来说，欧盟和美国都希望消除俄罗斯的威胁、约束俄罗斯的行为，但是就二者所能承受的后果而言，欧盟不能承受刺激俄罗斯所带来的可能后果，而美国能够承受严厉打击俄罗斯的后果。本书提出，2000年以来，从整体上看，美国对俄罗斯采取的是"新遏制"政策，表现为公开地在政治、军事、经济、外交上对俄罗斯实施步步紧逼的战略压制。相比之下，欧盟对俄罗斯的政策显然没有美国的强硬，是某种"软制衡"政策，即并非要将俄罗斯逼入墙角，而是留有较大余地，以避免与俄罗斯的强烈对抗，因为一个安分、稳定的俄罗斯更符合欧盟的利益。

第四章在第三章的基础上进一步解析欧美对俄罗斯政策有差别的原因。本书认为，安全威胁的感受度不同、经济依赖度不同、战略文化差异，以及决策与执行能力差异共同决定了欧美对俄采取不同的政策。

第五章通过欧美与俄罗斯矛盾爆发的两个事件——俄格冲突和乌克兰危机进一步透析欧美对俄政策的同异。俄格冲突的主要原因其实是北约东扩挤压了俄罗斯的战略空间，而乌克兰危机的直接原因是欧盟东扩。在两个事件爆发前，欧美达成一致推动北约和欧盟继续东扩，挤压俄罗斯生存空间。事件爆发后，欧美都认为应该严厉制裁俄罗斯。然而，实践过程中，美国对俄罗斯的制裁强硬，欧盟的制裁相对较"软"，当欧盟发现自己的利益也因为制裁受到了很大的损害时，甚至逐渐停止制裁。同时，欧盟愿意充当美俄之间的"调停人"角色，让冲突"降温"。

第六章探讨特朗普政府上台后欧美俄三边关系的调整与变化。特朗普政府"美国优先"理念下的外交政策表现出明显的单边主义倾向，不仅伤害了美国与欧洲盟友的关系，而且加强了对俄遏制力度。特朗普对欧盟加收关税、要求欧洲盟友承担更多的同盟义务等凸显了大西洋同盟内部矛盾，然而，美欧之间的结构性矛盾，即美主欧从、护持霸权的等级结构，并非源于也不会终止于特朗普政府。欧洲的实力不足和凝聚力缺乏，以及美国全球战略需要欧洲盟友的支持，决定了欧美外交关系的斗而不破。欧盟面对特朗普的压力，不得不将"战略自主"提上日程，减轻对美国的依赖，因而外交政策变得更加务实，同时与俄罗斯接触，开展能源项目合作。

结束语部分指出，未来欧美对俄政策不会从根本上脱离两对结构性矛盾——欧美与俄罗斯的结构性矛盾、欧美之间的结构性矛盾的框架。第一对结构性矛盾是欧美在应对俄罗斯威胁时进行更务实合作的基础，也预示了欧美与俄罗斯之间进行战略博弈的长期性；第二对结构性矛盾，尤其以跨大西洋同盟内部领导权的争夺和对俄罗斯认知上的分歧等为著，注定了欧盟难以坚定地跟随美国的脚步遏制俄罗斯。就目前的形势来看，美国正在强化大西洋同盟，特别是扩大北约的战略存在，帮助美国在与俄罗斯和中国的大国竞争中获得优势地位。

五、研究方法

探究欧美对俄政策的同异并不简单，由于欧盟和美国是不同的政策行为体，也并没有明确的、官宣的对俄政策，所以，笔者只能从二者的对俄态度、在各个领域的政策中归纳总结它们的对俄政策特征，以这种简化的、鲜明的特征来诠释欧美对俄政策的同异。本研究主要的材料来源是美国与欧盟政策文件、领导人讲话、新闻报道和欧美主要智库的研究报告，以及专家学者的著作和文章等。

本研究尝试从理论和实践角度具体阐释欧美对俄政策的"同"和"异"，引入三角外交分析框架，将欧盟作为与美、俄同等的外交政策行为体，并进一步加深对跨大西洋关系的理解。亨利·基辛格的三角外交描述了美国利用中苏之间的竞争来推进美国的国家利益和外交政策目标，而本书将三角外交定义为双边协调行动影响或改变第三边的行为。本书将探讨欧盟和美国之间的互动是如何影响它们制定对俄外交政策的。具体而言，本书将借用地缘政治理论、结构性现实主义理论和建构主义分析方法,探索2000年以来欧美对俄政策的同异及其深层次原因,归纳欧美在处理对俄关系时的关键要素,并提出对未来关系变化的几种可能设想,进而得出具有一定参考价值的结论。将结构性现实主义与建构主义(关注观念身份等因素)相结合有助于更深入地理解结构现实主义的主张,即国家倾向于竞争而非合作。

本书将三个行为体(欧盟、美国和俄罗斯)的外交决策作为分析单位,追踪三者在地缘政治竞争的环境中如何将体系环境压力转化为外交决策。本论文在理论和实践阐释方面都将采取比较分析法。比较分析法有助于揭示欧盟对俄政策和美国对俄政策的本质,以及欧美在对俄问题上的一致与分歧。然而,将欧盟和美国进行比较很复杂,因为美国是一个国家,而欧盟虽然拥有类似国家的属性,但显然是另外一回事。从国家中心的角度(如新古典现实主义)审视美国的外交政策,不会产生任何合法性问题。然而,考察欧盟的外交政策存在着许多有效性问题和可通约性挑战,因为欧盟显然不是一个国家。然而,欧盟目前至少是产生外交政策的国际角色。在后里斯本环境下,欧盟制定外交政策的能力得到了增强,因为它成立了一个外交机构——欧洲对外行动署(European External Action Service,简称EEAS),以提高欧盟在国际上的知名度和地位,以及扩大欧盟的排他性和共享能力。[①]

在比较分析的大框架下,本书还做了案例研究。通过对2000年至2020年欧美与俄罗斯地缘政治博弈的标志性事件进行梳理,作者认为,2008年的俄格冲突和2013年年底爆发的乌克兰危机是最具代表性的案例。格鲁吉亚和乌克兰位于俄罗斯的西部边境和南部边境,二者是俄罗斯"近邻"的重要代表。"近邻"(near abroad)一词最早出现于1992年,是对俄语"ближнее зарубежье"的翻译。它是俄罗斯政治家们在苏联解体

---

① Nicholas Ross Smith, *EU-Russian Relations and the Ukraine Crisis*, Edward Elgar Publishing, 2016, p. 20.

后给原苏联地区贴上的一个地缘政治标签,原先苏联的加盟共和国现在是独立的主权国家。许多西方人士听到"近邻"一词时,都认为俄罗斯不愿承认这些新独立的国家的完全主权。在他们看来,"近邻"是俄罗斯欲在其边境毗邻地区拥有势力范围这一旧愿望的新表述。[①] 所以,俄罗斯"近邻"区域的地缘政治竞争异常激烈,加之欧美对俄罗斯战略空间的不断挤压,导致俄罗斯强硬回击。

俄格冲突和乌克兰危机发生在2000年以来的两个不同阶段。有学者将2008年俄格冲突作为俄罗斯与西方矛盾激化的标志,认为自此二者的关系变为对抗。也有学者以2013年年底爆发的乌克兰危机为俄罗斯与美欧关系破裂的分界点。两种观点都有其道理,本书认为,事实上,欧美与俄罗斯矛盾的累积是远远早于2008年的,2000年以来双方的地缘政治竞争日趋激烈,后面两次爆发只是顺理成章的事件。俄格冲突的原因之一是北约东扩挤压了俄罗斯的战略空间,而乌克兰危机的原因之一是欧盟东扩。一个是短暂的冲突,一个是漫长的危机,虽然表现形式不同,但两个案例背后所暗含的欧美与俄罗斯矛盾,以及欧美之间的合作与分歧的特征是一致的。这两个案例的选择不仅可以充分体现地缘政治竞争中俄罗斯与欧美之间的结构性矛盾,而且可以凸显欧美在对俄政策问题上的分歧。所以,选择俄格冲突和乌克兰危机作为本研究的案例是恰当且充分的。

---

① Gerard Toal, *Near Abroad: Putin, the West, and the Contest over Ukraine and the Caucasus*, New York: Oxford University Press, 2017, p. 3.

第一章

2000 年以来国际秩序的变化与欧美俄对外战略的调整

  冷战,作为国际关系史上的一个阶段已经结束了。冷战终结之际,国际社会对世界的未来充满了希望与幻想,乔治·布什(George H. W. Bush)在 1990 年国会联席会议上的讲话中谈到,一个"新的世界秩序"将会出现,在这个秩序中,"世界上的国家,无论是东方还是西方,北方还是南方,都能繁荣昌盛,和谐共处","法治取代丛林法则","各国都认可对自由和正义负有共同责任",这是"一个与我们所熟知的世界完全不同的世界"。[1] 弗朗西斯·福山(Francis Fukuyama)抱有同样的看法,认为冷战后的世界是"历史的终结","自由民主不会有任何意识形态上的强劲对手"。[2] 马丁·沃克(Martin Walker)写道,冷战后,"地缘政治的时代让位于地缘经济的时代"[3]。然而事实是,国际秩序的发展并未朝着西方所憧憬的理想状态发展,大国之间的关系,依然是地区秩序或全球秩序稳定

---

[1] "Toward a New World Order," address to a joint session of Congress by President George H. W Bush, September 11, 1990.

[2] Francis Fukuyama, *The End of History and the Last Man*, New York: The Free Press, 1992, p. 211.

[3] Martin Walker, "The Clinton Doctrine," *The New Yorker*, October 7, 1996, p. 6, https://www.newyorker.com/magazine/1996/10/07/the-clinton-doctrine.

与否的关键。大国之外的国家,尤其是欧亚大陆上新独立的国家,是否能保持和平与独立,也取决于大国的态度。冷战中暂时消失或一时被束之高阁的种种问题和矛盾又逐渐显现,影响着国际关系的发展。冷战结束后在欧洲出现的制度安排是不稳定的,因为它未能满足所有参与者的利益,尤其是庞大的俄罗斯的利益。西方——在这片大陆上以欧盟为代表——对冷战的结果比较满意,相比之下,俄罗斯由于自身的脆弱被迫忍受了一段时间,而当它开始重建军事和政治力量时,便开始越来越明确地表达其不满。[1]

对冷战后的世界秩序有着清醒认识的约翰·米尔斯海默认为,即将形成的多极世界不如两极世界稳定,因为拥有两个集团的世界只有一条分裂带,而拥有多个集团的世界将存在好几条分裂带。他还反驳了冷战后欧盟将维持欧洲主要民族国家之间协调的观点:"如果没有共同的苏联威胁或美国守夜人,西欧国家将重复他们在冷战开始前几个世纪所做的事情——带着永久的怀疑彼此观望。"[2]他断言,欧盟必将分裂,"德国、法国、英国,可能还有意大利,都将攫取主要国家地位。"[3]如果说冷战是资本主义和社会主义两种意识形态的竞争,那么冷战后的时代又重新回到了地缘政治的竞争,或者说地缘政治竞争从未离开。作为冷战时代的后继,后冷战时代不可避免地延续着冷战时代的某些特征,是冷战体系"两

---

[1] Timofei Bordachev, "Russia and the European Union: Lessons Learned and Goals Ahead," *Strategic Analysis*, Vol. 40, No. 6, 2016, p. 562.

[2] John J. Mearsheimer, "Why We Will Soon Miss the Cold War," *The Atlantic Monthly*, August 1990, Vol. 266, No. 2, p. 46.

[3] John J. Mearsheimer, "Why We Will Soon Miss the Cold War," *The Atlantic Monthly*, August 1990, Vol. 266, No. 2, p. 40.

第一章　2000年以来国际秩序的变化与欧美俄对外战略的调整

种秩序"①的延续。比如,美欧仍将苏联的后继者俄罗斯视作威胁,美苏矛盾的惯性导致美国与俄罗斯地缘政治的对立。再比如,美欧延续冷战时期的同盟关系,在推广西方的思想和价值观上相互配合,推动北约不断发展壮大。冷战时期形成的美主欧从的等级结构在冷战后也有所保留,但成为影响欧洲与美国关系的重要因素。

本章首先探讨冷战后国际秩序的变化及特征,考察在新的国际体系环境中,体系结构的特征和欧亚大陆地缘竞争呈现的新态势,同时分析欧美同盟关系的延续与分歧。其次,分别对2000年以来欧美俄的实力和意图进行评估,发现欧美与俄罗斯战略利益的交汇与冲突,理解欧美俄在欧亚大陆竞争的战略意图。

第一节　国际秩序的变化

权力分配十分重要,因为它影响着外交政策制定者的选择和国家行为。这反过来又产生了各种地缘政治动态(国家间互动),这些动态可能是长期矛盾和不可持续的。具体而言,单极化的出现创造了一种政治环境,即西方联盟在外交政策上不再像两极体系中那样受苏联权力的政治约束,而是在全球范围内实行政治和经济的扩张政策,特别是在东欧、高加索和中亚这些历史上对俄罗斯特别重要的地区。在意识形态上,这被阐述为自由主义和国际制度主义在国际关系中的政治经济"胜利",就连俄罗斯的新领导人叶利钦也接受了这一愿景,俄罗斯的初步参与使得西

---

① 约翰·伊肯伯里认为对美国来说,冷战有两种秩序:"外部"秩序是两极的,美国及其盟国对抗苏联及其卫星,对周边国家的资源和忠诚的激烈竞争;"内部"秩序是自由主义的,并以核心"西方"国家为中心,主要包括北美、西欧和日本。参见 G. John Ikenberry, *Liberal Leviathan: The Origins, Crisis, and Transformation of the American World Order*, Princeton: Princeton University Press, 2011, p.161。

方扩张在重要方面"合法化"了。①

　　冷战结束后的十年中,国际关系处于一种探索与调整的阶段,两极中的一极消失,体系失去平衡,国家间关系进行了调整与重塑。意识形态的对立不复存在,苏联的加盟共和国和卫星国重新选择发展道路,地缘政治重新洗牌。从两极世界中的一极地位跌落到被内部危机和国际能力削弱所困扰的二等大国,俄罗斯不情愿地接受了新的以美国霸权为基础的世界秩序。在美国单极霸权的鼎盛时期,俄罗斯别无选择,只能接受美国主导的国际体系并在其范围内活动。然而,2000年以后,多极化程度加深,欧盟、俄罗斯、中国等力量中心不断发展壮大,一种新的权力格局正在重塑国际秩序,大国竞争愈发激烈。大国之间利益与野心的冲突使联盟和反联盟重新产生,以及精心编排的剧目和不断变化的伙伴关系正在产生地缘政治断层线,在这些断层线上,大国的野心会发生重叠和冲突,未来的震动性事件最有可能发生在这些断层线上。② 在预测未来多极世界的最坏情况时,克里斯托弗·莱恩(Christopher Layne)认为"反对大国战争的自由限制可能减少,未来几十年可能是民族主义和重商主义抬头、地缘政治不稳定和大国竞争的时代"。③ 在这样的体系环境中,国家间实力的竞争与资源的争夺愈演愈烈。

一、国际体系的重构

　　国家间权力分配决定了国际体系结构的基本形态。二战结束后,世

---

①　Boris Barkanov, "Crisis in Ukraine: Clash of Civilizations or Geopolitics?" in Roger E. Kanet and Matthew Sussex eds., *Power, Politics and Confrontation in Eurasia: Foreign Policy in a Contested Region*, Palgrave Macmillan, 2015, pp. 216-217.

②　Robert Kagan, *The Return of History and the End of Dreams*, New York: Alfred A. Knopf, 2008, p. 12.

③　Christopher Layne, "The Waning of US Hegemony—Myth or Reality? A Review Essay," *International Security*, Vol. 34, No. 1, Summer 2009, p. 172.

第一章 2000年以来国际秩序的变化与欧美俄对外战略的调整

界权力集中于美国和苏联,国际体系结构是一种两极均势平衡的结构。冷战结束后,美国成为世界霸主,拥有了无可匹敌的权力,国际体系结构从两极变成了单极。冷战后的新秩序不像1815年、1919年或1945年那样在国家间战争之后出现,而是通过一个主要参与者的和平崩溃而出现。仅留下了单一的主导力量,没有能与之匹敌的竞争者。甚至19世纪的大英帝国,也没有享有这样的地位。① 美国强大的军事力量使其霸主地位几乎不会受到挑战。到2000年,美国的国防开支相当于其后十个国家国防开支的总和。② 面对美国的压倒性战略优势,其他国家不会选择以卵击石,正如伊肯伯里(G. John Ikenberry)所说:"其他大国既没有能力也没有意愿去直接挑战美国霸权,更不用说推翻这种单极秩序了。"③有学者认为,冷战后的20多年里,国际秩序其实是一种经济上的多极、军事上的单极。④

国际体系中的资源分布是有限且不均衡的,拥有更多权力的国际行为体必然会夺取更多的利益,这种权力的争夺与集中在冷战后具有了单极特征,而其他国际力量中心也在不断地增强实力,希望能够缩小与霸权国的差距,从而在国际权力分配与重构中分一杯羹,但是霸权国为了维护自己的霸主地位,必然会遏制挑战国的发展,将隐患扼杀在摇篮里。这种情况同样出现在区域权力的争夺中,对地区势力范围的争夺、对对手战略

---

① Stewart Patrick, "The Evolving Structure of World Politics," in Geir Lundestad ed., *International Relations Since the End of the Cold War: New and Old Dimensions*, Oxford University Press, 2013, p. 17.

② Stewart Patrick, "The Evolving Structure of World Politics," in Geir Lundestad ed., *International Relations Since the End of the Cold War: New and Old Dimensions*, Oxford University Press, 2013, p. 19.

③ G. John Ikenberry, *Liberal Leviathan: The Origins, Crisis, and Transformation of the American World Order*, Princeton: Princeton University Press, 2011, p. 161.

④ Jonathan N. Markowitz and Christopher J. Fariss, "Power, Proximity, and Democracy: Geopolitical Competition in the International System," *Journal of Peace Research*, Vol. 55, Issue 1, 2018, p. 78.

空间的挤压等情况屡见不鲜。在这样的体系环境中,遏制与反遏制、制衡与反制衡的剧目将更为频繁和复杂。

虽说正在形成的国际地缘政治体系不是超级大国统治的世界,而是朝着多中心和多元化的方向发展,但是,国际体系依旧存在着等级秩序,大国仍然是国际关系的主要参与者。这一点可以通过大国之间对势力范围的持续竞争来证明,如欧美俄对欧亚大陆腹地的争夺。大国拥有政治、经济、外交和军事实力优势,有能力和雄心在自己所在地区之外发挥并扩大影响力,让其他国家在做外交决策时顾及他们的利益。像中国、俄罗斯和日本这样的国家或欧盟这样的国家集团有着巨大的潜力,在未来的某一时刻会挑战美国在国际体系中的主导地位。冷战后单极结构中的霸权国其实并没有冷战时两极结构中的霸权国所拥有的权力大,因为冷战时期,美国和苏联对世界权力的瓜分是充分的和排他的,二者拥有的权力是绝对的,在两大阵营内部具有绝对主导权,而冷战结束后,虽然仅剩美国一个超级大国,但世界趋向多极化,全球力量中心分散,使得许多国家和地区的发展方向和战略选择并不是以美国的意志为转移的。

二、地缘政治竞争与欧亚大陆地缘环境的重塑

在国际关系中,"竞争"(competition)指的是两个或多个国家为了获取利益、荣誉或相对于他国的优势而进行的争夺,它是由体系结构、地缘、物质、认知和观念等因素决定的。"地缘政治"(geopolitics)是地理、战略和相对权力相结合的决策工具。它考察了领土和邻近性的概念如何与政治变数相互作用,并设法绘制出不同政治单位之间权力差异的地图。[1]本书将一个国家的"地缘政治环境"(geopolitical environment)定义为它

---

[1] Andrew T. Wolff, "The future of NATO enlargement after the Ukraine crisis," *International Affairs*, Vol. 91, No. 5, 2015, p. 1104.

第一章 2000年以来国际秩序的变化与欧美俄对外战略的调整

可以与之互动的一组国家。地缘政治竞争（geopolitical competition）是指，在地缘政治环境中，每个国家与其他国家之间进行强制性讨价还价的可能性。对每个国家来说，随着强制性讨价还价互动的可能性增加，地缘政治竞争的水平也会提高。每个国家所面临的地缘政治竞争的程度是由三个因素确定的：国家相对于其他国家的地理位置；国家之间的相对经济实力；以及国家与其他国家利益相协调的程度。① 地缘政治竞争是国际关系的重要特征。自民族国家成立以来，国与国之间的战争与冲突大多是地缘政治竞争的表现。即使是在意识形态尖锐对立的冷战时期，地缘政治竞争也是两个超级大国斗争背后的真相。就像罗伯特·卡普兰（Robert D. Kaplan）所分析的那样："欧洲和中国的命运都受到了苏联势力在欧亚大陆中心地带扩张的影响，而欧亚边缘的大中东和东南亚也感受到了美国海空力量的压力。这是冷战的终极地理事实，但却被来自莫斯科的共产主义意识形态和来自华盛顿的民主理想意识形态之间的对立掩盖了。"②

　　随着苏联的解体，一些学者认为地缘政治竞争会随着冷战一起退出历史舞台。各国越来越多地依靠国际机构和国际法来裁决冲突和追求利益。经济和政治相互依赖、民主长期巩固等创造了所谓的"安全共同体"，各国不再需要使用武力解决争端。③ 在他们看来，经济相互依赖、多边机制、技术变革、全球民主化、非国家行为体的崛起等将成为国际关系的主要议题，传统的国际权力政治模式变得不相干。然而，事实并非如此，国际政治仍然是以国家利益和权力为基础，从冷战结束至今，地缘政治竞争

---

① Jonathan N. Markowitz and Christopher J. Fariss, "Power, Proximity, and Democracy: Geopolitical Competition in the International System," *Journal of Peace Research*, Vol. 55, Issue 1, 2018, p. 79.

② 罗伯特·D. 卡普兰：《即将到来的地缘战争》，涵朴译，广州：广东人民出版社，2013年，第186页。

③ G. John Ikenberry, "The Illusion of Geopolitics: The Enduring Power of Liberal Order," *Foreign Affairs*, Vol. 93, No. 3, May/June 2014, pp. 80 - 90.

不但没有消失,而且变得更频繁、更复杂,尤其是在欧亚大陆,美国、欧盟以及俄罗斯之间对权力和影响力的争夺十分激烈。欧亚大陆的国际政治并未脱离"传统"的政治目标,即为了维持或建立事实上的势力范围而争夺资源和相互竞争。① 民族主义和国家本身,远未被全球化削弱,现在又卷土重来。种族民族主义继续在巴尔干半岛和原苏联地区出现。即使是全球治理领域,罗兰·帕里斯(Roland Paris)也提出,"需要重新聚焦物质力量和权力政治",否则难以应对历史性的全球权力转型中的挑战。②

这里需要明确两个概念——"欧洲"和"欧亚大陆"——及其相互关系。地理意义上的欧洲是欧亚大陆的一部分,欧洲不仅包含主权国家,还包括有争议的领土、未被承认或部分承认的国家、小国和岛国等。按照中国外交部官网数据(截至2024年10月),欧洲有45个国家。③ 其中27个是欧盟成员国,另有几个国家被正式接受为欧盟候选国,还有一些欧洲国家(瑞士、挪威、冰岛)虽然不是欧盟成员国,但在经济、政治和安全等领域与欧盟有着密切的合作。俄罗斯是一个欧洲国家,其最重要的(政治、人口和经济)部分位于欧洲,然而,俄罗斯还有一大片领土在亚洲。因此,从地理意义上讲,俄罗斯更像一个"欧亚国家",而不是一个纯粹的欧洲国家。此外,还应该提到两个重要的、与欧洲息息相关的组织——欧洲安全与合作组织(OSCE)和北约(NATO)。欧洲安全与合作组织有来自欧洲、中亚和北美的57个参与国,所有欧洲国家都是该组织成员。④ 其中,

---

① Matthew Sussex and Roger E. Kanet, "Introduction: Power, Politics and Confrontation in Eurasia," in Roger E. Kanet and Matthew Sussex eds., *Power, Politics and Confrontation in Eurasia: Foreign Policy in a Contested Region*, Palgrave Macmillan, 2015, p. 6.

② Roland Paris, "Global Governance and Power Politics: Back to Basics," *Ethics & International Affairs*, Vol. 29, No. 4, 2015, p. 408.

③ 参见外交部官网: https://www.mfa.gov.cn/web/gjhdq_676201/gj_676203/oz_678770/。

④ 参见欧洲安全与合作组织官网: https://www.osce.org/participating-states。

第一章　2000年以来国际秩序的变化与欧美俄对外战略的调整

有29个地理意义上的欧洲国家是北约成员国,北约由地理上非欧洲的国家——美国领导,此外还包括加拿大和土耳其。①

"欧亚大陆"不仅仅是一个地理概念,在地缘政治中还经常被用来指代"后苏联国家"和亚洲国家。因此,从地缘政治的角度来看,大多数欧洲国家并不被认为是欧亚大陆的一部分。按照娜塔莉亚·埃里米娜(Natalia Eremina)的解读,欧亚大陆意味着一个特定的地缘政治舞台和一个文明工程,它包括俄罗斯及其盟友("后苏联空间")、中国和印度。②但本书会将"欧亚大陆"的概念范围进行缩小,忽略亚洲国家的部分,重点考察欧美俄对"后苏联空间"势力范围的争夺。

冷战结束后,欧亚大陆的权力结构和地缘环境发生了巨大的变化。从权力对比来看,统一后的德国面积在西欧居第三位,人口在西欧排第一位。统一后的德国在经济上也成为超级大国。③ 德国与法国并称为欧盟的"发动机",带领欧盟不断地发展壮大,德国不仅是世界经济、科技的领头羊,而且有能力影响欧洲甚至世界政治。相比之下,横跨欧亚的超级大国苏联不复存在,其继承者俄罗斯的领土面积已经缩小了许多,经济实力和政治影响力也大不如前。苏联解体后,原苏联的加盟共和国和卫星国纷纷独立,并且放弃了社会主义发展道路。由于这些国家独立后比较虚弱,东欧地区成了权力真空地带,欧美俄加剧了对东欧的争夺。英国地缘政治学家麦金德(H. J. Mackinder)曾经指出:"谁统治了东欧,谁就主宰了心脏地带;谁统治了心脏地带,谁就主宰了世界岛;谁统治了世界岛,谁就主宰了全世界。"④他认为,对东欧的占领是夺取世界权力的关键。按

---

① 参见北约官网:https://www.nato.int/nato-welcome/。
② Natalia Eremina, "Advent of a New Civilization Project: Eurasia in—U. S. out?" *Journal of Eurasian Studies*, Vol. 7, No. 2, July 2016, p. 163.
③ 李骏阳:《德国的统一:1989—1990》,上海:上海大学出版社,2013年,第163页。
④ H. J. Mackinder, *Democratic Ideals and Reality: A Study in the Politics of Reconstruction*, New York: Henry Holt and Company, 1919, p. 186.

照这种逻辑,美国在后冷战时代的外交政策必然首先阻止俄罗斯在东欧影响力的复苏,避免俄罗斯挑战西方在欧亚大陆乃至全球的霸权。东欧的地缘政治意义不言而喻,不仅阻隔了俄罗斯和德国,防止两国联手向西方扩张,而且成为西方世界与东方世界的缓冲地带。历史上,西方强国将东欧国家当成棋子,将其作为大国博弈的牺牲品。即使到了21世纪的今天,东欧仍然具有重要的战略意义,东欧局势的变化在一定程度上也能反映欧美俄在地缘政治竞争中的态势。如果说冷战时期美国和苏联在欧亚大陆的周边[1]进行激烈争夺,那么冷战后,美国和俄罗斯是在欧亚大陆的中心地带[2]进行频繁的博弈。[3] 虽然俄罗斯全球力量投射的能力已被大大削弱,但就区域性而言,它仍能有效地使用武力来对付其脆弱的邻国,俄罗斯对之前属于苏联势力范围的东欧不肯放手,努力地显示俄罗斯在该地区的存在,因为东欧地区对俄罗斯的安全非常重要。欧盟和美国对于争夺东欧权力真空地带的认识是一致的,即通过"东扩"实现对东欧的控制,防止俄罗斯重新控制该地区。但是二者又有分歧,美国更看重北约扩大,因为北约是由美国主导的军事组织,不仅可以强化美国在欧洲的存在,而且可以制约法德为轴心的欧盟并防范遏制俄罗斯,实现美国的单极霸权。[4] 欧盟考虑的是实现一个更大的统一的欧洲,因而它更看重的是欧盟东扩,增强欧洲的实力,平衡北约东扩的影响,减少美国对欧洲事务的干涉,同时围堵俄罗斯。

　　俄罗斯和西方世界的紧张关系日益恶化是地缘政治竞争的一大显著例证。随着乌克兰危机的不断发酵,两种本质上相互对立的观点进入全

---

[1] 欧亚大陆的周边指的是柏林、东西德边界、朝鲜半岛、中南半岛、中东、印度。
[2] 欧亚大陆的中心地带指的是中东欧、高加索地区、独联体南部、中亚(包括阿富汗)和中东。
[3] 李兴:《转型时代俄罗斯与美欧关系研究》,北京:北京师范大学出版社,2007年,第78—80页。
[4] 易文斌:《欧盟东扩的安全因素分析》,北京:社会科学文献出版社,2013年,第101页。

第一章　2000年以来国际秩序的变化与欧美俄对外战略的调整

球视野,"一个完整自由的欧洲"与"一个充满零和博弈与势力范围的世界"这两种观点激烈碰撞。①"有学者认为,在乌克兰危机之前,1999年科索沃、车臣两场战争,以及2008年与格鲁吉亚在南奥塞梯的短暂战争都没有导致俄罗斯实际强化领土,但此次危机使俄罗斯确实扩大了它的领土。"②领土扩大是地缘政治竞争的重要目标之一。同时,俄罗斯试图主导构建一个主要由独联体国家组成的欧亚联盟(Eurasian Union)来掣肘欧盟,通过一系列制度安排,维系、巩固俄罗斯地缘政治竞争获得的成果。

欧盟和美国在与俄罗斯进行地缘政治博弈的过程中,形成了欧美俄三角关系。首先,欧盟的对俄政策与美国的对俄政策既有一致的地方也有不同的方面,美国对俄态度强硬,而欧盟相对缓和。其次,美国与西欧的矛盾不仅仅表现在对俄政策上,二者在北约的领导权、防务开支,以及其他政治经济利益方面也有诸多矛盾。最后,俄罗斯利用欧美之间的矛盾来抗衡或缓解来自美国的压力,分化大西洋同盟。

三、美欧同盟的延续与分歧

人们普遍认为,联盟的概念源于合作的共同意愿,特别是在安全方面。从这个意义上说,联盟概念的核心在于各国在构建联盟的过程中所体验和认知的共同利益与共同威胁。从现实主义看来,联盟之所以形成,是因为弱小的国家聚在一起反对强大的国家,以使自己能在无政府的国际体系中生存下去。联盟的模式之所以改变,是因为国际社会权力分配

---

① Espen Barth Eide, "Rising geostrategic competition," in Global Agenda Councils, *Outlook on the Global Agenda 2015*, World Economic Forum, 2014, p. 18.
② Matthew Sussex and Roger E. Kanet, "Introduction: Power, Politics and Confrontation in Eurasia," in Roger E. Kanet and Matthew Sussex eds., *Power, Politics and Confrontation in Eurasia*, Palgrave Macmillan, 2015, p. 2.

的变化。斯蒂芬·沃尔特提出了更加复杂的现实主义理论,强调"威胁制衡",而不是"均势"。国家结成联盟以制衡威胁,而不仅仅是制衡权力。尽管权力分配是一个非常重要的因素,但威胁的程度也受到地理邻近性、进攻能力和被感知的意图的影响。① 在冷战时期,符合这一论点的最显著的例子是欧洲-大西洋联盟的形成,而该联盟制度化的产物是北约。②

冷战期间,欧美同盟是稳固的,即使欧洲和美国的政策有分歧,也不会影响联盟的稳定,格伦·斯奈德(Glenn H. Snyder)给出的解释是体系结构和由此产生的共同安全利益使得联盟稳定。只要这种两极结构和这些利益持续存在,欧美同盟就不会瓦解,除非结构改变。③ 在两极结构中,美苏两个超级大国为了保持竞争优势,几乎不会选择抛弃盟友,因为抛弃盟友的代价太高,所以即使盟友表达不同意见也不会导致同盟破裂。

奥兰·扬(Oran R. Young)分析了三种可能导致机制发生改变的原因:一是出现内部矛盾,导致任务与使命或目标与手段不匹配;二是体系中潜在的权力结构发生变化;三是技术等外生因素对机制的基本要素产生重大影响。④ 同盟机制的改变也是相同的道理,同盟形成后,不会是一种静态结构,同盟在回应自身内在动力及政治、经济和社会环境的变化时,也不断调整和转变。同盟内部的矛盾可能导致同盟关系的破裂,当同盟主导者的权力大幅缩小之后,其强加给盟友的命令难以被遵守,外部环境的变化及第三方力量的介入与挑拨,都可能破坏同盟关系。与此同时,

---

① Stephen M. Walt, *The Origins of Alliances*, Ithaca, NY: Cornell University Press, 1987, p. 5.
② Arif Bağbaşlıoğlu, "The Implications of the Ukraine Crisis for NATO's Solidarity: NATO Between Cooperative Security and Collective Defence," *Hitit University Journal of Social Sciences Institute*, Year 9, Issue 2, 2016, pp. 652 - 653.
③ Glenn H. Snyder, "The Security Dilemma in Alliance Police," *World Politics*, Vol. 36, No. 4, July 1984, p. 485.
④ Oran R. Young, "Regime Dynamics: The Rise and Fall of International Regimes," *International Organization*, Vol. 36, No. 2, Spring 1982, pp. 291 - 295.

第一章　2000年以来国际秩序的变化与欧美俄对外战略的调整

"随着联盟外部威胁的减少,联盟困境也有所加剧,联盟的利益分化和战略分歧会更加凸显,联盟的对外政策协调也更为困难"。①

对欧洲而言,冷战的结束并没有显著改变欧洲国家与其冷战盟友美国的密切接触。事实上,欧洲与美国之间的"跨大西洋伙伴关系"表明了二者的紧密结盟,欧洲国家也经常被指责为美国的"哈巴狗"。② 尽管时不时会出现欧美关系产生裂痕的声音,但学者观察到美国和欧洲之间的分歧是一种周期性现象;虽然有时会出现紧张,但这种紧张关系总能恢复。③

美国的全球霸主地位依托于两大支柱——强大国力和联盟体系。在美国的联盟体系中,美欧同盟最为重要,北约是最主要的机制。④ 格伦·斯奈德将同盟定义为国家间的正式联盟,使用(或不使用)军事力量来保障成员的安全或扩大权势,针对特定的其他国家,无论这些国家是否被予以明确确认。⑤ 根据苏珊·斯特兰奇的结构性权力理论,安全结构处于核心地位,谁在安全上受制于人,谁就会在政治经济等方面失去权力和自主性。冷战时期,面对共产主义苏联的威胁,西欧依赖美国的安全保障,美国需要西欧在遏制苏联等问题上的支持,于是美欧建立了美主欧从的同盟结构。⑥

---

① 凌胜利:《联盟管理:概念、机制与议题——兼论美国亚太联盟管理与中国的应对》,《社会科学》2018年第10期,第21页。
② Will Hutton, "Time to stop being America's lap-dog," *Guardian*, February 17, 2002, https://www.theguardian.com/world/2002/feb/17/eu.foreignpolicy.
③ Andrew Moravcsik, "Striking a New Transatlantic Bargain," *Foreign Affairs*, Vol. 82, No. 4, July/August 2003, p. 77.
④ 金灿荣、戴维来:《大国关系变化的新趋势及其影响》,载唐晋主编:《大国外交》,北京:华文出版社,2009年,第3页。
⑤ Glenn H. Snyder, "Alliance Theory: A Neorealist First Cut," *Journal of International Affairs*, Vol. 44, No. 1, 1990, p. 104.
⑥ 易文彬:《论欧盟安全模式面临的结构性挑战》,《南昌大学学报》(人文社会科学版)2008年第3期,第30—31页。

冷战结束后,由于外部共同敌人苏联的解体,欧洲与美国进行安全合作的愿望下降,在对主要威胁的认知上与美国的差异越来越大。特别是伊拉克战争后,美国与"老欧洲"的矛盾更加尖锐。另外,随着欧洲一体化的迅速发展,欧洲对美独立性增强。欧盟正面临着东扩后的内部协调和其他复杂问题,欧洲国家将主要精力放在解决自身事务和加强欧盟内部团结上,不愿过多地承担北约责任、受美国调遣。另外,美欧经贸矛盾有激化的趋势,欧元的崛起势必冲击美国霸权的基石——美元霸权,影响美国利益。[1] 美国从联盟关系中所获得的净收益已经远远少于冷战时期,与美国所付出的成本完全不对等。欧洲国家确实面临一些潜在的威胁(包括应对日益强势的俄罗斯),但是这些威胁并不足以让欧洲国家采取大规模的军事行动,尤其是在美国提供安全保障的情况下。

首先,关于同盟的形成与存续问题。肯尼思·华尔兹认为,"联盟是由在某些方面具有共同利益,而非在所有方面都拥有共同利益的国家构成。共同的利益通常为消极利益,即对他国的恐惧。当积极利益发生冲突时,分歧便出现"。[2] 由于盟国的利益,以及它们对如何实现本国利益的观点永远不会一致,联盟战略始终是彼此妥协的产物。此外,信任是同盟得以形成并延续的基础。现实主义者认为,在国际无政府状态下,国家意图的模糊性导致国家间的信任难以建立,安全困境成为一种国际政治常态[3];自由主义者认为,信任的重塑有助于减少国家间交易成本,增大国家间透明度;建构主义者认为信任是认同的基础。冷战的终结为欧洲-大西洋地区带来了缓和,美欧竞相减少各自国家的军事规模,但是,欧洲

---

[1] 金灿荣、戴维来:《大国关系变化的新趋势及其影响》,载唐晋主编:《大国外交》,北京:华文出版社,2009年,第4页。

[2] 肯尼思·华尔兹:《国际政治理论》,上海:上海人民出版社,2017年,第178—179页。

[3] Robert Jervis, "Cooperation under the Security Dilemma," *World Politics*, Vol. 32, No. 2, Jan. 1978, pp. 167 - 214. John J. Mearsheimer, "Back to the Future: Instability in Europe after the Cold War," *International Security*, Vol. 15, No. 1, Summer 1990, pp. 5 - 56.

第一章　2000年以来国际秩序的变化与欧美俄对外战略的调整

盟国在减少本国军事规模的时候,主要考虑的是如何尽快摆脱过度的军事投入给本国经济带来的沉重负担,因而大大"疏忽"了如何维持适度的国防开支以满足同盟集体防御的要求。为了继续捍卫同盟的领导权,防止潜在的挑战者,避免欧洲盟国重新陷入权力政治的角斗,特别是继续遏制苏联遗留下来的代言人——俄罗斯,美国没有理由不继续利用盟友施展其超级大国的雄心壮志,而欧盟也需要依靠美国在安全上对其进行保护。

其次,关于同盟的分歧问题。虽然冷战时期欧美之间也存在分歧,但更多的是一种策略上的而非理念上的分歧。同盟对使用武力的目的的看法一致,因为大西洋两岸都清楚,需要依赖他们共同的军事力量来威慑苏联任何可能的攻击。而冷战的结束不仅加剧了美欧在战略观点上的不同,同时也改变了他们在这些问题上争论的性质。[①] 在保持同盟有效性的问题上不管是美国还是欧洲,内心都是比较矛盾的。美国一方面渴望深化与日益团结的欧洲之间的跨大西洋关系,另一方面希望在这种关系中继续扮演主导和支配的角色。然而,欧洲则抱有不同的期望。一方面,欧洲希望减少军费开支,专注于经济发展,并期待美国能够承担保障欧洲安全的责任;另一方面,欧洲又不愿让美国过多干涉其内部事务,希望保持自身的独立性和自主权。在这种双重心态的牵引下,美欧关系难以解决其内在的矛盾性,这导致了两个主要问题:第一,盟友在同盟内部的责任与义务承担上呈现不均衡的态势,这既削弱了联盟的团结性与稳定性,也影响了双方合作的深度和广度。第二,盟友对于外部环境的看法及解决国际问题所使用的手段存在明显差异,这种认识上的分歧不仅阻碍了双方在国际事务中的协调与配合,而且可能引发不必要的矛盾和摩擦。

美国处于当前国际等级秩序的顶端,欧洲对更大自主权和地位的追

[①] 罗伯特·卡根:《天堂与权力:世界新秩序中的美国与欧洲》,刘坤译,北京:社会科学文献出版社,2013年,第40页。

求使其采取抵制美国影响、开展独立外交的方式逐渐摆脱美国的束缚。当涉及设定国家优先考虑事项、判断威胁、定义挑战、实施外交和防务政策时,美国和欧洲总是分道扬镳。① 最典型的案例是美国和法国在跨大西洋关系构建过程中进行长期角力。美国整合欧洲资源成立北约,并主导大西洋同盟;法国则高唱"欧洲独立",促成了欧共体/欧盟。二者对于跨大西洋关系认识的不同,导致"美国在军事领域太过独霸而不去推动欧洲的政治身份,可是法国又太坚持欧洲的政治自主而不去推动北约的团结"。② 在戴高乐看来,北约"这个组织仅仅体现了西欧对美国在军事和政治上的从属关系"。③ 欧盟的"发动机"法国和德国对于欧洲一体化之后应当在多大程度上、以何种方式保持同美国的联系问题有不同的看法,但二者都致力于推动欧洲一体化。它们都有一些要改变欧洲现状的有新意的大胆构想。法国更是有自己的欧洲地缘战略观念,这种观念在某些重要方面同美国的观念不同。尽管法国依靠法德联盟来弥补自身相对的弱点,但它的战略概念倾向于通过策略运作使俄罗斯与美国,以及英国与德国相互对立。④

在处理国际事务的理念上,欧洲与美国也有些许分歧。美国人认为欧盟对多边主义制度和国际法的坚定承诺太过天真、自以为是,是军事软弱的结果;欧洲人则认为美国对使用武力的依赖太过简单、自私自利,是实力过剩的产物。⑤ 在欧洲人看来,美国陷入了对"单边主义的狂热崇

---

① 罗伯特·卡根:《天堂与权力:世界新秩序中的美国与欧洲》,刘坤译,北京:社会科学文献出版社,2013年,第2页。
② 亨利·基辛格:《大外交》(修订版),顾淑馨、林添贵译,海口:海南出版社,2012年,第842页。
③ 夏尔·戴高乐:《希望回忆录》,本书翻译组译,北京:中国人民大学出版社,2005年,第147页。
④ 兹比格纽·布热津斯基:《大棋局:美国的首要地位及其地缘战略》,中国国际问题研究所译,上海:上海人民出版社,2015年,第35—36页。
⑤ 查尔斯·库普乾:《美国时代的终结:美国外交政策与21世纪的地缘政治》,潘忠岐译,上海:上海人民出版社,2004年,第186页。

第一章　2000年以来国际秩序的变化与欧美俄对外战略的调整

拜",其特点是"本能地拒绝承认任何政治上对其行为的限制"。当国际法、国际规范与其目标相悖时,美国就凌驾于国际法之上。① 小布什执政时期,美国的单边主义倾向愈发显著,其在全球范围内推行霸权主义与强权政治,试图通过军事手段实现其战略利益。在不经过联合国授权,且遭到北约盟国法国和德国明确反对的情况下,美国悍然发动了伊拉克战争。伊拉克战争使美欧同盟产生了裂痕,在美国眼中,欧洲不再是一个整体印象,而是有了"老欧洲"和"新欧洲"的区别。② 可以说,伊拉克战争使得美欧跨大西洋关系在冷战后跌入谷底。

联盟与对外政策的关系,是判断联盟紧密或松散的重要标准之一。"无论是通过权力强制、制度约束、利益协调还是权威引导等方式"来协调盟友,"其目的都在于追求联盟在对外政策方面的聚合作用",③彰显联盟的团结及对外政策的一致性。就对俄政策而言,欧盟和美国的政策在某些方面呈现一定的吻合,但很多时候,欧洲人在对俄政策上展现出独立的立场。这种差异在一定程度上揭示了欧美同盟内部的结构性矛盾和利益分歧。近年来,特别是在特朗普执政时期,欧盟和美国在对外政策方面的差异性不断凸显,这种分歧不仅加剧了双方的紧张关系,更引发了大西洋同盟的危机。

---

① Nicole Gnesotto, "Reacting to America," *Survival*, Vol. 44, No. 4, 2002, p. 100, p. 102.
② "新欧洲"的说法由美国前国防部长拉姆斯菲尔德首先提出,他把2003年坚定支持美国发动伊拉克战争的东欧国家称为"新欧洲",把反对伊拉克战争的传统盟友法国、德国、比利时等国称为"老欧洲"。
③ 凌胜利:《联盟管理:概念、机制与议题——兼论美国亚太联盟管理与中国的应对》,《社会科学》2018年第10期,第21页。

第二节　欧盟一体化的深化与面临的挑战

冷战的结束和苏联的解体为欧洲开辟了新的政治空间，涌现出新的机遇与挑战。欧洲开始积聚实力、开发潜能和施展抱负，渴望在国际舞台大展拳脚。1993年，欧盟的成立无疑象征着欧洲一体化进程迈入了崭新的纪元。此前，欧洲一体化进程主要聚焦于经济合作，如今则逐步深化，拓展至经济一体化、共同外交和安全政策、司法与民政事务合作三大支柱，共同支撑起这一区域联合的新阶段。新时期的欧盟经济一体化取得的卓越成就，最为显著地体现在欧元的流通上。2002年1月1日，欧元正式投入使用。统一货币与统一市场的共同推进，无疑为欧盟的经济增长注入了新的活力。欧元的流通不仅加强了欧盟内部的经济联系，更使得欧盟在与美国、日本等经济强国的竞争中占据了有利地位。随着时间的推移，势头强劲的欧元逐渐崭露头角，成为美元的强劲竞争对手，展现了欧盟经济一体化的强大实力与潜力。欧盟不仅致力于在内部发展"更深层次的联盟"，而且试图"将经济繁荣、良好的治理模式和政治稳定推向境外"，例如欧盟不断扩大。[1] 此外，欧盟还积极通过构建双边伙伴关系网络，将那些暂不符合候选成员资格的国家纳入其倡导的规范和价值体系，旨在扩大欧盟的影响力，推动包括俄罗斯及其他原苏联加盟共和国在内的伙伴国与欧盟在多个领域展开更紧密的合作。从本质上讲，欧盟已经将自己描绘成欧洲的一个仁慈的"区域规范霸权"。[2] 欧盟正在凭借自

---

[1] Heather Grabbe, *The EU's Transformative Power: Europeanization through Conditionality in Central and Eastern Europe*, Basingstoke: Palgrave Macmillan, 2006.

[2] Hiski Haukkala, "The European Union as a Regional Normative Hegemon: The Case of European Neighbourhood Policy," *Europe-Asia Studies*, Vol. 60, No. 9, 2008, pp. 1601–1622.

第一章　2000年以来国际秩序的变化与欧美俄对外战略的调整

己"优越的"制度和价值观吸引更多的欧洲国家加入其一体化进程。正如查尔斯·库普乾所说,"没有比欧洲国家争先恐后地加入欧盟的情形更能说明欧盟制度的成功"。[①]

欧盟不断探索发展道路,注重经济,坚持自主发展,给欧洲带来了勃勃生机。2003年欧盟发布的《安全战略报告》称,"欧洲从来没有如此繁荣、如此安全、如此自由"。欧盟改变了国家之间的关系,改变了公民的生活。欧洲国家致力于和平解决争端,并通过共同机制进行合作。欧盟的不断扩大,使得一个统一、和平的大陆的理想成为现实。[②] 欧盟的成立与不断扩大对欧洲而言意义深远,它不仅是欧盟实力持续增长的不竭源泉,更是欧洲保持在世界政治、经济舞台上重要地位的关键动力。因此,推动欧盟的继续扩大不仅是其增强自身实力的核心战略手段,更是其实现雄心壮志、拓展国际影响力的重要对外战略。随着欧洲的财富实力、军事能力和集体特性不断增强,欧盟对于获得更大国际影响力的胃口也不断增大。[③]

外部环境为欧盟实现其宏伟目标提供了难得的契机。在苏联解体后,其继承者俄罗斯实力大减,难以维持原有的庞大势力范围,不得不进行战略收缩,这使得中东欧地区出现了权力真空。历史上,欧洲大国为争夺这一地区曾爆发多次战争,而如今,欧盟得以通过和平的方式将中东欧纳入其势力范围,这无疑是千载难逢的历史机遇。冷战结束后,欧盟抓住了这一有利时机,进行了多次扩大,如今已拥有27个成员国。

在地缘政治背景下,欧盟容易受到外交政策的系统性和物质性驱动,

[①] 查尔斯·库普乾:《美国时代的终结:美国外交政策与21世纪的地缘政治》,潘忠岐译,上海:上海人民出版社,2004年,第165页。

[②] Council of the European Union, *A Secure Europe in a Better World: European Security Strategy*, Brussels, December 12, 2003, p.1.

[③] 查尔斯·库普乾:《美国时代的终结:美国外交政策与21世纪的地缘政治》,潘忠岐译,上海:上海人民出版社,2004年,第182页。

以一种更为利己和理性的方式采取行动，而不是像"道德力量欧洲"（ethical power Europe）那样将欧盟概念化为一个仁慈的、注重规范的行为体。欧盟在其周边地区（尤其是东部地区），追求的是利己的目标，而非规范性目标。[1] 阿尔伯特·布雷桑德认为，尽管欧盟在其更广泛的国际行动（支持多边主义）中奉行某种"康德式"的议程，但对其东方邻国，它遵循的是一种更为利己的"马基雅维利式"的议程，即将现实政治目标置于绝对收益之上。[2] 因此，尽管欧盟不愿承认，但其东部邻域被视为一个至关重要的地缘政治区域。在这一区域内，欧盟正积极与东部邻国展开互动，并试图施加影响，以维护自身的利益和安全。在战略选择上，欧盟巧妙地运用"制衡"与"追随"的策略。一方面，欧洲国家通过联合行动制衡区域强国俄罗斯，以平衡该地区的地缘政治力量；另一方面，欧盟又选择追随霸权国美国，通过与其保持紧密合作来维护自身安全。

欧盟的扩大进程在带来地缘政治和地缘经济利益的同时，也带来了一系列严峻的挑战，其中最为突出的是欧洲面临的安全挑战。欧洲的安全结构包括跨大西洋和欧盟内部两个维度。在跨大西洋安全结构层面，欧美之间的联盟关系是否稳定，亦即美国能否为欧盟提供有效的安全保障以应对来自俄罗斯的潜在威胁，这一问题在特朗普政府上台后变得尤为突出，结构性变化愈发明显。而在欧盟内部层面，成员国间的不信任情绪导致一些国家更倾向于发展与美国、俄罗斯等大国的双边关系，这在一定程度上削弱了欧盟在涉及成员国核心利益问题上的对外政策一致性。近年来，欧洲安全环境发生了重大变化，欧盟一直在努力应对这些挑战。乌克兰危机、军事上更加强势的俄罗斯，以及在欧洲日益增多的恐怖主义活动等问题尤为突出。这些问题不仅考验着欧盟的团结和应对能力，也

---

[1] Nicholas Ross Smith, *EU-Russian Relations and the Ukraine Crisis*, Cheltenham, UK/ Northampton, USA: Edward Elgar Publishing, 2016, p. 20.

[2] Albert Bressand, "Between Kant and Machiavelli: EU foreign policy priorities in the 2010s," *International Affairs*, Vol. 87, No. 1, January 2011, pp. 59-85.

第一章 2000年以来国际秩序的变化与欧美俄对外战略的调整

对欧洲的稳定与安全构成了严重威胁。具体来说,主要体现在以下几个方面。

一是对欧洲发展道路的争论。关于欧洲的发展路径一直存在两种思路,正如理查德·萨克瓦(Richard Sakwa)所提到的"两个欧洲"的概念:一个是"更广阔的欧洲"(Wider Europe)的设想,即以欧盟为核心,但与欧洲-大西洋安全及政治共同体越来越紧密相连;另一个是"更大的欧洲"(Greater Europe)的构想,即欧洲大陆的愿景,从里斯本延伸到符拉迪沃斯托克,拥有多个中心,包括布鲁塞尔、莫斯科和安卡拉,但都有一个共同的目标,那就是克服传统上困扰欧洲大陆的分歧。[1] 事实上,在欧洲大陆上出现的日趋激烈的竞争正是上述两种欧洲建构思想的博弈。"更广阔的欧洲"以西方民主模式为基础,在北约的协助下向东扩张,具有明显的反俄倾向,强化了美欧同盟对俄战略的一致性。"更大的欧洲"的构想实质上源于戴高乐(Charles de Gaulle)和戈尔巴乔夫(Mikhail Gorbachev)在他们那个时代定义的"共同欧洲家园"(Common European Home)的思想。[2] 欧盟扩大在某种意义上弱化了美欧同盟,强化了"大欧洲"的概念。[3] "更广阔的欧洲"和"更大的欧洲"之间的紧张关系因欧洲安全的"大陆主义"和"大西洋主义"之间的斗争而更加复杂。[4] 从现实的情况看,欧洲实际上选择的是"更广阔的欧洲"的发展道路,即加强与美国的纽带关系,将俄罗斯排除在欧洲范围之外。这种选择在一定程度上决定了在欧洲的土地上两种结构性力量(欧美为一方、俄罗斯为另一方)的大致

---

[1] Richard Sakwa, *Frontline Ukraine: Crisis in the Borderlands*, London: I. B. Tauris, 2015, pp. 26.

[2] Mikhail Gorbachev, "Europe as a Common Home," address to the Council of Europe, Strasbourg, 6 July 1989, http://chnm.gmu.edu/1989/archive/files/gorbachev-speech-7-6-89_e3ccb87237.pdf.

[3] 李兴、刘军等:《俄美博弈的国内政治分析》,北京:时事出版社,2011年,第341页。

[4] Richard Sakwa, Frontline Ukraine: Crisis in the Borderlands, London, I. B. Tauris, 2015, p. 44.

划分,也使欧洲与美国联手挤压、孤立俄罗斯成为一种逻辑上的必然。

二是欧盟内部的团结问题。"新""老"成员国的实力差距和政策分歧考验欧盟的凝聚力。欧盟成员国数量的增多带来的是利益的多元化,"谁将威胁谁,谁将反对谁,谁将从其他国家的行为获益或受损,这些问题所包含的不确定性,随着国家数量的增加而加剧"①。伊拉克战争爆发时,波兰等"新欧洲"国家与法、德两国的立场产生了明显的分歧,它们坚定地站在美国一方,支持对伊拉克的军事行动。法国甚至将波兰等国视作美国打入欧盟内部的"特洛伊木马",对其信任度大打折扣。同时,中东欧国家,特别是波罗的海三国和波兰等,由于历史上与苏联有嫌隙,阻碍或抵制欧盟进一步发展与俄罗斯的关系。肯尼思·华尔兹用"联盟的灵活性"来揭示成员国增加所带来的复杂性与不确定性。在这种情境下,一个国家所追求的盟友可能更倾向于另一个追求者,这就导致一国当前的盟友存在背叛的风险。② 这不仅仅意味着德国、法国、英国等传统强国的追随者可能会更改其追随对象,更预示着欧盟成员国可能会选择退出欧盟,转而追随美国或俄罗斯等大国。③ 近年来,欧洲民粹主义复苏,对欧洲政治格局产生了深远影响。英国,这个已经深度融入欧洲一体化进程长达四十余年的国家,在 2016 年的全民公投中,最终选择了"脱离欧盟",这一举动在很大程度上映射出了"欧洲民众对欧盟认同的脆弱性"。④ 英国脱欧不仅揭示了民众对于欧洲一体化进程的疑虑和不安,也暴露出欧盟在面临内外部挑战时,其凝聚力和认同度所受到的考验。

---

① 肯尼思·华尔兹:《国际政治理论》,信强译,上海:上海人民出版社,2017 年,第 177 页。

② 肯尼思·华尔兹:《国际政治理论》,信强译,上海:上海人民出版社,2017 年,第 178 页。

③ 易文彬:《论欧盟安全模式面临的结构性挑战》,《南昌大学学报(人文社会科学版)》2008 年第 3 期,第 31 页。

④ 陈水胜:《非传统安全视角下的欧盟发展困境探析》,《国际研究参考》2017 年第 1 期,第 2 页。

第一章　2000年以来国际秩序的变化与欧美俄对外战略的调整

三是欧盟面临的外部地缘环境挑战。国家固然能够自主选择其发展道路,然而邻邦却是无法自行挑选的既定事实。对于欧盟而言,与其邻近的俄罗斯依旧是一个体量庞大且影响力不容小觑的存在,更是欧洲安全格局中不可或缺的关键因素。在多数欧洲国家的视角中,普京治下的俄罗斯似乎显现出恢复昔日帝国荣光的倾向,这一趋势重新"点燃"了欧洲对俄罗斯扩张的深深忧虑,这种心理上的传统恐惧在东欧国家中尤为强烈,它们对此保持着高度的警惕和戒备。"紧邻着俄罗斯的国家的领袖,没有人跟美国一样有信心,肯把自己国家的安全寄托在俄罗斯的转变上"。[1] 美国前国务卿贝克说,就西方安全来说,克里姆林宫的民主主义者要比众多远程导弹来得重要。[2] 俄罗斯不可能采取西方式的民主,"中央集权"对一个地大物博的大国(俄罗斯)来说是国家治理的必然选择。然而对于西欧大国和中东欧国家来说,这却是一种"另类"、一种潜在的威胁。应对俄罗斯威胁已成为欧盟处理复杂地缘政治危机的核心环节。近年来,欧盟不断向东方拓展其影响力,而与此同时,俄罗斯也在积极重建原苏联加盟共和国的经济与政治控制力。在这样的背景下,欧俄之间的"共同邻域"逐渐上演愈演愈烈的地缘政治竞争,局势愈发紧张。

四是欧盟面临的非传统安全威胁。欧洲面临的恐怖主义威胁是以伊斯兰极端主义和对外输出恐怖主义为基础的"伊斯兰国"(ISIS),是叙利亚和伊拉克境内参加"圣战"的恐怖分子的回流。近些年,欧洲遭受的恐怖袭击次数和规模都明显上升,欧洲主要国家的首都纷纷成为恐怖袭击目标。2015年11月13日,巴黎更是发生了欧洲版"9·11"事件,伊斯兰极端主义分子针对剧院、体育场及餐厅同时发动恐怖袭击,造成一百多人丧生。此后,欧洲陷入一片恐慌,多国将国内面临的恐怖主义威胁级别提

---

[1] 亨利·基辛格:《大外交》,海南:海南出版社,1998年,第793页。
[2] 恩斯特-奥托·岑皮尔:《变革中的世界政治:东西方冲突结束后的国际体系》,上海:华东师范大学出版社,2000年,第21—26页。

高,比利时首都布鲁塞尔曾一度将国内遭受恐怖袭击的威胁提升至最高级别,大规模关闭公共场所。欧盟当前面临的恐怖主义威胁"具有任意性、内生性、分散性、跨国性以及网络化特征,大大增加了预防难度"。[①] 此外,难民问题也给欧盟带来了相当大的困扰,受地区动荡的影响,大批来自中东和非洲国家的难民涌入欧洲,寻求避难。[②] 难民数量的激增,已远远超越了欧盟国家的吸纳极限,进而催生了一系列复杂的社会问题,导致欧盟内部出现了前所未有的分裂态势。这些非传统安全问题的涌现,对欧盟而言,构成了前所未有的巨大挑战,犹如一块沉重的绊脚石,阻挡在其发展的道路上。

第三节 美国全球战略的调整

美国是拥有天然禀赋的国家,享有丰富的自然资源,优越的地理位置和坚实的经济、军事基础。随着唯一能够与之抗衡的竞争对手苏联的解体,美国更是毫无争议地登上了世界霸主的宝座。它不仅拥有扮演"世界警察"的强烈意愿,更具备成为这一角色的强大能力。为了进一步巩固冷战胜利的果实,美国致力于在全球范围内推广西方的制度和价值观,将其认可的秩序扩展到曾经苏联的势力范围。作为一个拥有全球利益的世界性大国,美国在制定对外政策时,总是从全球战略的布局出发,以确保其利益的最大化。

冷战结束之初,美国的外交政策其实是倾向于多边主义的。面对苏联威胁的消失,美国坚定地选择通过推行多边主义的外交政策,来确立其

[①] 金玲:《欧盟周边政策新调整:利益优先取代价值导向》,《当代世界》2016年第6期,第29页。

[②] 陈水胜:《非传统安全视角下的欧盟发展困境探析》,《国际研究参考》2017年第1期,第1页。

第一章 2000年以来国际秩序的变化与欧美俄对外战略的调整

在后冷战时期世界体系中的领导地位。在这一时期,美国尤为重视国际制度与国际法在处理国际事务中的关键作用,坚持在国际政治、经济和环境等领域,通过自身的领导力量推动多边合作。美国积极推动全球贸易自由化,大力倡导人权观念,并积极参与多边的"人道主义援助"与"人道主义干预",致力于促进世界各国政治"民主化"进程。①

然而小布什政府上台后,特别是"9·11"事件发生后,美国的外交政策转向了单边主义。布什政府单方面地摒弃了一系列强调多边合作的国际条约,退出了克林顿政府曾签署的《京都议定书》,并对成立国际刑事法院的条约持否定态度,退出了前总统克林顿已签署的《国际刑事法院规约》。更进一步,布什政府明确表示不再效仿前政府参与海外的"人道主义干预"或多边的国际维和行动,并坚持不干预原则,即对于与美国自身利益无关的国际事务,将不予介入,不会为他国或国际利益而牺牲美国的利益。最为关键的是,布什政府将国家安全置于至高无上的地位,并认为在维护国家安全的道路上,美国可以甚至必须放弃双边或多边合作,独自运用其强大的经济、政治和军事力量来保卫自己。为此,美国不惜投入巨额资金建立国家导弹防御体系(NMD),并成功迫使俄罗斯同意中止美苏在1972年签订的《反导条约》。这些举措无疑彰显了布什政府在这一方面的坚定立场和决心。②

美国不仅要应对恐怖主义的严峻威胁,而且要直面世界多极化趋势的兴起。一个拥有多个权力中心的世界的回归,无疑意味着地缘政治分裂带的重现。因此,美国面临的首要挑战在于如何将地缘政治分裂带的战略影响降至最低,努力建立跨越这些分裂带的桥梁,限制各国的野心,

---

① 叶江:《单边主义与多边主义的相互转换——试析多边主义在布什第二任期回归的可能》,《美国研究》2004年第4期,第65页。
② 叶江:《单边主义与多边主义的相互转换——试析多边主义在布什第二任期回归的可能》,《美国研究》2004年第4期,第65—66页。

从而消除这些分裂带所引发的竞争本性。① 在此过程中,美国致力于维护其主导的国际秩序,坚决遏制其他国家在国际秩序重构过程中寻求权力增长的努力。美国所面临的真正挑战,实则是其他国家的崛起(the rise of the rest)及其所带来的潜在威胁。② 在美国的全球战略中,欧洲和亚洲都有十分重要的战略地位。布热津斯基曾指出,对美国来说,欧亚大陆是最重要的地缘政治目标,美国能否持久有效地保持在欧亚大陆的主导地位将直接影响美国对全球事务的支配。③ 所有可能在政治和/或经济上对美国的首要地位发起挑战的国家也都是欧亚国家。④ 审视历史脉络下的美国政策走向,可以明显看出其宏观战略中的地缘政治优先级保持了惊人的连贯性。二战期间,美国致力于阻止德国在欧洲建立霸权,同时遏制日本在东亚地区的扩张野心;冷战时期,美国的遏制战略更是针对苏联在欧亚大陆谋求霸权的企图。⑤ 这种战略逻辑的延续,使得美国在欧亚大陆上的行动始终围绕着维护自身霸权地位展开,对于任何可能威胁其霸权的国家,美国都会不遗余力地进行遏制。

冷战后,关于谁是美国的对手,美国的战略家和学者给出了不同的答案。布热津斯基指出美国应主要以俄罗斯为对手,乘胜追击,挤压俄罗斯的战略活动空间,将其降服于美国的霸权秩序之下;⑥而约翰·米尔斯海

---

① 查尔斯·库普乾:《美国时代的终结:美国外交政策与21世纪的地缘政治》,潘忠岐译,上海:上海人民出版社,2004年,第324页。

② Joseph S. Nye Jr., "What is America's Purpose?" *The National Interest*, September/October 2015, p. 38.

③ 兹比格纽·布热津斯基:《大棋局:美国的首要地位及其地缘战略》,中国国际问题研究所译,上海:上海人民出版社,2015年,第26页。

④ 兹比格纽·布热津斯基:《大棋局:美国的首要地位及其地缘战略》,中国国际问题研究所译,上海:上海人民出版社,2015年,第27页。

⑤ John Berryman, "Russian Grand Strategy and the Ukraine Crisis: An Historical Cut," in Roger E. Kanet, Matthew Sussex eds., Power, Politics and Confrontation in Eurasia: Foreign Policy in a Contested Region, Palgrave Macmillan, 2015, p. 194.

⑥ 兹比格纽·布热津斯基:《大棋局:美国的首要地位及其地缘战略》,中国国际问题研究所译,上海:上海人民出版社,2015年。

第一章　2000年以来国际秩序的变化与欧美俄对外战略的调整

默认为美国应该以中国为主要对手,中国有可能成为东北亚潜在的霸权国,美国应想办法扭转这一局势;①查尔斯·库普乾则主张美国应以欧盟为对手,因为随着欧盟获得与其经济地位相匹配的影响力,它将不可避免地崛起,与美国分庭抗礼,美欧之间几十年的战略伙伴关系正在让位于新的地缘政治竞争关系。②在冷战结束后的二十多年里,美国一直将俄罗斯视为其主要战略对手,并采取了一系列遏制措施。然而,近年来随着国际形势的演变和美国国内政治的变化,其遏制、围堵、打压中国的态势日益明显,表现出强烈的战略转移倾向。

第四节　普京上台后俄罗斯重塑大国地位的努力

俄罗斯虽然地广物丰,但其地理条件相较于美国却显得不那么优越。其四面环邻的边界状况,无疑对其自身的发展与扩张构成了诸多限制。在西面,俄罗斯始终致力于巩固乃至拓展其边界,力图在与潜在的"入侵者"(如法国、德国)之间建立一道坚不可摧的防线(即东欧地区),并为其海军寻觅一处终年不冻的港口,以确保战略上的安全与灵活。而在东面的亚洲部分,俄罗斯则一直寻求填补西伯利亚这片广袤土地上的空白,旨在保护其丰富的自然资源不被侵犯,并警惕来自日本等邻国的潜在威胁。在南面,俄罗斯则致力于确保边界的安全稳定,以抵御内部叛乱的侵扰。至于北面,那片几乎终年冰封的海域迫使俄罗斯不得不训练出一支适应冷水环境的海军力量,并在寻找其他更温暖的出海口方面下足功夫。所有这些利益诉求,均深深植根于"传统的、大俄罗斯帝国"的历史记忆与地

---

① 约翰·米尔斯海默:《大国政治的悲剧》,王义桅、唐小松译,上海:上海人民出版社,2015年。
② 查尔斯·库普乾:《美国时代的终结:美国外交政策与21世纪的地缘政治》,潘忠岐译,上海:上海人民出版社,2004年。

缘政治考量之中。①

不难观察到,克里姆林宫所推行的一系列政策与行动,几乎都与这些根深蒂固的传统目标相契合。一方面,俄罗斯的优势在于其丰富的自然资源,这些资源不仅为俄罗斯的经济和社会发展提供了坚实的基础,更为其重返全球舞台、跻身政治和经济大国之列提供了有力的支撑。得益于这些资源,俄罗斯国内基本能够实现自给自足,无需过分依赖外部资源,这也使得俄罗斯在处理地缘争端时,往往能够坚守自身立场,维护国家安全利益。另一方面,俄罗斯的地理条件为其带来了不小的挑战。其平原为主的地形使得防御变得相对困难,几乎无险可守。这使得俄罗斯在地缘政治上难以做出过多的妥协,其外交策略也因而呈现更具进攻性和更为强势的特点。② 俄罗斯尽管幅员辽阔,但适宜作为出海口的地点却寥寥无几。对于一个志在成为世界大国的国家而言,如果不能将自身的影响力有效扩展至海上,那么无论是在战时还是平时,都将不可避免地陷入被动局面,难以在全球舞台上发挥主导作用。

苏联解体后,俄罗斯曾一度怀揣着全面"亲西方"的愿景,试图与美国共同构建后冷战时代的俄美新型伙伴关系,并加强与欧盟的紧密联系。在新型关系的初始阶段,尤其是在 1994 年签署《伙伴关系与合作协定》之后,欧盟与俄罗斯似乎有望基于共同的欧洲基础,成为彼此信赖的伙伴。然而,随着俄罗斯民主改革的挫败,以及美国在一系列外交合作承诺上的失信,俄罗斯逐渐认识到"亲西方"政策的局限与失败。在叶利钦执政的晚期,俄罗斯的外交政策逐渐从单纯的"亲西方"转向东西兼顾。这一转变反映了俄罗斯对于国际局势的深刻洞察和对自身利益的重新定位。随着 20 世纪 90 年代的乐观情绪逐渐消散,21 世纪初俄罗斯与西方之间的

---

① Howard J. Wiarda, *American Foreign Policy in Regions of Conflict: A Global Perspective*, Palgrave Macmillan, 2011, p. 63.

② Bertil Nygren, *The Rebuilding of Greater Russia: Putin's Foreign Policy towards the CIS Countries*, New York: Routledge, 2008, pp. 8 - 9.

第一章　2000年以来国际秩序的变化与欧美俄对外战略的调整

关系明显冷却。普京上台后不久,俄罗斯便迎来了强劲的经济复苏。这得益于21世纪初国际油价的飙升,为俄罗斯的经济注入了强大的活力,促使其大国角色的认同感逐渐复苏。① 随着经济的蓬勃发展,俄罗斯对欧盟的欧洲化使命逐渐显露出不耐烦的态度。与此同时,西方"新帝国主义"的倾向也引起了俄罗斯的警觉与关注。② 在这些因素共同作用下,俄罗斯开始逐渐将自己定位为欧洲之外的国家,一个超越欧洲界限的"民族"。③ 这种身份认同的转变,不仅体现了俄罗斯更加独立地思考自身在国际舞台上的角色与定位,也预示着其在未来可能采取更加自主和坚定的外交政策。

普京上台后,对俄罗斯的国际地位进行了深刻的重构。苏联解体后,俄罗斯一度陷入虚弱大国的境地,其综合国力难以与美国相抗衡。然而,作为一个拥有深厚历史底蕴和强大民族自尊心的国家,俄罗斯不甘心沦为二流国家,不愿在美国主导的单极世界中苟延残喘,而是积极呼吁构建"多极化"的国际秩序。普京执政之初,便通过了《俄罗斯外交政策构想》文件,明确阐述了俄罗斯外交政策的首要任务是确保国家的安全,维护和加强主权、领土完整,巩固俄罗斯在国际社会中的强势和权威地位。这不仅体现了俄罗斯作为一个大国的自信和决心,也展示了其作为当今世界权力中心之一的雄心壮志。同时,俄罗斯还致力于发展政治、经济、人才和文化等领域的潜力,以推动国家利益的全面实现。普京时代,俄罗斯追求四大外交政策目标。第一,它致力于确保在任何国际重大决策中都能有俄罗斯的参与,以彰显其大国地位和影响力。第二,俄罗斯期望欧洲大

---

① Andrei P. Tsygankov, *Russia's Foreign Policy: Change and Continuity in National Identity*, London: Rowman & Littlefield, 2010.
② Sergey Lavrov, "State of the Union Russia-EU: Prospects for Partnership in the Changing World," *Journal of Common Market Studies*, Vol. 51, Issue S1, 2013, pp. 6-12.
③ Ted Hopf, "Introduction," in Ted Hopf ed., *Russia's European Choice*, Palgrave Macmillan, 2008, pp. 1-10.

西洋地区的现状得以维持,坚决反对欧盟和北约进一步向东扩张,以维护其地缘政治利益。第三,俄罗斯坚决阻止并逼退西方在俄罗斯及其邻国"推广民主",以降低欧亚大陆出现政权更迭和不稳定的风险。第四,俄罗斯努力促进自身经济利益的发展。① 然而,从2000年以来美国的对俄政策来看,美国显然对俄罗斯的这四个目标都进行了遏制。

在处理与美国的关系方面,普京上台后,努力尝试推动叶利钦执政末期陷入僵局的美俄关系,而"9·11"这个灾难性事件,在某种程度上成为推动美俄关系重启的"契机"。恐怖袭击发生后,普京迅速采取行动,成为首位致电布什总统的外国领导人。在随后的阿富汗战争中,他主动向美国开放俄罗斯领空,并在情报方面给予密切的配合,以表达俄罗斯对美国开展全球反恐行动的坚定支持。美国著名历史学家沃尔特·拉费伯尔(Walter LaFeber)认为,1781年英国军队在约克敦向乔治·华盛顿投降时指挥官下令军乐队演奏的名为《颠倒的世界》的曲子,"也可以用来作为9·11后美国对外政策的背景音乐。似乎每一个重要的关系都在经历着变化或者逆转,但没有一种关系比与世纪之敌——俄罗斯的关系来得更猛烈。"②然而好景不长,从2003年年底开始,独联体国家相继爆发了"颜色革命",一系列亲美疏俄政权的产生也标志着美俄之间地缘争夺和战略对抗旋律的回归。如拉费伯尔所言,"到2004年,9·11袭击之后备受瞩目的美俄友谊已变为日益升级的竞争"。③ 2008年俄格冲突的爆发导致美俄新一轮关系的建构触及了冰点,北约不断向东扩张,已对俄罗斯的地缘战略底线构成了严峻挑战。俄动用武力"表明其反对北约东扩不是停

---

① 安琪拉·斯登特:《有限伙伴:21世纪美俄关系新常态》,欧阳瑾、宋和坤译,北京:石油工业出版社,2016年,第295页。
② 沃尔特·拉费伯尔:《美国、俄国和冷战:1945—2006》,牛可、翟韬、张静译,北京:世界图书出版公司,2011年,第340页。
③ 沃尔特·拉费伯尔:《美国、俄国和冷战:1945—2006》,牛可、翟韬、张静译,北京:世界图书出版公司,2011年,第346页。

第一章　2000年以来国际秩序的变化与欧美俄对外战略的调整

留在嘴上,而是落实到行动上"①。俄罗斯将当前美国主导的国际秩序视为美国霸权的体现,认为它威胁到俄罗斯的国家利益和安全。俄罗斯反对欧盟和北约东扩,认为这一行为也威胁俄罗斯的安全,侵蚀了俄罗斯在其"近邻"地区的影响力。俄罗斯记者米哈伊尔·齐加尔(Mikhail Zygar)在其关于普京的书中提到,普京自担任总统职务以来一直对乌克兰的未来发展方向感到焦虑,担心乌克兰可能会被纳入西方阵营,从而使俄罗斯在这场地缘政治博弈中失去重要的缓冲。② 2004年乌克兰的"橙色革命"似乎证实了普京的这种担忧。"橙色革命"映射出美国对昔日苏联势力范围的角逐,以及欧洲一体化对乌克兰乃至整个东欧地缘政治格局的深刻重塑。这场革命不仅令俄罗斯感到心灰意冷,扑灭了俄美关系进入蜜月期的可能,而且促使俄罗斯重新评估欧盟在该地区的影响力,开始对其举措持怀疑态度。自那以后,俄罗斯与西方的角力始终未曾停歇,并在2013年年底爆发的乌克兰危机中达到高点。

俄罗斯在国际体系中扮演着传统大国和新兴大国的双重角色。③ 俄罗斯渴望成为一个强大的国家,一个在世界舞台上具有显著影响力、经济繁荣和自信的国家。俄罗斯的每一项决策、每一个行动都是为实现这一目标而服务的。在普京时代,强国战略贯穿了国内外政策的每一个方面,其核心宗旨是维护并加强俄罗斯作为大国的地位,这反映了对俄罗斯荣誉观念的深刻认同与映射。普京为确保大国地位而与西方坚决抗争,外交上更加灵活务实。普京曾宣布"近邻"④地区为俄罗斯的"势力范围",

---

① 季志业:《俄格冲突对国际关系的影响探析》,《现代国际关系》2008年第9期,第36页。
② Mikhail Zygar, *All the Kremlin's Men: Inside the Court of Vladimir Putin*, Public Affairs, 2016.
③ Emel Parlar Dal and Emre Erşen eds., *Russia in the Changing International System*, Palgrave Macmillan, 2020, p. 1.
④ "近邻"(俄语 ближнее зарубежье,英语 the near abroad)指独联体国家,以及波罗的海国家、乌克兰和格鲁吉亚。在西方媒体上,它常常被解释为俄罗斯帝国野心的表现。

对俄罗斯具有重要的战略意义。① 如果俄罗斯想维持一个既能自卫又能在全球范围内发挥一定影响力的大国形象,那么需要保留其在独联体国家的势力范围。② 俄罗斯寻求主导原先苏联的势力范围,并要求美国和西欧主要国家接受其对势力范围的主张。③ 2008 年 8 月的俄格冲突表明,俄罗斯已不再处于战略撤退状态,而是恢复了抵御西方势力在被认为是"后苏联空间"入侵的能力。④

国内外学者对俄罗斯外交政策的分析,主要聚焦于两个维度:国际体系层面与国家层面。在国际体系层面,学者们更倾向于采用结构主义(特别是结构现实主义)和理性主义的视角,深入挖掘国际体系内部的变量,以探究俄罗斯在国际舞台上的行动逻辑与决策机制。⑤ 例如,结构现实主义者认为,俄罗斯的外交政策始终紧扣其国家利益的核心。随着"后苏联时代"的演进,这些利益诉求逐渐从初期与西方的合作意愿,转变为追求更为独立和自信的国际地位。结构现实主义者进一步指出,外交政策目标的这一深刻转变,是由于国际和区域权力分配的改变。⑥ 这些研究

---

① Steven Erlanger, "The World: Learning to Fear Putin's Gaze," *New York Times*, February 25, 2001, https://www.nytimes.com/2001/02/25/weekinreview/the-world-learning-to-fear-putin-s-gaze.html.

② Barry Buzan and Ole Waver, *Regions and Powers: The Structure of International Security*, Cambridge: Cambridge University Press, 2003, p. 410.

③ Janusz Bugajski, *Georgian Lessons: Conflicting Russian and Western Interests in the Wider Europe*, Center for Strategic & International Studies, November 2010, p. 3.

④ Janusz Bugajski, *Georgian Lessons: Conflicting Russian and Western Interests in the Wider Europe*, Center for Strategic & International Studies, November 2010, p. 3.

⑤ Christian Thorun, *Explaining Change in Russian Foreign Policy: The Role of Ideas in Post-Soviet Russia's Conduct towards the West*, Basingstoke, UK: Palgrave Macmillan, 2009.

⑥ N. MacFarquhar, "Realism and Russian Strategy after the collapse of the USSR," in Ethan B. Kapstein and Michael Mastanduno eds., *Unipolar Politics: Realism and State Strategies after the Cold War*, Columbia University Press, 1999, pp. 218-260; Allen C. Lynch, "The Realism of Russia's Foreign Policy," *Europe-Asia Studies*, Vol. 53, No. 1, 2001, pp. 7-31.

第一章　2000年以来国际秩序的变化与欧美俄对外战略的调整

的核心假设在于,俄罗斯的外交决策者倾向采用现实政治范式作为决策指导,他们主要基于国际体系的因素进行战略抉择。因此,在这个分析框架内,其他国内因素(或观念因素),如决策过程的复杂性及国家身份认同的建构,往往被边缘化或被忽略。这种分析视角长期维系了一个假设,即俄罗斯在其外交政策中自动扮演"权力最大化者"的角色,追求在国际舞台上的最大利益和影响力。① 在国家层面,研究者试图通过考察国内环境中的各种变量来解释俄罗斯的外交政策决策。② 这些研究试图将俄罗斯内部的变化认定为其外交政策行为的核心动力,诸如普京统治下日益增长的所谓"威权主义",③关键经济和政治精英的作用,④企业家官僚机构的重要性,⑤普通民众的作用,⑥甚至东正教的作用⑦等,都被认为是俄罗斯外交政策的主要推动力(或至少是重要的干预因素)。

---

① Robert Legvold ed., *Russian Foreign Policy in the Twenty-first Century and the Shadow of the Past*, New York: Columbia University Press, 2012.

② Christian Thorun, *Explaining Change in Russian Foreign Policy: The Role of Ideas in Post-Soviet Russia's Conduct towards the West*, Basingstoke, UK: Palgrave Macmillan, 2009.

③ Graeme Gill, "The Stabilization of Authoritarian Rule in Russia?" *Journal of Elections*, Volume 25, Issue 1, 2015, pp. 62 – 77.

④ Robert H. Donaldson, Joseph L. Nogee and Vidya Nadkarni, *The Foreign Policy of Russia: Changing Systems, Enduring Interests*, New York: M. E. Sharpe, 2014.

⑤ Jeff Checkel, "Ideas, Institutions, and the Gorbachev Foreign Policy Revolution," *World Politics*, Volume 45, Issue 2, January 1993, pp. 271 – 300; Bobo Lo, *Vladimir Putin and thee Evolution of Russian Foreign Policy*, London: Chatham House, 2008.

⑥ William Zimmerman, *The Russian People and Foreign Policy: Russian Elite and Mass Perspectives*, 1993—2000, Princeton: Princeton University Press, 2009.

⑦ Nikita Lomagin, "Interest Groups in Russian Foreign Policy: the Invisible Hand of the Russian Orthodox Church," *International Politics*, Volume 49, Issue 4, July 2012, pp. 498 – 516.

本章小结

对大国而言,其在国际体系中的权力地位与国家安全紧密相连,犹如命脉相连的双生花。权力地位源于一国自身的综合国力,更在于与其他国家实力的微妙对比。国家在不断追求自身实力提升的同时,亦会审慎地防范他国获得实力上的优势,以维护自身的国际地位与国家安全。[①] 通过对欧盟、美国和俄罗斯三者实力与战略意图的深入分析,不难发现,这三大力量在欧亚大陆均拥有举足轻重的战略利益诉求。每个国家推行对外政策时,都并非处于真空环境之中,一国的外交决策势必会对他国产生影响,同时也不可避免地会受到他国外交政策的反作用。欧盟、美国和俄罗斯的战略目标在一定程度上既存在交集,又充满冲突。例如,欧盟东扩政策挑战了俄罗斯保持苏联时期势力范围的愿景,而美国的全球战略则与俄罗斯的地缘政治目标相冲突。同时,美国的全球战略在某些方面与欧盟的对外战略一致,但在其他方面又存在分歧。随着欧盟、北约"双东扩"的推进,欧美俄正进入一个地缘政治紧张局势迅速升级、竞争日益激烈的阶段。[②] 欧美俄之间的地缘政治竞争是结构、物质、认知和意识等多重因素交织作用的复杂产物。这种竞争主要聚焦于两对核心矛盾:一是俄罗斯与西方之间的矛盾,二是欧洲和美国之间的矛盾。其中,欧美之间的矛盾虽然属于同盟内部矛盾,但在对外政策上表现为不一致和分歧;

[①] 巴里·波森:《克制:美国大战略的新基础》,曲丹译,北京:社会科学文献出版社,2016年,第111页。

[②] Hiski Haukkala, "'Crowdfunded Diplomacy'? The EU's Role in the Triangular Diplomacy Over the Ukraine Crisis," in Vicki L. Birchfield, Alasdair R. Young eds., *Triangular Diplomacy among the United States, the European Union, and the Russian Federation: Responses to the Crisis in Ukraine*, Palgrave Macmillan, 2018, p. 81.

第一章 2000年以来国际秩序的变化与欧美俄对外战略的调整

而俄罗斯与西方的矛盾包含两条线,即欧俄矛盾和美俄矛盾。

首先,就欧美关系来说,冷战结束使得欧美跨大西洋联盟关系所赖以维系的最根本纽带——苏联威胁不复存在。这一历史性转变引发了欧美同盟是否仍有存续必要,以及为了应对苏联威胁而成立的北约是否应继续存在等一系列现实问题。显然,随着国际体系环境的深刻变革,联盟关系亟待重新定义和重塑。在这个过程中,美国与欧洲都在努力探索新的合作方式,以应对日益复杂多变的不确定风险,并努力弥合彼此间的分歧,重构跨大西洋关系的合作模式。美国在此方面的努力体现在北约的转型与东扩,旨在通过调整战略方向和扩大合作范围来适应新的国际形势。而欧洲则着眼于欧盟的巩固与扩大,通过深化内部整合和拓展外部合作来增强自身的国际影响力和竞争力。北约东扩与欧盟东扩的进程是平行的,成员国存在一定的交叉,但同时在资源和影响力等方面也存在竞争关系。[1] 正如尼古拉斯·斯皮克曼(Nicholas J. Spykman)所分析的那样:"欧洲越是团结,它与美国的关系就越紧张。"一个拥有武装力量和统一外交政策的真正的"欧洲超级大国",将是美国强劲的竞争对手。[2]

其次,从美俄关系来看,美俄之间的矛盾具备深刻的战略特征,双方在国家发展模式及理念上存在难以调和的分歧,对于未来世界秩序及各自在国际舞台上的地位持截然不同的愿景。这种根本性的分歧决定了美俄关系的对抗性本质。冷战时期,对苏联力量的担忧深刻影响了西方的政策走向,而在美国主导的单极秩序下,俄罗斯的反应并未成为核心关切,美国在实施其全球战略时几乎无需过多考虑俄罗斯的态度。由于美俄之间实力的悬殊,二者的对抗在20世纪90年代呈现相对低烈度的态势。然而,自2000年普京上台以来,俄罗斯的外交政策发生了显著变化,

---

[1] 李兴等:《亚欧中心地带:俄美欧博弈与中国战略研究》,北京:北京师范大学出版社,2013年,第13页。

[2] Nicholas J. Spykman, *America's Strategy in World Politics: The United States and the Balance of Power*, New York: Harcourt, Brace and Company, 1942, p.466.

开启了强硬外交的新时代。俄罗斯国内民族主义情绪高涨,经济实力逐步恢复,展现出强劲的崛起势头。特别是自 2000 年以来,俄罗斯经济连续保持了 8 年的高速增长。① 随着经济的复苏,俄罗斯逐渐恢复了其政治话语权,展现了强烈的政治抱负和雄心壮志。美俄两国在战略方向上存在明显的分歧:美国的战略重心是从海洋向陆地延伸,试图从欧亚周边地区向中心区域施加压力;而俄罗斯则致力于从欧亚中心向周边地区拓展,从陆地走向海洋。② 然而,就本书所考察的时间范围而言,美俄两国的战略目标在欧亚中心区域出现了重叠,导致持续不断的冲突和竞争。

最后,欧俄关系在对共同邻域的争夺中日趋紧张,大国势力范围重叠的地区成为国家间竞争加剧的焦点。不断变化的国际权力格局进一步加剧了这种紧张态势,促使地区大国在各自的地区环境中展开激烈的影响力竞争。③ 在一个新兴的多极世界中,欧洲更广阔的地理区域(尤其是共同邻域)已然成为众多潜在竞争者的角逐场所之一。对权力分配(无论是军事、经济、能源还是政治形式的权力)的调查显示,欧洲存在一种粗略的两极性,欧盟和俄罗斯代表着两极。④ 俄罗斯拥有明显的军事优势,具有一定的能源实力和政治权力;欧盟无疑拥有更强大的经济实力和软实力,同时也有一定的能源实力和政治权力。俄罗斯视独联体为自己传统的战略势力范围,是其外交的优先方向,不容外部势力染指。欧盟认为独联体同样是未来欧洲融合的一部分,并利用东扩的机会向独联体西部和外高

---

① 数据来源于世界银行网站,详见 https://data.worldbank.org.cn/indicator/NY.GDP.MKTP.CD?locations=RU&view=chart。

② 李兴等:《亚欧中心地带:俄美欧博弈与中国战略研究》,北京:北京师范大学出版社,2013 年,第 14 页。

③ Barry Posen, "Emerging Multipolarity: Why Should We Care?" *Current History*, Vol. 108, No. 721, 2009, pp. 347–352.

④ Licínia Simão, "The New European Bipolarity," *Open Democracy*, March 14, 2014, https://www.opendemocracy.net/can-europe-make-it/licinia-simao/new-european-bipolarity.

第一章　2000年以来国际秩序的变化与欧美俄对外战略的调整

加索渗透。欧盟和俄罗斯的势力范围在东欧和南高加索地区重叠。由于国际和地区地缘政治的双重挑战,欧盟和俄罗斯迫于结构性压力,要在共同邻域争夺影响力。① 俄罗斯之所以反对欧盟东扩是因为俄罗斯的战略利益受到挤压,自己所主导的独联体一体化受到严重挑战。同时,俄罗斯担心自己"被孤立、被边缘化,失去影响力"。②

那么,在上述复杂的地缘政治竞争的背景下,欧盟和美国对俄罗斯究竟持什么样的态度和认知,又经历了怎样的变化?欧盟和美国的对俄政策有哪些相同的方面又有哪些不同的地方?

---

① Nicholas Ross Smith, *EU-Russian Relations and the Ukraine Crisis*, Edward Elgar Publishing, 2016, p. 5.
② Derek Averre, "Russia and the European Union: Convergence or Divergence?" *European Security*, Vol. 14, No. 2, 2005, p. 187.

第二章
欧美与俄罗斯结构性矛盾的激化：
欧美对俄政策趋硬

在对俄认知和对俄政策上，欧美双方既有共同之处，也有显著的不同，这反映了各自在国际格局中的不同利益和考量。欧盟和美国对俄罗斯的认知和政策的同异源于两种结构性矛盾：一是欧美与俄罗斯之间的结构性矛盾；二是欧盟与美国之间的结构性矛盾。前者是欧美选择共同打压俄罗斯的原因，而后者则成为欧美对俄政策分歧的重要原因之一。

国际关系中的结构性矛盾，往往源于国家实力和权势的变迁、地缘政治利益诉求引发的安全冲突，以及长期悬而未决的重要领土争端等因素。这些矛盾涉及国家生存与发展的核心利益，因此极易导致国家间的摩擦和纷争，如欧美之间的情况。在某些情况下，它们甚至可能升级为对立和冲突，如西方与俄罗斯之间的紧张关系。这些结构性矛盾在一定条件下具有潜在的、较大的风险，可能引发国家间的战争，因此它们具有难以调和性、长期性及易于冲突性等特点。然而，结构性矛盾的存在并不意味着必然导致国家间的冲突乃至战争。在这种情况下，双方领导人的政治意愿和战略决策显得尤为重要。例如，中美两国虽然存在结构性矛盾，但通过保持理性沟通和审慎决策，双方仍然能够维护相对稳定的双边关系。结构性矛盾既可能存在于一般国家之间，也可能出现在盟友之间，如果双方的发展以互相改变对方的相对优势或地位为前提，并且所面临的矛盾

第二章　欧美与俄罗斯结构性矛盾的激化：欧美对俄政策趋硬

涉及各自核心利益且短期内不能调和，那么二者就存在结构性矛盾。结构性矛盾一旦形成便很难改变，因此在国家间交往中需要特别加以规避和谨慎处理。

本章主要探讨欧美与俄罗斯之间的结构性矛盾，即欧美与俄罗斯之间因有互相矛盾的地缘政治利益诉求而引发安全上的对立与冲突，这导致欧美对俄罗斯威胁的认知及对俄政策有"同"的方面。

第一节　20世纪90年代欧美的对俄政策

苏联的最后一位领导人戈尔巴乔夫及其继任者俄罗斯的领导人叶利钦所推行的政策，导致苏联/俄罗斯的实力和国际影响力经历了前所未有的急剧衰退。面对实力的急速下滑，他们不得不承认，放弃地缘政治的霸权地位远比改革经济体制和推动国家繁荣来得容易。整个20世纪90年代，俄罗斯面临的最大挑战在于如何根据自身的有限能力，制定出与其能力相匹配的外交和安全政策。长久以来，俄罗斯一直享有大国甚至超级大国的地位，这种历史和心理上的惯性使其在面对现实与目标的巨大落差时，所面临的问题变得更加错综复杂。1996年，斯蒂芬·舍斯坦诺维奇曾尖锐地指出，俄罗斯必须进行一场深刻的"地缘手术"，以适应其国际地位的显著下降。[①] 从超级大国的"神坛"上跌落，俄罗斯的发展方向充满了未知与不确定性。与此同时，欧美国家也在摸索如何与这个新生的俄罗斯打交道，双方相互试探，寻求新的平衡与定位。

20世纪90年代初期，欧共体/欧盟与美国的对外政策目标在很大程度上是相辅相成的，美国与欧洲在对待俄罗斯问题时持相似的态度和策略。他们并没有将一个脆弱的、实行资本主义制度的俄罗斯视为敌人或

---

① 库钦斯主编：《俄罗斯在崛起吗？》，沈建译，北京：新华出版社，2004年，第15页。

对手，而是协助其转型，防止俄罗斯陷入混乱、重新成为敌对政权，旨在将俄罗斯纳入西方阵营。西方国家深信，民主国家之间不可能发生战争，因此欧美双方都积极致力于促进俄罗斯民主的成长。具体而言，他们一方面通过提供政治支持和经济援助，助力俄罗斯平稳过渡到"民主"政治和市场经济体制，进而将俄罗斯融入西方的政治和经济体系之中。另一方面，他们致力于与俄罗斯建立"战略伙伴关系"，寻求在军控问题和地区问题上的合作，以期最终将俄罗斯纳入以美国为主导的欧洲安全体系。①1991年叶利钦当选俄罗斯总统后，就与美国总统布什进行了互访。布什称美俄首脑会晤标志着一个新的开端，"美、俄将结束一个相互为敌的漫长时代，建立一种新的伙伴关系和一种牢固的和平"。②克林顿政府时期，美国在俄罗斯问题上只关心三件事：一是继续减少核战争威胁和核武器扩散；二是支持俄罗斯发展民主和自由；三是帮助俄罗斯发展市场经济。③欧美国家在援助和支持俄罗斯转型方面做了一定的贡献。美国不仅提供了资金和技术支持，还在各个领域派遣了专家，与俄罗斯共同合作，推动各项改革与发展。

这一时期，欧美对俄政策可以概括为以多边机制约束俄罗斯，促进其民主化，以期将俄罗斯变成西方的一员。在欧美看来，使俄罗斯"更像西方"，即俄罗斯的"民主化"和市场经济化，是符合西方利益的；俄罗斯越是向这一目标转变，美国和欧洲就越安全。1997年，欧美不仅接纳俄罗斯加入"七国集团"（俄罗斯加入后成为"八国集团"），而且与俄罗斯签署了《北约与俄罗斯相互关系、合作与安全基础法案》（NATO-Russia Founding Act on Mutual Relations, Cooperation and Security）。该法案的目标是通过强调俄罗斯在欧洲安全中的重要性，给予莫斯科在北约的发言权和

---

① 黄凤志主编：《当代国际关系》，吉林：吉林大学出版社，2002年，第347页。
② 梅孜编著：《美俄关系大事实录：1991—2001年》，北京：时事出版社，2002年，第6页。
③ 梅孜编著：《美俄关系大事实录：1991—2001年》，北京：时事出版社，2002年，第46页。

第二章 欧美与俄罗斯结构性矛盾的激化:欧美对俄政策趋硬

专门的协商地位(但对北约的扩大或行动没有否决权),从而鼓励俄罗斯接受北约的扩大。① 法案促成了由北约秘书长、俄罗斯代表和北约成员国代表组成的北约—俄罗斯常设联合理事会(NATO-Russia Permanent Joint Council)的建立,2002年该常设联合理事会被北约—俄罗斯理事会(NATO-Russia Council)取代。此外,美国希望冷战的政治结果能够与军事技术结果统一起来,而这"只有在俄罗斯失去对美国的打击能力时才可能实现"。因此美国"帮助俄罗斯搞军转民,解散前超级大国的军事力量,不让俄罗斯振兴自己的军事工业,不许它重新成为将来能够与美国及其盟国抗衡的军事强国",②同时防止俄罗斯进行核扩散。另外,美国还通过国际货币基金组织、导弹技术控制制度等机制缓和、约束俄罗斯的行为,进一步把俄纳入这些机制中以促进俄自身的转变。③ 同时,欧盟也积极发展对俄关系。没有了冷战体系的束缚,欧俄经贸关系发展良好,欧盟向俄提供贷款、投资和技术援助。根据国际货币基金组织的数据,欧盟对俄罗斯出口总额从1992年到1997年持续增长,④对俄罗斯进口总额也巨大。⑤ 欧盟希望将俄罗斯塑造成不会对欧盟成员国构成安全威胁的国家,积极融入统一的欧洲大家庭,成为其中安分守己、和谐共处的一员。

尽管20世纪90年代的欧美与俄罗斯关系出现了缓和的迹象,但美欧对俄罗斯的警惕之心依然未减。在这一背景下,美国的政治家和战略家纷纷为美国对俄罗斯的态度提供建议。美国前总统尼克松明确指出,北约作为连接大西洋两岸的安全桥梁,对美国和欧洲均具有重要意义。

---

① Strobe Talbott, *The Russia Hand: A Memoir of Presidential Diplomacy*, New York: Random House, 2003.
② 宋才发:《社会主义经济建设历史经验研究》,武汉:华中师范大学出版社,1997年,第122页。
③ 俞正梁等:《大国战略研究:未来世界的美、俄、日、欧(盟)和中国》,北京:中央编译出版社,1998年,第54页。
④ 详见IMF数据,http://data.imf.org/regular.aspx? key=61013712。
⑤ 详见IMF数据,http://data.imf.org/regular.aspx? key=61013712。

他强调,不能因为对俄罗斯的敏感而放弃扩大北约,更不能让俄罗斯拥有决定北约是否扩大的权利。与此同时,美国前总统国家安全事务助理布热津斯基也在文章中阐述了美国在对俄关系上的长期总战略目标。他认为,确保原苏联加盟共和国地缘政治的多元化是实现这一目标的关键。推动该地区多元化发展,可以有效平衡各方势力,维护地区的稳定与和平。布热津斯基还指出,这一目标不仅符合美国的长期利益,也能够在一定程度上减轻对俄罗斯未来走向的担忧,无论其是否会成为一个善于适应新环境的民主国家。①

更为关键的是,北约和欧盟在权衡利弊后,均未选择将俄罗斯吸纳为成员国。美国前国务卿基辛格在《洛杉矶时报》发表文章指出,尽管俄罗斯地理位置上位于欧洲,但在文化和政治层面,它并未完全融入欧洲国家的行列。俄罗斯与东亚、中亚及中东地区接壤,这使其在这些边界区域制定的政策往往难以与北约的目标保持一致。因此,接纳俄罗斯为成员国将有可能削弱北约的凝聚力和影响力,甚至可能使其沦为无足轻重的组织。② 北约和欧盟在排斥俄罗斯的情况下向东扩张,为未来俄罗斯与西方关系的恶化播下了种子。在美国看来,俄罗斯相较于北约的现有成员国(美国除外)及潜在候选国拥有压倒性的力量,这使其成为一个不受欢迎的加入者。俄罗斯的加入将使力量的天平倾向欧洲而非美国,而且俄罗斯有可能成为更加强大的欧洲支柱和引领者。因此,美国坚决反对俄罗斯加入北约。与此同时,欧盟的扩张也被视为对俄罗斯利益的又一次侵犯。由于欧盟的扩张与北约的扩张紧密相连,二者在实质上都是对俄罗斯战略空间的挤压。2007年的《里斯本条约》进一步制度化了欧盟与北约的关系,明确要求加入欧盟的国家将其国防政策与北约的政策保持

---

① 梅孜编著:《美俄关系大事实录:1991—2001年》,北京:时事出版社,2002年,第70页。

② 梅孜编著:《美俄关系大事实录:1991—2001年》,北京:时事出版社,2002年,第504页。

第二章　欧美与俄罗斯结构性矛盾的激化:欧美对俄政策趋硬

一致。这一新大西洋政策的实施,使得欧盟东扩与北约东扩步伐相互协调,共同推进。截至2024年3月底,欧盟共有成员国27个,北约共有成员国32个,它们的成员国有很大的重叠,只有4个欧盟国家(奥地利、塞浦路斯、爱尔兰和马耳他)不是北约成员国,而北约成员国中有9个(美国、英国、加拿大、阿尔巴尼亚、冰岛、黑山、北马其顿、挪威、土耳其)不是欧盟成员国,其中英国于2020年1月正式"脱欧",阿尔巴尼亚、黑山、北马其顿、土耳其是欧盟候选国。① 欧盟对俄基本政策是"合作加防范",即采取政治对话、经济援助等多种形式促使俄在欧洲安全及一些地区问题上与欧盟合作,同时配合美国挤压俄的战略空间。

此外,面对欧美对俄改革援助"口惠而实不至",且将俄罗斯排除在"双东扩"进程之外的现实,俄罗斯也逐渐认识到自身的转型十分困难,欧美的对俄抵触也使得俄罗斯难以融入西方世界。叶利钦曾在1996年6月的国家安全咨文中说:"美国对俄罗斯的态度具有两重性:一方面,美国不希望在世界市场和国际政治中出现一个强大的竞争对手,另一方面,从长远看,美国希望俄罗斯成为一个颇有凝聚力的力量中心,在欧亚大陆起稳定作用。"②从后来的事实发展来看,前一方面确实是美国的担忧,而后一方面似乎从来不是美国的考量,或者说,美国只希望俄罗斯稳定,却并不需要俄罗斯发挥地区凝聚力成为欧亚大陆的权力中心。欧美对俄心存芥蒂及"非真心"帮助,也为后来俄罗斯与西方矛盾加深、欧美对俄政策逐渐"强硬"埋下了伏笔。

---

① 参见欧盟官网:https://european-union.europa.eu/principles-countries-history/eu-enlargement_en。参见北约官网:https://www.nato.int/nato-welcome/。
② 梅孜编著:《美俄关系大事实录:1991—2001年》,北京:时事出版社,2002年,第138页。

第二节 欧美与俄罗斯矛盾激化的过程

经过 20 世纪 90 年代欧美俄关系的调整,欧美并没有将俄罗斯纳入西方轨道,俄罗斯也并未融入欧洲大家庭。欧美与俄罗斯十多年相互试探的结果是双方的隔阂越来越深。克林顿政府最初对重建美俄关系寄予厚望,但很快就发现,这种关系充其量不过是一种选择性合作关系,合作与竞争并存。无论怎样,俄罗斯都不会变成西方式的民主,欧美对俄罗斯的内部演变无法真正实现。西方对俄政策的理想主义色彩逐渐退去,回归现实主义和地缘政治战略考量。从 2000 年至 2020 年的 20 年时间里,欧美对俄政策的整体趋势是越来越强硬的,尤其在乌克兰危机中俄罗斯兼并克里米亚改变了领土现状之后,欧美对俄罗斯威胁的认知更加趋于一致,加强了对俄罗斯的打压力度。在这 20 年中,欧美对俄政策也经历了一定的变化,具有明显的阶段性,并以 2001 年美国退出《反导条约》、2008 年俄格冲突、2013 年年底爆发的乌克兰危机为标志性事件。

一、2000 年至 2008 年

2000 年至 2008 年,欧美对俄政策从缓和向强硬转变,在 2008 年达到这一阶段的顶峰。在普京的领导下,俄罗斯实力逐渐恢复,并主张大国地位和对"后苏联空间"的主导;在小布什的领导下,特别是在遭受"9·11"恐怖袭击后,美国采取了越来越单边主义的行为方式;欧盟经济高速发展,谋求世界政治影响力,在应对俄罗斯威胁的问题上与美国大体保持一致。这一时期,欧美对俄罗斯的战略挤压主要表现在以下几个方面。

一是美国打破军备控制的框架。西方与俄罗斯之间日益加剧的摩擦因双方愿意让自 20 世纪 70 年代初以来用以缓和冷战紧张局势的军控框

第二章　欧美与俄罗斯结构性矛盾的激化:欧美对俄政策趋硬

架崩溃。美国率先挑战军备控制的价值,单方面退出《反弹道导弹条约》(Anti-Ballistic Missile Treaty),以寻求建立国家导弹防御体系。2001年12月13日,美国正式宣布退出1972年与苏联共同签署的《反弹道导弹条约》,该条约是冷战时期军备控制的基础。它保证,每一方都可以通过威胁发动毁灭性核打击来报复任何攻击,从而震慑另一方,并提供了一份明确声明,表明华盛顿承认莫斯科的战略对等。① 小布什政府不断强调,反导条约是冷战的遗产,美国要超越《反导条约》、谋求研制和部署导弹防御系统的合法化。美国宣布退出《反导条约》后不久,便开始在阿拉斯加和加利福尼亚部署区域弹道导弹防御系统,旨在阻止来自朝鲜或伊朗的小型导弹齐射。2006年,小布什宣布美国将在波兰部署第三套陆基弹道导弹系统,再次对抗伊朗导弹威胁。尽管美国一再否认,但这些行动让俄罗斯觉得,在俄罗斯常规部署力量薄弱的时候,美国有一个暗中削弱俄罗斯核威慑能力的计划。② 2007年3月,美国宣布计划在波兰建立一个反弹道导弹防御设施,同时在捷克共和国建立一个雷达站。这两个国家都曾是华沙条约的成员国。俄罗斯认为美国部署的导弹防御系统是一个潜在的威胁,作为回应,俄罗斯试射了一枚远程洲际弹道导弹RS-24,声称它可以击败任何防御系统。普京警告美国,这些新的紧张局势可能会把欧洲变成一个"火药桶"。③ 随着俄罗斯与西方关系的恶化,2007年7月普京宣布,俄罗斯将暂停遵守《欧洲常规武装力量条约》(Treaty on Conventional Armed Forces in Europe),并禁止在俄罗斯领土上进行进

---

① Kimberly Marten, *Reducing Tensions Between Russia and NATO*, Council Special Report No. 79, Council on Foreign Relations, March 2017, p. 15.
② Kimberly Marten, *Reducing Tensions Between Russia and NATO*, Council Special Report No. 79, Council on Foreign Relations, March 2017, p. 15.
③ Rose Gottemoeller, "Strained Russian Relations Greet Bush in Europe," NPR (Interview), Interviewed by Robert Siegel, June 5, 2007, https://choice.npr.org/index.html?origin=https://www.npr.org/templates/story/story.php?storyId=10741255.

一步的武器检查。① 在2008年俄格冲突和2013年年底爆发的乌克兰危机之后,额外的谈判变得不切实际,因为俄罗斯占领了被国际社会承认的两个《欧洲常规武装力量条约》签署国的领土。最后,在2015年,俄罗斯宣布将不再参加《欧洲常规武装力量条约》联合协商小组的会议。尽管其他条约成员国继续交换数据,但俄罗斯的缺席意味着《欧洲常规武装力量条约》已经名存实亡。②

二是西方极力向原苏联加盟共和国和卫星国推广"民主理念"。美国小布什政府以"民主和平论"为理论基础,即坚信实行民主制度的国家之间战争的可能性较小或几乎不存在。基于这一信念,美国凭借其强大的军事和经济实力,干涉原苏联加盟共和国和卫星国的内部事务,强行推行西方所谓的"民主制度"。这一行动导致一系列被称为"颜色革命"的政权更迭事件,在这些国家中引发了巨大的政治动荡和社会变革。俄罗斯领导人指责西方在2003年格鲁吉亚"玫瑰革命"和一年后的乌克兰"橙色革命"期间鼓励反俄叛乱,认为这是对俄罗斯势力范围的侵犯。

三是北约和欧盟"大爆炸式"的扩张。苏联解体后,欧盟和北约加紧了扩张的步伐,而俄罗斯因自身实力的虚弱,只能无奈忍受欧美对其战略空间的不断挤压。2004年3月,北约迎来了保加利亚、爱沙尼亚、拉脱维亚、立陶宛、罗马尼亚、斯洛伐克和斯洛文尼亚7个国家的加入,成员国数量激增至26个。③ 同年5月1日,又有8个来自波罗的海和中东欧的国家,以及塞浦路斯和马耳他,一同加入了欧盟的大家庭。④ 到21世纪最初的十年末,欧盟和北约的势力范围已经延伸至大多数前华沙条约国家,

---

① Wade Boese, "Russia Unflinching on CFE Treaty Suspension," *Arms Control Today*, June 11, 2008.

② Kimberly Marten, *Reducing Tensions Between Russia and NATO*, Council Special Report No. 79, Council on Foreign Relations, March 2017, p. 17.

③ 参见北约官网:https://www.nato.int/cps/en/natohq/topics_52044.htm#coldwar2。

④ 参见欧盟官网:https://european-union.europa.eu/principles-countries-history/eu-enlargement_en。

第二章　欧美与俄罗斯结构性矛盾的激化：欧美对俄政策趋硬

原本属于苏联的势力范围也纷纷倒向了西方。这一系列的扩张行动无疑使欧美在与俄罗斯的地缘政治竞争中占据了明显优势。

西方与俄罗斯之间的关系逐渐陷入紧张与对立的境地。随着欧盟的不断扩大，其对俄罗斯的态度相较于之前的欧洲共同体和20世纪90年代初仅有15个成员国的欧盟，显得更为强硬和坚定。① 美欧借助北约和欧盟的"双东扩"战略，积极拉拢独联体中的亲西方势力，进一步挤压俄罗斯的战略空间。面对这种态势，俄罗斯则利用其在能源和军事方面的优势，采取了一系列反制措施。这些地缘政治竞争的矛盾最终在2008年的俄格冲突中全面爆发。俄罗斯以强硬姿态回击欧美对其的包围与挤压，显示出其不屈的决心和实力。这一事件使得欧美与俄罗斯之间的关系再次陷入僵局，双方在地缘政治舞台上的较量愈发激烈和复杂。

二、2008年至2014年

或许是俄罗斯坚决动用武力的抗争取得了显著成效，美国奥巴马政府时期，开始寻求缓和与俄罗斯的关系，即提出了所谓的"重启美俄关系"的倡议。2010年，美国发布的《国家安全战略报告》中明确指出，美国正在与俄罗斯努力构建更为深入、更为有效的伙伴关系。为此，美俄两国已经签署并致力于批准一项具有里程碑意义的《新削减战略武器条约》，② 显示出双方对减少军备竞赛、增进互信的积极态度。

然而，好景不长，这一"重启"努力并未取得实质性的成果。尽管美国表面上宣称要缓和与俄罗斯的关系，但在实际行动中，却坚持支持俄罗斯

---

① Jeffrey Mankoff, *Russian Foreign Policy: The Return of Great Power Politics*, Rowman & Littlefield, 2009, p.146.

② Barack Obama, *National Security Strategy*, The White House, May 27, 2010, p.3, p.23.

邻国的"主权和领土完整",①这无疑是在向俄罗斯传达一个明确的信息：不要妄图恢复苏联时期的势力范围。这种言行不一的做法,使得美俄关系难以真正得到改善,双方之间的紧张与对立依然持续存在。奥巴马还将"俄罗斯"与"埃博拉""伊斯兰国"一起,并称"世界三大威胁"。② 这充分表明,尽管西方有意寻求与俄罗斯关系的缓和,但双方之间根深蒂固的结构性矛盾决定了这种缓和只能是短暂的、表面的。在深层次上,双方最终还是会不可避免地回到激烈的地缘政治竞争中来。在这一时期,俄罗斯与西方在"后苏联空间"的较量持续不断,呈现出一种胶着状态。欧美并未放慢"双东扩"的步伐,反而进一步将势力范围扩展到俄罗斯的"红线"附近。尤其是西方推动乌克兰加入欧盟的举措,直接触动了俄罗斯的敏感神经,导致 2013 年年底乌克兰危机的爆发。紧接着,在 2014 年 3 月,俄罗斯兼并克里米亚,西方与俄罗斯的关系再次跌入冰点。

这一系列事件充分暴露了西方与俄罗斯之间在地缘政治、经济利益和安全关切等方面的深刻分歧和矛盾。尽管双方都有意愿寻求某种程度的合作与缓和,但在实际操作中难以摆脱历史遗留问题和现实利益冲突的困扰。

三、2014 年至 2020 年

乌克兰危机爆发后,欧美更加坚定了将俄罗斯视为共同威胁的决心,并进一步加强了对俄罗斯的打压措施。欧盟在此背景下的态度相较于之前显得更为强硬,明确要求成员国团结一致,对俄罗斯实施制裁。2014年春,随着动荡局势不断蔓延至乌克兰东部,西方与俄罗斯之间的关系进

---

① Barack Obama, *National Security Strategy*, The White House, May 27, 2010, p. 44.
② 陈丽丹、黄培昭、宦翔、柳玉鹏、候涛：《奥巴马骂 IS 捎上俄罗斯：他们并列世界三大威胁》,环球网,2014-09-26, http://mil.huanqiu.com/world/2014-09/5151678.html.

第二章 欧美与俄罗斯结构性矛盾的激化:欧美对俄政策趋硬

一步恶化。欧美国家对俄罗斯在乌克兰的活动采取了惩罚性制裁措施,以表达对其行为的不满和反对。2014年3月24日,美国及其在八国集团政治论坛上的盟友暂停了俄罗斯的成员资格,以此作为对俄罗斯"闪电吞并"克里米亚的严厉惩罚。同时,他们发出警告,如果俄罗斯对乌克兰的威胁进一步升级,将毫不犹豫地采取更为严厉的制裁措施。① 2014年7月,奥巴马宣布了对俄罗斯主要能源、金融和国防公司的一轮严厉制裁,这一举措无疑加剧了双方之间的紧张氛围。这一年,被普遍认为是冷战结束以来西方与俄罗斯关系最为紧张的一年,甚至有一些学者、政客和媒体将双方的紧张关系形容为"新冷战",突显了双方关系的严峻性。此外,莫斯科与西方之间的裂痕在叙利亚的战略利益冲突中得到了进一步体现。2015年,俄罗斯对巴沙尔·阿萨德(Bashar al-Assad)政权军事行动的支持,无疑加剧了西方与俄罗斯在叙利亚问题上的对立。

欧盟在其2016年发布的《欧盟外交与安全政策的全球战略》中,对与俄罗斯的关系进行了深入剖析。报告强调:"欧盟对俄政策的基石必须始终如一、团结一致。"②这一立场表明,欧盟在面对俄罗斯时,将保持高度的战略一致性和坚定性。同时,报告还指出:"欧盟和俄罗斯之间关系的重大变化是以充分尊重国际法和支撑欧洲安全秩序的各项原则为前提的,这些原则包括《赫尔辛基最后文件》和《巴黎宪章》。""我们不会承认俄罗斯对克里米亚的非法吞并,也不会接受乌克兰东部的不稳定。我们将加强欧盟,增强我们东方邻国的韧性,维护它们自由决定其对欧盟态度的权利。"③这份报告明确指出了欧盟与俄罗斯之间存在的结构性矛盾和地

---

① Alison Smale and Michael D. Shear, "Russia Is Ousted From Group of 8 by U.S. and Allies," *The New York Times*, March 24, 2014, https://www.nytimes.com/2014/03/25/world/europe/obama-russia-crimea.html.
② *Shared Vision, Common Action: A Stronger Europe—A Global Strategy for the European Union's Foreign and Security Policy*, European Council, June 2016, p.33.
③ *Shared Vision, Common Action: A Stronger Europe—A Global Strategy for the European Union's Foreign and Security Policy*, European Council, June 2016, p.33.

缘政治竞争。这些矛盾不仅体现在双方对"后苏联空间"的争夺上,还涉及对国际法和欧洲安全秩序的尊重问题。因此,俄罗斯被视为欧盟在外交和安全政策上需要谨慎应对的重要对手。

2017年1月,特朗普就任美国总统,他的对俄政策表现出一定程度的摇摆不定和内部矛盾。一方面,他的个人言论和姿态有时展现出对与俄罗斯缓和关系的兴趣和乐观态度;另一方面,其政府的实际行动、特别是行政部门和国会中的鹰派力量推动了对俄强硬政策的实施。特朗普政府在其《国家安全战略报告》中将俄罗斯定性为美国的战略竞争对手、修正主义国家、对美国及其盟友的安全威胁,以及意识形态对手。[1] 这意味着美国视俄罗斯为在全球范围内与其争夺影响力、挑战国际秩序、采取网络攻击和干预内政等行为的重要对手。与此同时,欧洲对俄政策呈现既维持严厉经济制裁、强化防务以应对俄罗斯威胁,又在特定议题上寻求对话与合作的复杂态势。欧洲在这一时期努力在保持对俄压力的同时,处理好与美国关系的变化,并试图在维护自身安全利益与经济合作需求之间找到平衡。

第三节 欧美与俄罗斯矛盾激化的原因

如果说20世纪90年代的欧美对俄罗斯的政策尚显温和,那么自2000年起,欧美对俄政策便逐渐展露强硬态势,尤其体现在它们不遗余力地推动北约和欧盟"双东扩",挤压俄罗斯的战略空间上。2001年6月,美国总统小布什在华沙阐述了他对欧洲"完整、自由与和平"的愿景,这标志着北约东扩政策的重大转折。他明确指出,所有欧洲的民主国家,

---

[1] Donald Trump, *National Security Strategy of the United States of America*, The White House, December 18, 2017, p. 25.

第二章　欧美与俄罗斯结构性矛盾的激化：欧美对俄政策趋硬

"无论是波罗的海沿岸,还是黑海之滨,乃至两者之间的所有国家",都应能够加入欧洲的重要机构,特别是北约。[1] 显然,小布什此举意在向莫斯科传递一个清晰而坚定的信息：美国在与俄罗斯的双边关系中,将采取更为强硬、更为务实的态度。北约东扩至波罗的海国家,无疑是在向俄罗斯宣示,华盛顿不会容忍俄罗斯对其所谓的利益范围划定"红线"。这清楚地表明了西方的决心：打消俄罗斯的两个执念,一是俄罗斯无权否决任何国家的安全选择,不论其地理位置如何；二是西方绝不接受波罗的海国家（或任何其他原苏联加盟共和国）被视为俄罗斯势力范围的一部分。[2]

　　西方的战略追求与俄罗斯的战略意图不可避免地产生了激烈碰撞。自普京执政以来,掌控新欧亚地区——这片从波罗的海至太平洋的辽阔疆土——始终是他重振俄罗斯大国雄风这一核心目标的关键一环。俄罗斯深信,凭借与该地区国家共享的历史、语言和文化纽带,它在此享有特殊的权益与尊重。俄外交部长拉夫罗夫更是将此视为后苏联时代的"文明共性"。俄罗斯的国家认同在空间维度上早已超越了现有俄罗斯联邦的边界,延伸至昔日苏联的疆域（波罗的海国家除外）。[3] 在俄罗斯的语境中,"近邻"一词被用来指代其他原苏联加盟共和国,这意味着与这些国家的关系应不同于与"远方"大国的交往。出于安全考量,俄罗斯将"后苏联空间"视为自身防御体系的重要组成部分,坚称必须掌控这些国家所在的战略要地。因此,它们不应加入那些被视为对俄罗斯核心利益构成威

---

[1] Cited in Stanley R. Sloan, *NATO, the European Union, and the Atlantic Community: The Transatlantic Bargain Reconsidered*, Rowman & Littlefield Publishers, 2002, p. 156.

[2] Dušica Lazarević, "NATO Enlargement to Ukraine and Georgia: Old Wine in New Bottles?" *Connections*, Vol. 9, No. 1, Winter 2009, p. 43.

[3] Gerard Toal, *Near Abroad: Putin, the West, and the Contest over Ukraine and the Caucasus*, New York: Oxford University Press, 2016, p. 34.

胁的西方安全组织,特别是北约。① 值得注意的是,俄罗斯对波罗的海国家的态度有所区别。尽管俄罗斯对它们加入北约感到不满,但克里姆林宫对这些国家的态度相较于其他苏联加盟共和国有所不同,原因在于波罗的海国家是在1940年才被并入苏联版图的。

一、欧美与俄罗斯的结构性矛盾无法调和

为什么在20世纪90年代欧美与俄罗斯都做出努力后,俄罗斯仍然无法融入西方或者说西方吸纳不了俄罗斯,反而使双方矛盾进一步激化,从而欧美选择共同压制俄罗斯？深究其中缘由,欧美与俄罗斯之间的结构性矛盾是双方难以回避且难以消解的问题。2000年以来,这种结构性矛盾在地缘战略层面表现得尤为突出,双方展现出愈发强烈的相互排斥态势。俄罗斯坚决捍卫其大国地位与国家安全,与欧美在"后苏联空间"不断扩张势力范围的企图形成了鲜明对立。这种地缘战略上的相互排斥,实际上是欧美与俄罗斯之间一场激烈的地缘政治竞争。随着俄罗斯自20世纪90年代的低谷中逐渐复苏,其恢复昔日大国荣光的决心和努力也日益增强。不仅俄罗斯的近邻国家,就连中西欧的大部分国家也都在忧虑自己对俄罗斯油气资源的过度依赖。普京领导下的俄罗斯强势回归,无疑引发了欧盟和美国对俄罗斯的重新审视,以及对俄政策的相应调整。

欧美与俄罗斯之间的结构性矛盾还深深植根于双方的不信任和历史恩怨之中,这种惯性使得双方的紧张关系难以缓解。回顾历史,美国与苏联长达近半个世纪的冷战,是一场零和博弈,双方展开了激烈的军备竞赛和遍布世界各地的"代理人战争",成为二战后国际关系的主要脉络。两

---

① Angela Stent, *Putin's World: Russia Against the West and with the Rest*, New York: Twelve, 2019, Chapter 5.

第二章 欧美与俄罗斯结构性矛盾的激化:欧美对俄政策趋硬

大对立的军事阵营互不相让,均以战胜对方为战略目标。尽管苏联的解体标志着西方在冷战中的胜利,但欧美并未因此以"历史的终结"为由放松对俄罗斯的战略挤压。在西方人看来,俄罗斯在历史中鲜有接受领土丧失的先例,反而充满领土扩张的记载。俄罗斯缺乏明确的自然边界,使其容易受到来自南部、东部和西部的潜在威胁,因此,对于俄罗斯而言,安全往往意味着防御性的扩张。这种扩张性的安全观使得俄罗斯会周期性地经历收缩——可能由于外国入侵或国内动荡——但随后它总会恢复实力,并再次"聚拢周围的土地"。① 在西方世界看来,俄罗斯人的"超级大国心理"和"帝国情结"仍然根深蒂固、难以割舍。正是俄罗斯人那种令人望而生畏的"帝国意识"及远大的"历史抱负"促使西方国家不断加大对俄的挤压与削弱力度。只要俄不能在"帝国"问题上打消欧洲国家的疑惧,欧洲国家特别是原苏联地区的中东欧国家就不会消除对它的防范心理,从而不断为北约东扩提供原动力。② 因此,欧美对俄罗斯的担忧和警惕不仅源于冷战时期的积怨,更在于对俄罗斯历史上领土扩张行为的深刻记忆,导致欧美从根上不信任俄罗斯,这使得双方的结构性矛盾更加复杂且难以调和。

欧美与俄罗斯之间的结构性矛盾,构成了欧美共同选择压制、对抗俄罗斯的核心动因。这种矛盾本质上是以美国为首的既有国际秩序维护者与以俄罗斯为代表的所谓新秩序挑战者之间的深刻对立。冷战结束后,实力大幅减弱的俄罗斯被排斥在欧洲大陆关键的经济和安全机构之外,沦为世界舞台上的"边缘角色"。对于世界上大多数国家而言,这种边缘地位或许是一种常态,但就俄罗斯而言,却是一种全新且令人不安的体验。这种昔日大国被边缘化的境况,使得俄罗斯在国际体系中被视为一

---

① Angela Stent, *Putin's World: Russia Against the West and with the Rest*, New York: Twelve, 2019.
② 黄登学:《俄罗斯与北约关系:问题与前景》,《现代国际关系》2010 年第 9 期,第 43 页。

个不稳定的因素。欧美国家深感忧虑,担心俄罗斯可能会"采取过激行动,试图恢复其自认为合法的地位"。①

因此,自2000年以来,在安全领域,欧美国家普遍将俄罗斯视为巨大的威胁,其防范俄罗斯的意图明确且战略上高度一致。美欧双方对北约东扩和欧盟东扩的战略意义有基本相同的认识,均视其为维护自身安全利益、巩固西方主导的国际秩序的重要手段。同时,欧洲在安全问题上对美国的依赖显著,这也是美国能够影响欧洲对俄政策的重要原因之一。在安全议题上,欧盟更多地考虑跨大西洋同盟的团结与稳固,正如安德烈·卡赞塞夫(Andrey Kazantsev)和理查德·萨克瓦(Richard Sakwa)所深刻分析的那样,欧盟的对俄政策"无法独立于欧美关系和美俄关系之外来考虑",②它们之间存在着紧密而复杂的相互关联。尽管欧美之间也存在一定的矛盾和分歧,但两者在"联手防俄"的利益上达成了共识,认为这种合作具有长期的必要性。欧盟被视为美国推进"遏俄""弱俄"战略的关键盟友。③ 有些美国政客甚至秉持现实主义零和原则,认为"俄罗斯变得越羸弱,美国就变得越安全"。④ 然而,俄罗斯的发展并未如美国所愿,其成为世界大国的雄心壮志更是美国难以控制的。因此,美国对俄罗斯的认知发生了深刻转变,坚定了对俄遏制政策的决心。在欧美眼中,普京领导下的俄罗斯似乎重蹈"专制独裁"的覆辙,对邻国展现出咄咄逼人的

---

① Peter Rutland, "Still Out in the Cold? Russia's Place in a Globalizing World," *Communist and Post-Communist Studies*, Volume 45, Issues 3-4, 2012, p. 344.

② Andrey Kazantsev and Richard Sakwa, "New 'Dividing Lines' in Europe: a Crisis of Trust in European-Russian Relations," *Communist and Post-Communist Studies*, Volume 45, Issues 3-4, 2012, p. 293.

③ 李兴、刘军等:《俄美博弈的国内政治分析》,北京:时事出版社,2011年,第331页。

④ 詹姆斯·M.戈德盖尔、迈克尔·麦克福尔:《权力与意图:后冷战时期美国对俄罗斯政策》,徐洪峰译,北京:社会科学文献出版社,2017年,第49页。

第二章　欧美与俄罗斯结构性矛盾的激化：欧美对俄政策趋硬

进攻态势,使得普京治下的俄罗斯成为"反自由""反西方"的象征。①

二、"双东扩"与地缘政治博弈的强化

　　欧美对俄政策一致性的显著体现之一,便是共同推动北约与欧盟的东扩进程。然而,在深入研究"双东扩"的地缘政治意义时,多数成果往往将两者分开探讨,过分强调它们性质上的不同,却忽视了它们在地缘政治目标上的高度一致性,即欧美联手挤压俄罗斯的战略空间,争夺"后苏联空间"的势力范围。若非要区分北约东扩与欧盟东扩的意义,那么两者间最关键的差异在于美国在这两个进程中所扮演的角色。北约东扩不仅确保了美国与欧洲大陆之间的广泛联系,还确保了美国最大化的战略利益,而欧盟东扩虽然也得到了美国的支持,但美国在这个过程中的角色相对间接。美国前国务卿奥尔布赖特曾指出,北约与欧盟的不同之处在于,北约作为一个跨大西洋组织,能够确保统一的欧洲与北美之间保持最为牢固的关系。② 北约东扩与欧盟东扩展现了高度的配合性与共生性,两者在功能上相互补充。北约凭借其强大的安全防务能力吸引中东欧国家,而欧盟则将经济发展方面的承诺作为"诱饵"。欧美联手打出的这套"组合拳"对俄罗斯造成了沉重打击,使俄罗斯在地缘政治竞争中陷入被动境地。北约、欧盟"双东扩"不仅将西欧的安全防线推进至俄罗斯的边界,还为阻止俄罗斯崛起、对大西洋两岸构成威胁构建了战略纵深和缓冲地带,③彻底摧毁了俄罗斯抵御西方战略围堵的所有安全屏障,使其永远失

---

① Vladislav Zubok, "Russia and the West: Twenty Difficult Years," in Geir Lundestad ed., *International Relations Since the End of the Cold War: New and Old Dimensions*, Oxford University Press, 2013, p. 221.

② 梅孜编著:《美俄关系大事实录:1991—2001年》,北京:时事出版社,2002年,第508页。

③ 易文彬:《欧盟东扩的安全因素分析》,北京:社会科学文献出版社,2013年,第59页。

去了与西方抗衡的势力范围和地缘优势。①

　　北约为自己在冷战结束后不仅没有解散,反而持续扩大找到了诸多看似高尚的理由,诸如强化跨大西洋的紧密关系、"推广民主"、维护欧洲地区的稳定,以及应对未来可能出现的挑战等。然而,在这些华丽辞藻的背后,包围并遏制俄罗斯无疑是北约继续存在并不断扩张最为核心的原因。在李兴、刘军等学者的洞察中,北约东扩的主要动因可归结为两点:首先,它抓住俄罗斯实力衰退和中东欧地区权力真空的机遇,通过扩大美国在欧洲的军事存在,将中东欧这一具有重要战略意义的区域纳入其势力范围,从而巩固并扩大美国的国际影响力;其次,它旨在对俄罗斯实施新一轮的战略包围,遏制并延缓其复兴进程,防止其再次对美国的权势构成挑战。②还有学者认为,地缘政治在北约的形成与扩张过程中占据举足轻重的地位。若将麦金德的"中心地带"理论运用于北约东扩的进程中,不难发现,东欧那些地理位置关键、战略意义重要的领土,如果尚未被北约吸纳,那么会成为俄罗斯与西方之间纷争不断、争议频发的主要矛盾。③

　　北约最初的设计就是为了应对俄罗斯的前身——苏联的威胁。北约成立之初,首任秘书长黑斯廷斯·伊斯梅勋爵(Lord Hastings Ismay)将北约的集体防御目的总结为三点:"把俄国人挡在门外,让美国人留下,限制德国人。"④在西德于1955年加入北约后,第三点改变了。从一开始,北约的目的就很明显,既要阻止苏联可能对欧洲发动的任何攻击,又要让西欧放心,美国将会保护它们。"把俄国人挡在门外"是北约70多年始终

---

① 赵鸣文:《普京大外交:面向21世纪的俄罗斯对外战略:1999—2017》,北京:人民出版社、研究出版社,2018年,第340页。

② 李兴、刘军等:《俄美博弈的国内政治分析》,北京:时事出版社,2011年,第213页。

③ Dušica Lazarević, "NATO Enlargement to Ukraine and Georgia: Old Wine in New Bottles?" Connections, Vol. 9, No. 1, Winter 2009, p. 36.

④ "Origins: NATO LEADERS," NATO Declassified, https://www.nato.int/cps/us/natohq/declassified_137930.htm.

第二章　欧美与俄罗斯结构性矛盾的激化:欧美对俄政策趋硬

未变的首要目标,无论是面对过去的苏联还是如今的俄罗斯。可以说,俄罗斯是北约的"旧敌人",同时也是"新威胁"。北约把俄罗斯视为"新威胁"的缘由在于,近年来在普京的领导下,俄罗斯展现出极其"强势"的姿态。面对美欧地缘政治上的不断挤压,俄罗斯总是以"迅雷不及掩耳之势"进行坚决而强硬的回击,并开始逐渐"挤压"北约的东部边界。随着俄罗斯与西方在地缘政治竞争中的结构性矛盾日益激化,美欧对俄罗斯作为"新威胁"的认知也愈发趋于一致。

　　面对东欧地区出现的权力真空,欧盟迅速抓住这一有利时机,积极推动扩大进程。1993 年,欧洲共同体正式更名为"欧洲联盟",标志着欧盟的新时代的开始,并继续推进扩大计划。1995 年欧盟东扩至芬兰,2004 年扩大到波罗的海国家,使欧盟的边界直接与俄罗斯、白俄罗斯及乌克兰接壤。2007 年保加利亚和罗马尼亚的加入更是将欧盟推进到与黑海、格鲁吉亚、亚美尼亚和阿塞拜疆等外高加索国家隔海相望。由于这些地区经济发展落后、政治环境不稳定,而且是传统的俄罗斯势力范围,波兰等新加入欧盟的东欧国家忧心忡忡,担心自己成为欧盟和俄罗斯两大集团之间的分界线。于是波兰在 2007 年年底提出"东部伙伴关系"草案,希望将乌克兰、白俄罗斯和摩尔多瓦推向"前线"。该草案得到了瑞典的支持,两国联手在 2008 年 5 月的欧盟外交总务会议上建议发起"东部伙伴关系"行动,并在同年 6 月的欧盟首脑会议上得到了批准。最终在 2009 年 5 月布拉格东部伙伴峰会上,欧盟与乌克兰、白俄罗斯、摩尔多瓦、格鲁吉亚、亚美尼亚和阿塞拜疆这 6 个欧亚国家签署了《东部伙伴关系宣言》,至此东部伙伴关系正式启动。[①] 到 2013 年 7 月 1 日克罗地亚正式加入欧盟为止,欧盟成员国数量增至 28 个。面对俄罗斯的潜在威胁,欧盟选择进一步壮大自身实力,以增强对俄罗斯的制衡能力。同时,欧盟积极寻求更广泛的联盟支持,将中东欧国家吸纳为成员国,从而在欧洲中心地带与

---

① 刘军、毕洪业等:《俄欧关系与中国欧亚战略》,北京:时事出版社,2015 年,第 197 页。

俄罗斯之间构建起一个广阔的缓冲地带。这一举措旨在将俄罗斯排除在欧洲一体化制度之外，实现对俄罗斯的包围与孤立，进而遏制其经济复苏的势头。在欧盟的视野中，俄罗斯始终被视为一个"他者"①，这一建构主义概念下的身份界定表明，传统欧洲国家并未真正认同和接纳俄罗斯。在欧盟的扩大进程中，俄罗斯也从未被纳入考虑范畴。

欧美将俄罗斯视为共同的安全威胁，希望通过扩大北约和欧盟，获取地缘战略优势，包围、遏制俄罗斯，将俄罗斯恢复苏联时期势力范围的可能性扼杀在摇篮里。北约和欧盟的扩张极大地改变了俄罗斯的安全环境，加剧了俄罗斯的不安和焦虑，迫使俄罗斯进行反击。欧盟、北约"双东扩"，特别是北约东扩，很大程度上要为俄罗斯与西方关系的恶化负责，这一观点得到了绝大多数俄罗斯学者和部分西方学者（如米尔斯海默②）的认同。

第四节　欧美政策趋硬对俄罗斯产生的影响

如果说 20 世纪 90 年代，俄罗斯一度被西方世界的"西化之风"迷惑，误以为美国和欧洲会真心实意地向其伸出援手，助力其经济复苏并转型为一个民主化的强国，将俄罗斯视为平等的合作伙伴。那么，进入 21 世纪以来，面对西方种种承诺落空和其对俄罗斯战略空间的不断挤压，俄罗斯才如梦初醒，对欧美的真实意图产生了深刻的质疑。诸如北约持续数轮的扩张、对常规力量限制的拒绝，以及将俄罗斯视为威胁的其他能力，如弹道导弹防御系统的发展等因素，让众多俄罗斯精英逐渐认识到，即便

---

① 建构主义将属于不同身份和认同的群体界定为"我们"和"他者"。
② John J. Mearsheimer, "Why the Ukraine Crisis Is the West's Fault," *Foreign Affairs*, Vol. 93 No. 5, September/October 2014, pp. 1 - 12.

第二章 欧美与俄罗斯结构性矛盾的激化：欧美对俄政策趋硬

北约未必会对俄罗斯发动直接攻击，欧美所追求的广泛目标显然与俄罗斯的安全利益背道而驰，因此必须采取更为积极的抵制措施。俄罗斯深感其大国尊严受到了严重的践踏，西方从未真正将俄罗斯视作一个平等的伙伴。在普京的领导下，俄罗斯不再愿意接受十几年前的"休克疗法"所灌输的西方理念，而是决心走自己的强国之路，制定了一系列以最大限度确保国家利益为目标的对外政策。[1] 特别是自2003年起，俄罗斯开始强烈反对西方尤其是美国的行动。在那一年，普京公开对美国入侵伊拉克表示批评。这一行为的时空背景非常关键，因为2003年正值欧洲（特别是东欧）发生重大地缘政治变革之时。北约和欧盟——被克里姆林宫视作美国的棋子——正忙于推进其东扩计划（2004年尤为关键），吸纳了多个曾经属于苏联势力范围的国家。[2] 在这样的背景下，普京领导下的俄罗斯开始展现出更为强烈的反美、反西方立场，态度变得愈发强硬，并采取了相应的惩罚性措施，比如在2004年和2007年制造乌克兰的天然气危机，2008年与格鲁吉亚爆发了短暂冲突。[3]

欧盟的东扩引起了俄罗斯的警觉。尽管一些分析家认为，与北约的扩张相比，俄罗斯可能会对欧盟的扩张持更为宽容的态度，但实际情况并非如此。俄罗斯不仅强烈反对北约的东扩，而且对欧盟的东扩也极度反感，尤其是这两者扩展到原先的苏联加盟共和国和曾经属于苏联影响范围的地区时。正如俄罗斯《新消息报》2004年5月26日发表的梅赫曼·加法尔雷的文章所指出的，"欧盟扩大使俄罗斯在原苏联地区面临了一个新对手，欧盟东扩比北约东扩对俄罗斯的威胁更大，因为欧盟东扩使布鲁

---

[1] 冯康波、王勇编选：《谁主沉浮：2005世界政治经济年报》，兰州：兰州大学出版社，2005年，第175页。

[2] D. Averre, "Competing Rationalities: Russia, the EU and the 'Shared Neighbourhood'," *Europe-Asia Studies*, 61(10), 2009, 1689-1713.

[3] A. P. Tsygankov, M. Tarver-Wahlquist, Duelling Honors: Power, Identity and the Russia-Georgia Divide, *Foreign Policy Analysis*, 5(4), 2009, 307-326.

塞尔拥有了影响独联体国家的新杠杆"。① 随着欧盟不断扩张并增长其安全野心,它寻求建立统一的欧洲安全与防务政策(ESDP)和共同外交政策(CFP),这意味着莫斯科必须面对一个新的、至少是潜在的强大安全行动者在其边界上出现的情况。② 因此,欧盟的扩张及新的安全角色的产生令俄罗斯感到不安,并加深了其对欧盟的反感。

  北约的东扩加剧了俄罗斯对西方的敌意。据解密文件显示,布什政府和克林顿政府都曾反复向戈尔巴乔夫和叶利钦保证,北约不会向东扩张。③ 从俄罗斯的角度来看,北约是美国和西欧国家在冷战期间为平衡苏联力量而建立的军事联盟,由于新生的俄罗斯不再是美欧的威胁,而是合作伙伴,北约没有理由继续扩大。一些美国的政治家和战略家也曾指出,美国的北约东扩政策可能是一个错误。20 世纪 90 年代至 21 世纪初,北约扩张并无实际危险,却激发了俄罗斯维护其势力范围的决心。乔治·凯南曾警告称,北约东扩将是一个"可能具有史诗规模的战略错误",也是"美国在后冷战时代政策中最致命的错误"。布什总统和奥巴马政府的国防部长罗伯特·盖茨(Robert Gates)都曾表示,"推进北约东扩……恶化了美国和俄罗斯之间的关系"。④ 尽管有战略家和政治家的提醒,美国仍继续将北约扩张至原苏联加盟共和国,逼近俄罗斯边界。普京坚持认为,俄罗斯的"近邻"是俄罗斯的势力范围,战略地位至关重要。⑤ 美国

---

  ① 《俄罗斯新消息报:欧盟东扩比北约东扩威胁更大》2004 年 05 月 27 日,http://news.sina.com.cn/w/2004-05-27/03512637068s.shtml。
  ② Dov Lynch, "Russia's Strategic Partnership with Europe," *The Washington Quarterly*, Spring 2004, Vol. 27, No. 2, p. 100.
  ③ Branko Marcetic, "The Mysteriously Vanished NATO Critique," July 16, 2018, https://www.jacobinmag.com/2018/07/nato-donald-trump-putin-cold-war.
  ④ Branko Marcetic, "The Mysteriously Vanished NATO Critique," July 16, 2018, https://www.jacobinmag.com/2018/07/nato-donald-trump-putin-cold-war.
  ⑤ Steven Erlanger, "The World; Learning to Fear Putin's Gaze," *New York Times*, February 25, 2001, https://www.nytimes.com/2001/02/25/weekinreview/the-world-learning-to-fear-putin-s-gaze.html.

第二章　欧美与俄罗斯结构性矛盾的激化:欧美对俄政策趋硬

对包括格鲁吉亚和乌克兰在内的俄近邻国家进行干涉并在俄边境附近部署美国的导弹防御系统,是对俄罗斯地缘安全的威胁。

俄罗斯一再明确反对北约东扩,认为其威胁自身安全并可能导致欧洲重陷分裂。尽管如此,美国的冷战胜利者心态使其忽略了俄方立场,理所当然地认为西方在推动自身政治利益过程中无需考虑俄罗斯的感受。① 俄罗斯深知北约东扩意在限制其战略空间,"在欧洲重新筑起遏制俄罗斯的冷战藩篱"。② 自 2007 年起,俄精英特别是普京对北约的态度更趋强硬,甚至动用武力抵抗,如俄格冲突所示。对俄而言,与西方合作的吸引力减弱,而忽视俄利益的危险性增加。2007 年 2 月,普京在慕尼黑安全会议上批评单极世界秩序,预示多极化趋势,并强调俄将在国际社会中扮演关键角色。俄外交政策由此更为强势,与欧美竞争加剧。《2020 年前俄罗斯国家安全战略》表明:"北约向俄罗斯边界推进军事基础设施的计划及赋予自身有悖于国际法准则的全球职能的意图是俄罗斯所无法接受的,这仍是俄罗斯与北约关系的决定性因素。"③在普京领导下,俄罗斯加大对中东欧国家的影响和压力,竭力阻挠北约东扩。

在这场紧张的地缘政治博弈中,欧美与俄罗斯的关系不断恶化。欧美的持续施压促使俄罗斯以坚决手段反击,这反过来又加深了欧美对俄罗斯威胁的担忧,导致它们采取应对措施。对于北约成员国而言,北约的存在与扩大在某种程度上变得合理,因为这有助于它们管理由此带来的安全威胁。前华沙条约组织成员国和波罗的海国家纷纷加入北约,旨在增强自身的安全保障。然而,这一举动却给俄罗斯制造了一个安全困境,进一步加剧了地区紧张局势,实际上损害了所有国家的安全利益。罗伯

---

①　赵鸣文:《普京大外交:面向 21 世纪的俄罗斯对外战略 1999—2017》,北京:人民出版社,2018 年,第 335 页。
②　许海云:《北约简史》,北京:中国人民大学出版社,2005 年,第 282 页。
③　Стратегия национальной безопасности Российской Федерации до 2020 года, 13 мая 2009 года, http://kremlin.ru/supplement/424.

特·杰维斯(Robert Jervis)认为,安全困境的本质在于一个国家为增强自身安全所采取的措施,往往会被其他国家视为具有进攻性而非防御性,从而引发连锁反应。其他国家为应对这种"威胁",也会采取相应的安全措施,最终导致各方都陷入不安全感之中。[1] 北约的扩大正是这一地缘政治悖论的生动体现:它的存在和扩张初衷是为了应对潜在的安全风险,然而,这一过程中不可避免地引发了一系列新的冲突和紧张局势,使得整个地区的安全局势变得更加复杂和脆弱。[2]

本章小结

冷战结束后,欧美对俄罗斯的认知与政策确实经历了一系列复杂的变化和调整。在20世纪90年代初期,面对新生的俄罗斯,欧美曾一度抱有同情与期待,然而这种理想主义的情绪很快就被现实打破,它们逐渐认识到,俄罗斯并非一个可以轻易融入西方体系的国家,而是一个拥有独立意志和强大实力的地缘政治力量。因此,欧美开始更加谨慎地对待俄罗斯,同时也加强了对其的防范与打压。美欧通过推动北约和欧盟的东扩,希望构建一个更大、更安全的欧洲,以填补俄罗斯与欧盟之间蕴含潜在不稳定因素的地缘政治区域。然而,俄罗斯对"双东扩"尤其是北约东扩强烈反对并予以坚决回击。这种对立与分歧逐渐加剧了双方之间的紧张关系,使得俄罗斯一步步被孤立,重新成为欧美的潜在敌人和竞争对手。

欧美与俄罗斯之间的结构性矛盾是双方矛盾不断升级的核心根源。这种结构性矛盾表现在欧美和俄罗斯在"后苏联地区"都拥有重大利益,

---

[1] Robert Jervis, "Cooperation under the Security Dilemma," *World Politics*, Vol. 30, No. 2 (Jan. 1978), pp. 169 - 170.

[2] Richard Sakwa, *Frontline Ukraine: Crisis in the Borderlands*, London: I. B. Tauris, 2015, p. 4.

第二章　欧美与俄罗斯结构性矛盾的激化:欧美对俄政策趋硬

但这些利益往往是相互对立的,呈现"零和"的竞争态势——一方的得益往往以另一方的损失为代价。20世纪90年代,由于俄罗斯国力的相对衰弱,无法有效挑战欧美在"后苏联地区"的主导地位,同时俄罗斯领导层推行了"亲西方"的政策,这种结构性矛盾在冷战结束后的初期并未明确显现。然而,随着俄罗斯实力的逐渐恢复,俄罗斯的野心尤其是在寻求恢复苏联时期的势力范围方面,开始与欧美的战略利益发生碰撞。相应地,欧美对俄政策逐渐转向强硬立场,这在很大程度上是不可避免的。欧美与俄罗斯的矛盾逐步激化,并在近年来达到高潮,导致包括俄格冲突和乌克兰危机在内的一系列矛盾爆发。

第三章
欧美对俄政策特征的差异

正如上一章所述,欧美与俄罗斯之间的结构性矛盾是欧美选择共同压制俄罗斯的原因,体现了欧美对俄政策"同"的方面,那么,本章所要探讨的是欧美对俄政策"异"的地方。二战结束之后,美欧之间长期存在着结构性矛盾,即美强欧弱的权势不均衡的等级结构,其在冷战的背景下表现为外交和战略上的美主欧从,而欧洲国家独立自主的诉求和行为取向决定了美欧之间的分歧和纷争不断,其重要表现之一就是对俄问题上的不同看法。实际上,早在20世纪70年代,美国的欧洲盟友对苏联就有着不同的看法和政策。西欧国家一方面担心美国和苏联会串通一气,牺牲西欧;另一方面又担心美苏的冲突对抗升级,牵连西欧。不管是哪种担心,西欧都愿意通过安抚苏联的政策来化解。如果担心被盟友抛弃,选择安抚苏联可以保护自己的利益,增加与美国讨价还价的筹码,从与苏联改善关系中获益;如果担心被牵连,安抚苏联可以制止美国的不妥协,在超级大国的对抗中保持自己与苏联的良好关系,调节整个联盟的立场,减小激怒苏联的风险。[①] 冷战后,这种不对等的结构延续了下来,欧洲国家对

---

① Glenn H. Snyder, "The Security Dilemma in Alliance Police," *World Politics*, Vol. 36, No. 4, July 1984, p. 487.

第三章　欧美对俄政策特征的差异

美国的这种担心没有减弱,反而随着欧美之间矛盾的增多而加强。随着欧洲一体化的不断推进,欧盟追求成为多极世界中的重要一极,提高自身国际地位和影响力的意愿和行动能力日益增强,想以更加独立的姿态跻身世界强国之列。而现实总是那么不尽如人意,美国一方面支持欧洲一体化的发展,另一方面打压欧盟的离心倾向,力图影响欧洲事务,要求欧洲盟友在国际问题上给予美国足够的支持,尤其在制裁俄罗斯问题上。欧美同盟内部结构的不合理导致二者矛盾长期存在,也是欧美日后发生龃龉的根源所在。

与美国相比,欧盟虽也将俄罗斯看作威胁,但并不是非要将俄罗斯置于死地,相反,与一个安分的俄罗斯和平共存才是符合欧盟利益的选择。冯仲平评价道:"与美国矮化、妖魔化俄,并高调反俄相比,欧洲国家倾向于就事论事。"[①]从历史的长河来看,欧洲的主要大国在诸多议题上往往倾向于与俄罗斯携手合作,特别是德俄关系历史悠久且密切。相对而言,美国对俄罗斯的打压则显得尤为频繁和持续,这很大程度上源于美国历史上对俄罗斯持有的更为强烈的反感情绪,它的这种情绪甚至比法国、德国和英国的还要强烈。[②] 而欧盟对俄罗斯的制裁则显得更为审慎和有针对性,往往只在俄罗斯触及欧盟的核心利益时,欧盟才会采取相应行动。有学者指出,欧盟和美国领导人在对俄问题上的最大失误在于,他们不愿或缺乏创新性来想出一个共同的跨大西洋策略。相反,他们放任各成员国政府单独与莫斯科进行交涉。[③] 这种做法不仅削弱了西方阵营的团结及其行动一致性,也给俄罗斯提供了利用这一分歧的机会。

[①] 冯仲平:《当前欧美矛盾及其影响》,《当代世界》2015 年第 7 期,第 7 页。
[②] Xenia Wickett, *Transatlantic Relations: Converging or Diverging?* Chatham House Report, The Royal Institute of International Affairs, 2018, p. 18.
[③] Kjell Engelbrekt and Bertil Nygren, "A Reassertive Russia and an Expand European Union," in Kjell Engelbrekt and Bertil Nygren eds., *Russia and Europe: Building Bridges, Digging Trenches*, New York: Routledge, 2010, p. 8.

第一节 "软制衡":欧盟对俄政策选择

欧盟的外交政策传统上主要基于两种以欧盟为中心(EU-centric)的理论,即制度主义(institutionalism)和政府间主义(intergovernmentalism)。制度主义理论认为,欧盟代表着一个"国家共同体"(community of states),其超国家机构的性质对外交政策的结果产生了深远影响。[1] 根据这一观点,欧盟委员会有权力和能力推动成员国做出在纯粹的政府间环境中可能不会做出的决策。而政府间主义理论则将欧盟视为一个"论坛"(forum),成员国在此论坛上为各自的国家利益和偏好而战略性地进行竞争。[2] 这种观点认为,由于欧盟内部的超国家机构拥有有限的自主权和影响力,欧盟的外交政策往往表现为成员国之间国家利益竞争的产物。因此,有观点认为,在超国家层面,欧盟缺乏适度的政策一致性。[3] 在实践层面,欧盟成员国在处理与俄罗斯的关系时,可以选择两条路线——欧盟路线和双边路线。有学者指出,这两条路线并不相互排斥,"成员国在与俄罗斯打交道时,往往两种路线并用"。[4]

---

[1] Daniel C. Thomas, "Explaining the negotiation of EU foreign policy: normative institutionalism and alternative approaches," *International Politics*, Volume 46, Issue 4, July 2009, pp. 339-357.

[2] Daniel C. Thomas and Ben Tonra, "To What Ends EU Foreign Policy? Contending Approaches to the Union's Diplomatic Objectives and Representation," *The Hague Journal of Diplomacy*, Vol. 7, No. 1, p. 11, January 2012, pp. 11-29.

[3] Annegret Bendiek, "European Realism in the EU's Common Foreign and Security Policy," in Paul James Cardwell ed., *EU External Relations Law and Policy in the Post-Lisbon Era*, The Hague: Asser Press, 2012, pp. 35-57.

[4] Anke Uta Schmidt-Felzmann, *With or Without the EU? Understanding EU Member States' Motivations for Dealing with Russia at the European or the National Level*, Doctoral thesis, University of Glasgow, 2011, p. 1.

第三章　欧美对俄政策特征的差异

在这两种外交路线选择的基础上，欧盟的对俄外交行为有一定的局限性，不能像美国一样放开手脚，所以其在对俄政策上表现出来的特征是一种"软制衡"。国家在国际政治中的行为常常出于无奈，正如李兴、刘军等学者所指出，一国的对外政策"不是追求解决'应该怎样'和'要怎样'这样带有价值判断的问题，而是要解决在无政府状态和权力政治的国际政治现状中'能怎样'的实际问题"。[①] 尽管欧盟也怀有成为像美国那样具备全球影响力的行为体的愿望，但由于实力限制和内部分歧，现实中欧盟更多作为地区性力量对周边邻国施加影响。作为地区性权力中心，欧盟必须妥善处理与另一个相邻地区性权力中心——俄罗斯的关系，以确保自身的安全和地区的稳定。

一、欧盟对俄"软制衡"政策的选择

欧亚大陆存在太多有实力的国家，它们"为了维护自身的生存与地位，会倾向于合力阻止某个国家成为地区霸权国，它们对野心更大、实力更雄厚的国家进行制衡"。[②] 尤其是欧洲诸国，地理位置决定了它们会联手制衡日益复苏的俄罗斯。对欧盟来说，俄罗斯是一个庞大的邻国，处理与俄罗斯的关系"即使不是欧洲外交政策的核心任务，也是最重要的"。俄罗斯有着巨大的潜力，无论是带来伤害还是机遇，它都是一个关键因素。没有俄罗斯，欧洲的任何安全问题都无法得到解决。[③] 如果说20世纪90年代欧共体/欧盟对俄罗斯抱有一种宽容性接纳的态度，那么2000

[①] 李兴、刘军等：《俄美博弈的国内政治分析》，北京：时事出版社，2011年，第212—213页。

[②] 巴里·波森：《克制：美国大战略的新基础》，曲丹译，北京：社会科学文献出版社，2016年，第112页。

[③] Manfred Huterer, *The Russia Factor in Transatlantic Relations and New Opportunities for U.S.-EU-Russia Cooperation*, Foreign Policy at Brookings, May 2010, p. 6.

年以来,"欧盟内部的政治生态已经发生很大改变,其对俄罗斯的态度越来越带有排斥性"。①

俄罗斯对于欧洲国家来说,无疑是一个充满威胁的庞大存在。从物质层面来看,俄罗斯拥有辽阔的国土面积、丰富的自然资源,以及核武器等强大的军事力量。而从观念层面来说,俄罗斯的意图常常显得难以捉摸,在欧洲人眼中,俄罗斯并非一个遵循民主原则、行事理性的国家,这使得欧洲国家在与俄罗斯的交往中始终保持着警惕和距离。此外,许多欧洲国家与俄罗斯在地理上相邻,历史上也存在着一些未解的嫌隙。这些因素使得欧洲国家更加担心,一旦俄罗斯的意图发生变化,可能会给自身带来严重的安全威胁。因此,出于对自身安全的考虑,欧洲国家普遍希望能够压制俄罗斯。

本书认为,2000年以来,在手段选择上,欧洲国家对俄采取了"软制衡"的政策,即避免与俄直接对抗,运用非军事手段限制俄罗斯的权力和行动,达到制衡的效果。考虑到"软制衡"通常被视为相对弱小的行为体面对全球或地区霸权所采取的战略,而欧盟是多极世界中重要的一极,欧盟的"软制衡"行为可能会令人费解。通过对欧盟和俄罗斯的能源资源进行粗略的比较,不难发现,其实制衡俄罗斯对欧盟来说是比较容易的,即二者之间的物质平衡在很大程度上是对欧盟有利的。通过对比2000年至2020年欧盟国内生产总值与俄罗斯国内生产总值可以发现,前者远远高于后者,在有的年份甚至超过美国国内生产总值(见图1)。即使欧盟军费开支占国内生产总值的百分比没有俄罗斯高(见图2),但其军费开支的绝对数值仍远高于俄罗斯的军费开支(见图3)。

---

① 陈新明:《合作与冲突:2000年以来俄罗斯与欧盟关系》,北京:中国社会科学出版社,2018年,第64页。

第三章 欧美对俄政策特征的差异

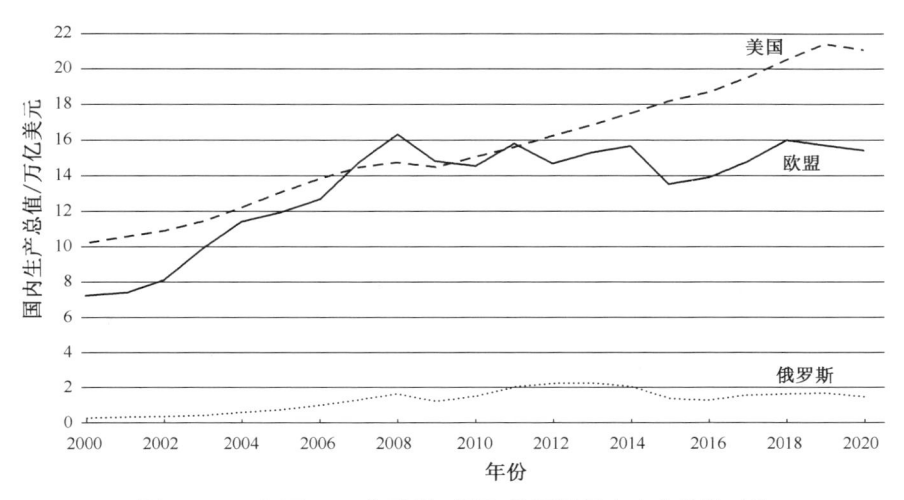

图 1　2000 年至 2020 年欧盟、美国、俄罗斯国内生产总值对比

资料来源：世界银行，详见 https://data.worldbank.org/indicator/NY.GDP.MKTP.CD?contextual=default&end=2020&locations=US-RU-EU&start=2000&view=chart。

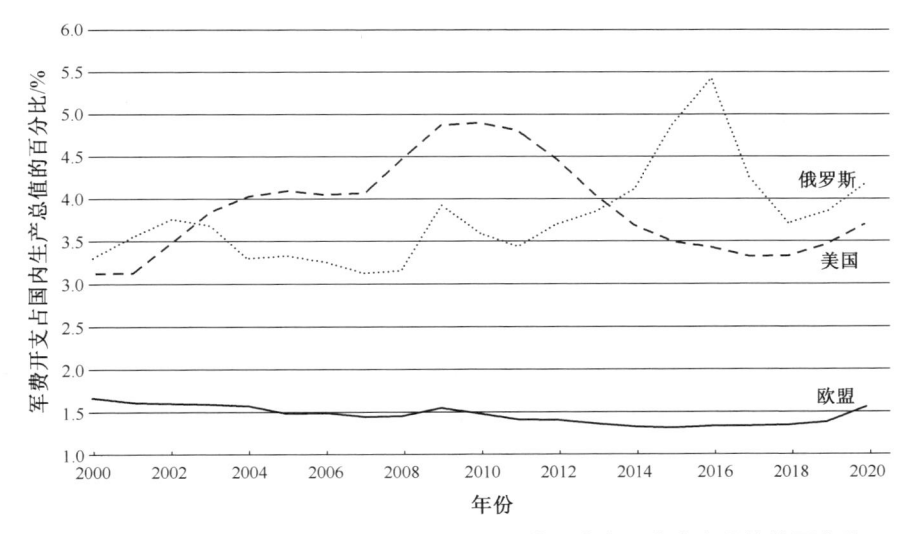

图 2　2000 年至 2020 年欧盟、美国、俄罗斯军费开支占国内生产总值的百分比

资料来源：世界银行，详见 https://data.worldbank.org/indicator/MS.MIL.XPND.GD.ZS?end=2020&locations=RU-US-EU&start=2000。

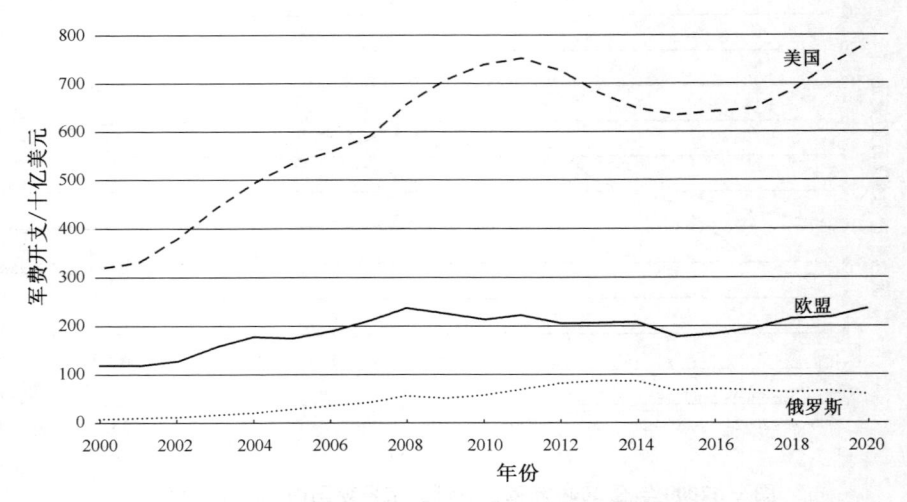

图3　2000年至2020年欧盟、美国、俄罗斯军费开支对比

数据来源：世界银行，详见 https://data.worldbank.org/indicator/MS.MIL.XPND.CD? end=2020&locations=RU-US-EU&start=2000。

为何在拥有显著的经济和财政优势的情况下，欧盟却选择对俄罗斯采取"软制衡"的策略呢？对此，有学者给出的解释是，当冲突对较强行为体的影响不像对较弱行为体那样显著时，软制衡成为实力较强方的一个合理且明智的战略选择。在欧盟的情境中，尽管其拥有较强的经济和财政实力，但其在解决与俄罗斯的冲突时，表现的愿望并不足够强烈，以致不愿采取成本更高、风险更大的硬实力战略。[1]

然而，本书认为在面对俄罗斯时，欧盟并非绝对意义上的强者。多种因素的限制使得欧盟不得不采取"软制衡"的策略来应对俄罗斯。一方面，欧盟与俄罗斯在捍卫战略利益的方式上存在显著差异。欧盟作为一支规范性力量，更多地依赖经济制裁等软实力手段来维护自身利益，但效

---

[1] Ryan Kennedy, "The Limits of Soft Balancing: the Frozen Conflict in Transnistria and the Challenge to EU and NATO strategy," *Small Wars & Insurgencies*, Vol. 27, No. 3, p. 512.

第三章 欧美对俄政策特征的差异

果往往有限。相比之下，俄罗斯则主要依赖其强大的军事能力来维护战略利益，其外交行动更加注重自身利益，相对不太顾及其他国家的反应，这在俄格冲突和乌克兰危机中表现得尤为明显。另一方面，欧盟自身也面临着诸多问题。内部的分裂和军事能力的不足使得欧盟成员国在对俄政策上难以形成共识。这使得欧盟在应对俄罗斯时显得力不从心，不得不采取更为谨慎和温和的"软制衡"策略。

从理论层面来解释，欧盟在制衡俄罗斯的问题上，难以克服因行为体过多而带来的集体行动困境，正如美国经济学家曼瑟·奥尔森（Mancur Olson）在《集体行动的逻辑》中所深刻阐述的："除非在集团成员同意分担实现集团目标所需的成本的情况下给予他们不同于共同或集团利益的独立的激励，或者除非强迫他们这么做，不然的话，如果一个大集团中的成员有理性地寻求使他们的自我利益最大化，他们不会采取行动以增进他们的共同目标或集团目标。"①

从实践层面来审视，欧盟在制衡俄罗斯时面临的挑战更为复杂。首先，欧盟既非单一国家，也非其各部分的简单叠加。欧盟动员资源的能力高度依赖于成员国在具体问题上的政策协调水平。面对俄罗斯时，这种动员尤为困难，因为欧盟内部成员国对俄罗斯的利益和政策取向各异。"老欧洲"国家倾向于与俄罗斯建立友好伙伴关系，而"新欧洲"国家则更关注自身安全，避免受到俄罗斯的威胁。尽管欧盟整体的经济实力和军费支出超越俄罗斯，但实际可调动的资源和军力却未必如此，因为各成员国对自身力量的调配拥有最终决定权。其次，欧盟并非军事同盟，缺乏军事上的强制义务。尽管欧盟在安全与防务政策方面有所建树，但硬制衡或威慑的能力相对不足。欧洲国家长期依赖北约的集体防务，对增加军费开支持谨慎态度。因此，即便有成员国希望通过欧盟向其他国家提供

---

① 曼瑟·奥尔森：《集体行动的逻辑》，陈郁、郭宇峰、李崇新译，上海：上海人民出版社，2018年，第3页。

军事援助,欧盟也往往因缺乏义务和能力而无法实现。再次,欧盟不像北约那样拥有一个能在国际危机中担当核心角色的明确领导国。尽管德国具备这样的潜力,但受历史因素影响,欧盟内部一些国家对德国持有疑虑,阻碍了其领导地位的形成。最后,部分欧盟成员国对俄罗斯的能源和市场存在严重依赖,这使得俄罗斯能够对这些国家施加一定影响力。① 这种能源依赖进一步加剧了欧盟内部对俄政策的分歧,导致只能在相互妥协的基础上达成相对温和的政策。欧盟委员会前贸易委员彼得·曼德尔森(Peter Mandelson)曾指出,没有哪个国家像俄罗斯那样凸显欧盟内部的分歧。②

综上所述,欧盟作为由多个主权国家组成的联盟,是通过让渡部分主权、遵循共同制度而形成的集体。任何欧盟的对外政策,都是成员国间相互协调、权衡利弊的产物。因此,欧盟的对俄政策自然也被置于欧洲政治的复杂框架之中。欧洲政治的分裂状态,正是欧盟难以形成过于强硬的对俄政策的关键所在。正如柯克莱勒和德尔鲁所分析的那样,欧盟成员国之间"利益趋异且无法相容"。在对待俄罗斯的问题上,成员国在推进人权和民主,对俄施压与制裁,从俄罗斯获取能源经济效益,以及获得联合国安理会支持所带来的地缘战略利益之间,存在着深刻的矛盾。③ 这些利益的冲突与妥协,构成了欧盟对俄政策的基石。而在此过程中,欧盟内部大国的战略取向往往能够占据主导地位,从而使得欧盟的对俄政策主要表现为一种"软制衡"的特征。

---

① Niklas I. M. Nováky, "Why So Soft? The European Union in Ukraine," *Contemporary Security Policy*, 2015, Vol. 36, No. 2, pp. 245 - 246.

② Peter Mandelson, "The EU and Russia: Our Joint Political Challenge," Speech, Bologna, Italy, 20 April 2007, available at http://europa.eu/rapid/press-release_SPEECH-07-242_en.pdf.

③ 斯蒂芬·柯克莱勒、汤姆·德尔鲁:《欧盟外交政策》(第二版),刘宏松等译,上海:上海人民出版社,2017年,第138页。

二、欧盟内部关于对俄政策的博弈和协调

欧盟要达成统一的对外政策,必然需要推动成员国外交政策的"欧洲化",①即促使欧盟层面的外交政策制定占据更加核心的地位。② 然而,这一目标的实现困难重重,因为对外政策往往涉及成员国的核心利益。当欧盟的影响力与成员国的国家利益、既存战略及经济伙伴关系(如法俄关系、德俄关系等)发生冲突时,成员国往往会优先考虑后者。有学者指出,未来成员国共同对俄政策的走向,可能更倾向于在欧盟外交政策框架内实现"法德化"。③ 在欧盟国家中,德国和法国无疑是最具影响力的两个大国,任何欧盟对俄政策的出台,都需首先得到柏林和巴黎的认可与支持。从另一种角度看,加强与莫斯科的关系或许是对欧盟内部"权力平衡"变化的回应,同时也反映出法国与德国在政治和经济领域的激烈竞争。④

法国和德国与俄罗斯保持了较为密切的合作关系。在希拉克担任法国总统期间,法国、德国和俄罗斯领导人举行了一系列会议,共同构建了

---

① 欧盟成员国外交政策"欧洲化"是指,成员国从欧盟整体利益的角度出发,让步、妥协,在欧盟层面形成共同的外交政策。其主要表现有三:一是成员国改变自身制度、政策和价值观等以适应欧盟层面外交政策;二是成员国将自身外交政策目标和实现路径投射到欧盟层面;三是成员国越来越以欧盟为推行外交政策的平台。

② 斯蒂芬·柯克莱勒、汤姆·德尔鲁:《欧盟外交政策》(第二版),刘宏松等译,上海:上海人民出版社,2017 年,第 145 页。

③ Rachel Le Noan, "France," in Maxine David, Jackie Gower and Hiski Haukkala eds., *National Perspectives on Russia: European foreign policy in the making?* Milton Park, Abingdon, Oxon: Routledge, 2013, pp. 43 – 44.

④ Rachel Le Noan, "France," in Maxine David, Jackie Gower and Hiski Haukkala eds., *National Perspectives on Russia: European foreign policy in the making?* Milton Park, Abingdon, Oxon: Routledge, 2013, p. 41.

名为"叶卡捷琳堡三角"(Yekaterinburg Triangle)①的合作机制,并在2003年对美国军事干预伊拉克表达了共同反对。自2007年法国总统萨科齐上台后,他和德国总理默克尔多次与俄罗斯总统梅德韦杰夫会晤,支持俄领导人提出的欧洲新安全条约倡议,尽管这一提议并未得到所有欧盟成员的支持。2010年,三国领导人在多维尔举办了旨在加强莫斯科与西方伙伴关系的海滨峰会。② 然而,法德的一些盟友对被排除在外感到不满,担心两国单独与俄罗斯会面可能达成损害欧盟整体利益的协议。尽管与北约的整体关系紧张,克里姆林宫却展现了其擅长与欧洲大国尤其是法国和德国进行直接双边交易的能力。其他西方国家对法国出售现代两栖攻击舰给俄罗斯,以及德国参与波罗的海天然气管道项目的行为表示担忧,认为后者将增加德国对俄罗斯能源的依赖度。③

德国与俄罗斯之间的良好关系根源复杂。作为地理上相邻的两个欧洲大国,在逾千年的交流互动中互相影响深刻,在欧洲的历史和文化长河里占据着独特位置。德俄关系在历史上的很长一段时间内,一直是欧洲安全架构的关键组成部分。俄罗斯是离欧盟最近的地区强国,德国在经济上是欧盟最发达和最强大的国家。德俄关系是该地区地缘政治和地缘经济环境中的主导力量。④ 无论在过去还是现在,德国和俄罗斯都位于

---

① Rachel Le Noan, "France," in Maxine David, Jackie Gower and Hiski Haukkala eds., *National Perspectives on Russia: European foreign policy in the making?* Milton Park, Abingdon, Oxon: Routledge, 2013, p. 41.
② "France, Germany extend hand to Russia at seaside summit," *France 24 International News*, October 18, 2010, https://www.france24.com/en/20101018-france-germany-extend-hand-russia-seaside-summit-deauville.
③ "France, Germany extend hand to Russia at seaside summit," *France 24 International News*, October 18, 2010, https://www.france24.com/en/20101018-france-germany-extend-hand-russia-seaside-summit-deauville.
④ Károly Grúber and Tamás Vaszari, *The Development and Direction of Russo-German Political and Economic Relations after 1990*, Institute for Foreign Affairs and Trade, 2016, p. 3.

第三章　欧美对俄政策特征的差异

欧洲重大事件的中心,并对欧洲大陆乃至全球产生深远影响。在冷战期间,西德突破阵营界限,积极与苏联接触并保持合作。德国人对苏联心怀感激,因为正是后者的同意和支持使德国能够重新统一。随着冷战结束,德国期望协助俄罗斯进行民主改革,促使其成为西方的一部分。因此,将俄罗斯视为与德国利益紧密相关的国家之一是情有可原的。即使在后来西方与俄罗斯关系紧张之际,德国科尔伯基金会发起的一项民意调查显示,在问及德国外交"未来应加强"与哪些国家"合作"的问题时,选择俄罗斯的比例达到78%,而选择美国的则为56%。① 正如美国学者安琪拉·斯登特(Angela Stent)所写的那样:"最终由于经济、历史和地理现实的原因,无论华盛顿如何选择,德俄关系都将保持强劲。"② 有学者认为,德国与盎格鲁-撒克逊国家在东方政策上的主要区别在于,"即便在危机或冲突时期,德国也始终保持与历届俄罗斯政府的对话"。③

法国历来被视为西方阵营中的一位"叛逆青年",坚守着"除非站在最前列,否则法国就不能成为法国"的信念。自二战以来,法国在多个重大问题上,如与新中国建交、伊拉克战争、多极化及国际机构改革等,都与美英等国存在显著的分歧。其与莫斯科之间复杂而纠缠的关系,更是让美英及中东欧国家感到不满。④ 法国始终将自己定位为一个大国,对俄战略上持独到的见解,不愿成为美国的附庸,而是追求独立自主的外交政策。在冷战时期,为了恢复大国地位、制衡美国及联邦德国,法国选择了与苏联保持密切关系,成为少数与苏联建立长期经济技术合作条约的西

---

① 《民调显示:德国人正远离美国 逐渐转向中法俄》,参考消息网,2017年12月18日,http://column.cankaoxiaoxi.com/2017/1218/2248146.shtml.

② Angela Stent, "Berlin's Russia Challenge," *The National Interest*, Vol. 9, No. 88, March/April 2007, p. 51.

③ Károly Grúber and Tamás Vaszari, *The Development and Direction of Russo-German Political and Economic Relations after 1990*, Institute for Foreign Affairs and Trade, 2016, p. 14.

④ 周谭豪:《法俄关系:今生难续前缘?》,《世界知识》2014年第19期,第39页。

方国家。20世纪80年代，法国甚至与苏联一道，共同反对美国推出的"星球大战"计划，甚至企图阻挠其计划的实施。同时，法国也是西方少数曾反对苏联解体的国家之一。随着欧盟的东扩和德国的再次崛起，法国在欧洲的地位相对下降，因此与俄罗斯保持紧密关系成为其提升自身国际地位、在与美国和欧盟谈判中争取更多筹码的重要手段。近年来，法国愈发重视发展与俄罗斯的双边关系，力图在欧盟对俄战略中保持影响力。而俄罗斯，对于法国而言，不仅是其维持大国地位的重要伙伴，更是其展现领导力和影响力的载体。法国前总统萨科齐曾自信地认为自己是唯一能够有效应对俄罗斯的欧洲领导人，因此也应当是领导欧盟形成共同对俄政策的关键人物。①

波罗的海国家及波兰等欧盟成员国（在某些情况下得到瑞典和英国的支持），依然将俄罗斯视为一个强大的威胁。这些国家或因历史上的恩怨，或因对俄罗斯的深深不信任，更不愿意看到俄罗斯融入欧洲机构。有时，他们甚至主张采取"软遏制"策略，以遏制俄罗斯的扩张主义倾向。在波罗的海国家和波兰看来，德国与俄罗斯之间紧密的双边经济关系显然与他们的利益相悖。② 因此，这些国家在对俄政策上与美国保持了更为一致的立场。

总体而言，在如何应对一个重新崛起的俄罗斯这一问题上，欧盟内部存在分歧，各成员国捍卫的立场和利益千差万别，这导致相互矛盾的答案。一般来说，中东欧国家及欧洲议会倾向于支持欧盟采取更为强硬的立场来处理与俄罗斯的关系，并在外交政策考量中突出民主和人权的重

---

① Rachel Le Noan, "France," in Maxine David, Jackie Gower and Hiski Haukkala eds., *National Perspectives on Russia: European foreign policy in the making?* Milton Park, Abingdon, Oxon: Routledge, 2013, p. 42.

② Manfred Huterer, *The Russia Factor in Transatlantic Relations and New Opportunities for U. S. -EU-Russia Cooperation*, Foreign Policy at Brookings, May 2010, p. 7.

第三章　欧美对俄政策特征的差异

要性。然而,另一些成员国,特别是那些老牌欧洲大国,更加注重国家经济利益,认为在诸如反恐、伊核谈判,以及利比亚、叙利亚和阿富汗等关键外交政策议题上,与俄罗斯建立战略伙伴关系至关重要。德国、法国、意大利及西班牙等国家决定与俄罗斯发展特殊或战略伙伴关系,并通过双边协议来巩固它们与俄罗斯的关系。值得注意的是,英国作为一个更重视跨大西洋关系的大国,在对待俄罗斯问题时显得尤为特殊。英国与俄罗斯的传统关系历来充满波折,双边争端不断,[1]再加上其与美国的特殊关系,英国在对待俄罗斯的立场上更为强硬,这与德国、法国等欧洲大国的立场形成了鲜明的对比。

鉴于欧盟内部意见分歧众多,形成统一且强硬的对俄政策无疑是一项艰巨的任务。然而,欧盟的运作机制要求其在对俄政策上必须达成统一,展现一致的立场。因此,不论是"老欧洲"还是"新欧洲",都需要做出妥协,寻找一个折中的方案,以彰显欧盟的团结。事实上,欧盟在对外政策上常常受到德国、法国等大国的影响。这些大国在欧盟内部具有举足轻重的地位,其意见和立场往往能够左右欧盟的最终决策。因此,即便"新欧洲"国家的对俄政策与美国更为接近,欧盟最终呈现出的对俄政策仍更多地体现了"老欧洲"的意志和考量。

欧盟对俄政策所展现出的"软制衡"特征,正是其成员国间博弈与妥协的结果。有学者甚至指出,欧盟对待俄罗斯的态度近乎一种"绥靖",这种纵容并未增强欧洲的安全感,反而使俄欧关系中棘手的安全问题愈发难以解决。[2] 更有批评者认为,欧盟在对俄政策上常常在务实的外交政策目标与规范性考量之间摇摆不定,往往将长远的经济利益置于人道主

---

[1] 斯蒂芬·柯克莱勒、汤姆·德尔鲁:《欧盟外交政策》(第二版),刘宏松等译,上海:上海人民出版社,2017年,第308—309页。

[2] Yuri E. Fedorov, "The Return of History: Hard Security Issues in the Russia-Europe Relationship," in Kjell Engelbrekt and Bertil Nygren eds., *Russia and Europe: Building Bridges, Digging Trenches*, New York: Routledge, 2010, p. 103.

义关切之上。① 冯绍雷认为欧俄关系具有鲜明的"合作与抗衡"双重特性,具体表现为"模糊不清的敌友关系、三心二意的军事抗衡、错综复杂的经济关系和顾盼权衡中的危机处理"。② 欧盟似乎缺乏一个清晰明确的对俄政策,其态度显得既模糊又暧昧,这与美国对俄的强硬且坚决的立场形成了鲜明的对比。当然,尽管欧盟内部的问题在决定其"软制衡"对俄政策中起了重要作用,但这仅仅是其中的一个变量。本书将在下一章中,通过对比分析欧美对俄政策的特征,进一步探讨欧洲做出这一选择的深层次原因。

三、欧盟对俄"软制衡"政策的体现

欧盟出于自身脆弱性,并不愿与俄罗斯进行正面的强硬对抗。然而,它又期望达到制衡俄罗斯、限制其行为的目的。因此,欧盟选择了"软制衡"的策略。这种"软制衡"其实更像"温水煮青蛙",让俄罗斯在起初时感觉不痛不痒,但随着时间的推移,会被欧盟一步步地限制和约束。欧盟的"软制衡"政策在多个对俄关系方面都得到了体现,而本部分仅对其中三个主要方面进行总结。

(一)让俄罗斯适度参与欧洲制度安排

历史的教训深刻地烙印在欧洲人的心中,他们清楚地认识到,将俄罗斯排除在欧洲事务之外开启 21 世纪的新篇章,是一个不可挽回的历史性错误。"为避免重蹈 1917 年后的覆辙,欧盟一直真诚地寻求与俄罗斯建

---

① Anna-Sophie Maass, *EU-Russia Relations*, *1999—2015: From Courtship to Confrontation*, Routledge, 2016, p.191.
② 冯绍雷:《俄欧关系的两重性及其当代路径》,《当代世界》2018 年第 6 期,第 41—43 页。

第三章　欧美对俄政策特征的差异

立战略伙伴关系。"①在许多欧洲人看来,"政治和经济上的接触,再加上军事上的克制,最终会使莫斯科改变态度,采取更具建设性的政策"。②鉴于俄罗斯对欧洲安全的重要性,从20世纪90年代至21世纪初,欧盟积极尝试与俄罗斯友好共处,并期望俄罗斯能够逐步走向民主化。1996年,俄罗斯被接纳为欧洲委员会的成员国,这标志着双方关系的加深。2002年,北约-俄罗斯理事会的成立更是为双方的合作搭建了新的平台。③ 2001年5月,在圣彼得堡举行的俄欧峰会上,欧盟委员会主席罗马诺·普罗迪(Romano Prodi)提出了建立"共同欧洲经济空间"的构想。这一思想旨在克服欧洲西部和东部的分隔问题,基于欧洲的共同价值观,开发欧洲东部的经济与政治文明空间,从而为欧俄战略伙伴关系注入新的活力。④ 随后,在2003年9月的圣彼得堡峰会上,"共同欧洲经济空间"的构想进一步细化为"空间体系"思想。欧俄双方共同制定了四大统一空间协议,包括统一经济空间,统一自由、安全和司法空间(又称统一内部安全空间),统一外部安全空间和统一科学教育文化空间(又称统一人文空间),以此巩固和深化双方的合作与对话。⑤

让俄罗斯参与欧洲合作,其目的在于稳定俄罗斯的发展态势,规限其行动范围,确保其行为处于可控的轨道上。与美俄关系相比,欧俄关系的

---

① The Rt Hon Christopher Patten, "Declaration on Chechnya," Speech/99/166, European Parliament, Strasbourg, 17 November 1999, available at http://europa. eu/rapid/press-release_SPEECH-99-166_en. htm.
② Ivo Daalder, "The Best Answer to Russian Aggression is Containment," *Financial Times*, October 16, 2016, https://www. ft. com/content/258cffe0-9171-11e6-8df8-d3778b55a923.
③ Dmitri Trenin, *The Ukraine Crisis and the Resumption of Great-Power Rivalry*, Carnegie Moscow Center, July 2014, pp. 10 - 11.
④ 陈新明:《合作与冲突:2000年以来俄罗斯与欧盟关系》,北京:中国社会科学出版社,2018年,第66—67页。
⑤ 陈新明:《合作与冲突:2000年以来俄罗斯与欧盟关系》,北京:中国社会科学出版社,2018年,第67页。

一个显著特点是其受到一系列制度安排和框架协议的约束。这种约束实际上是一种"软制衡"的手段,通过制度化的合作与对话,确保双方关系的稳定性和可控性。

(二) 推动欧盟东扩包围俄罗斯

提高自身的实力与抗打击能力是"软制衡"的重要手段。有学者指出,在应对俄罗斯威胁时,最佳的策略并非直接阻止俄罗斯,而是致力于增强欧洲的韧性,包括加强欧洲的实力、凝聚力和应变能力。这正如一句俗语所说:"与其与雨滴搏斗,不如修葺屋顶。"[1]而欧盟东扩正是欧盟增强自身实力与应变能力的最好途径。从地缘政治角度来看,欧盟东扩不仅是其争夺"后苏联空间"的一项长期战略,而且在目标和效果上都凸显了对俄罗斯的制衡意图。欧盟深知,自身的安全并非仅仅取决于内部的强大,更取决于边界之外的和平与稳定。[2]

目前欧盟的周边国家大体可以分为三类:第一类称为"半内部国家或准入国家"(semi-insiders or pre-ins),即被欧盟承认的入盟候选国;第二类叫作"半外部国家"(semi-outsiders),即不能被欧盟提供成员国地位的国家;第三类是"违反了民主和人权的基本价值观"而不能被纳入欧洲睦邻政策的"外部国家"(outsiders)。[3] 第一类国家主要通过欧盟扩大政策来建立与这些国家的关系,而"欧洲睦邻政策"(European Neighbourhood

---

[1] Kadri Liik, *Winning the Normative War with Russia: An EU-Russia Power Audit*, European Council on Foreign Relations, May 2018, p. 14.

[2] Reinhard Krumm, *Europe's Security Governance and Transatlantic Relations: The West, Russia and Europe's Security Order*, Friedrich-Ebert-Stiftung, November 2016, p. 6, https://library.fes.de/pdf-files/id-moe/12905.pdf.

[3] Kristi Raik, "The EU as a Regional Power: Extended Governance and Historical Responsibility," in Hartmut Mayer and Henri Vogt eds., *A Responsible Europe? Ethical Foundations of EU External Affairs*, Palgrave Macmillan, 2006, p. 77.

第三章　欧美对俄政策特征的差异

Policy,简称 ENP)的提出便是为了解决与第二类国家的关系。① 2004年,欧盟正式提出以促进经济繁荣、政治稳定与地区安全为宗旨的"欧洲睦邻政策",并将其作为与欧盟邻国关系的框架,旨在把欧盟东部和南部这些国家同欧盟联系起来,使新东欧邻国(白俄罗斯、乌克兰和摩尔多瓦)和南高加索国家(亚美尼亚、阿塞拜疆和格鲁吉亚)适应欧盟的标准。自 2009 年后,"欧洲睦邻政策"被升级版的"东部伙伴关系"计划(The Eastern Partnership,简称 EaP)②替代,所覆盖的范围仍然是以上六个国家。③ 欧盟与俄罗斯的"共同邻国"(shared neighbourhood)也是指这六个国家。欧盟和俄罗斯在对待"共同邻国"的政策上有较大分歧:欧盟试图在更广阔的欧洲范围内建立一个欧洲后现代安全共同体,用软实力吸引邻国;俄罗斯倾向于使用一系列软、硬手段来利用其在"后苏联时代"占主导地位的结构性力量,维持或重建一个传统的、现实主义的势力范围。

(三) 对俄实施有选择的经济制裁

制裁,用欧盟的术语来说就是"限制性措施"(restrictive measures),是一项被频繁使用的外交政策工具。欧盟条约赋予了制裁具体的效力,即欧盟可以使用经济与金融筹码来实现其外交政策目标,"部分或全部中断或减少与一个或多个第三国的经济与金融关系","对自然人、法人、社会团体或非国家实体采取限制性措施"。④ 制裁作为一项重要的外部行动政策,与共同外交与安全政策之间紧密相连。当欧盟决定采取限制性措施,无论是针对国家、个人还是非国家行为体,都需要依托明确、具有约

---

① 刘军、毕洪业等:《俄欧关系与中国欧亚战略》,北京:时事出版社,2015 年,第 193 页。
② 东部伙伴关系(EaP)是一项由欧盟及其成员国和六个东欧伙伴组成的联合倡议,六个东欧伙伴具体为:亚美尼亚、阿塞拜疆、白俄罗斯、格鲁吉亚、摩尔多瓦共和国和乌克兰。
③ 德米特里·特列宁:《帝国之后:21 世纪俄罗斯的国家发展与转型》,韩凝译,北京:新华出版社,2015 年,第 185 页。
④ *Treaty on the Functioning of the European Union* (TFEU), Article 215.

束力的共同外交与安全政策来做出决策。这种决策过程不仅仅是技术性的，更是政治性的，它取决于共同外交与安全政策对欧盟立场的明确界定。① 虽然制裁是一项重要的外交政策工具，但其有效性常常遭到质疑。② 欧盟的制裁政策常常显得缺乏连贯性和一致性。首先，在决定制裁对象时，欧盟似乎存在一种刻意挑选的倾向，使得制裁的实施缺乏明确的统一标准。其次，关于触发制裁的具体原因，欧盟难以找到一种普遍适用的规律，导致政策制定过程中充满了不确定性和模糊性。最后，欧盟在给予豁免方面相对随意，这进一步削弱了制裁政策的严谨性和效力。③ 在面对俄罗斯这样的重要对象时，欧盟的制裁措施显得尤为疲软，难以发挥出应有的实际效果。

　　经济制裁作为制裁体系中的关键一环，在欧盟对俄罗斯实施的"软制衡"政策中扮演着举足轻重的角色。它指的是一国或多国针对违反国际义务、条约或协定的国家所采取的经济惩罚性措施。这些措施通常被经济实力雄厚的国家用于打击、削弱他国政治、经济和军事实力。相较于军事制裁，经济制裁以其制裁方式更为集中、成本相对较低但制裁效果相对显著的特点而闻名。二战后，经济制裁便成为美苏两大阵营战略博弈的重要工具。近年来，随着国际关系的深刻调整，经济制裁的重要性日益凸显，逐步取代了军事制裁，成为处理国家间政治、经济等矛盾的首选方式。④ 欧盟在应对俄罗斯时，也充分利用了经济制裁这一利器，旨在通过限制俄罗斯的经济活动，达到影响其政治决策和削弱其综合实力的目的。然而，由于欧盟与俄罗斯之间存在高度的经济依赖度和较强的互补性，欧

---

　　① *Treaty on European Union* (TEU), Article 25, Article 29.

　　② Clara Portela, *European Union Sanctions and Foreign policy: When and Why do they Work?*, Oxon.: Routledge, 2010, p.101.

　　③ Klaus Brummer, "Imposing Sanctions: the Not so 'normative power Europe'," *European Foreign Affairs Review*, Vol. 14, No. 2, 2009, pp.191-207.

　　④ 许文鸿:《美欧对俄金融制裁的影响及若干思考》,《俄罗斯学刊》2017年第5期，第37—38页。

盟对俄罗斯实施的经济制裁很可能对欧盟自身造成严重损失。因此,欧盟和欧洲国家在对待俄罗斯的经济制裁问题上表现出明显的选择性,并不总是愿意追随或配合美国采取强硬、严格的经济制裁行动。其中,最为突出的例子便是关于欧俄能源合作的"北溪-2"输气管道项目事件。尽管美国对此施加了巨大压力,德国却展现了坚决的抵制态度。① 尽管欧盟时常谴责并制裁俄罗斯,但从未放弃与俄罗斯的合作。在2016年发布的《欧盟外交与安全政策的全球战略》中,欧盟明确承认了与俄罗斯的相互依存关系,并表示当欧俄利益重叠时,欧盟愿意与俄罗斯展开接触,讨论分歧并寻求合作。② 这一立场显示出欧盟在处理与俄罗斯关系时的复杂性和务实性,既维护了自身的利益,又保留了与俄罗斯合作的可能性。

第二节 "新遏制":美国对俄政策选择

从历史上看,美国对俄罗斯的战略可以归结为三种主要形态:伙伴关系(partnership)、有限接触(limited/selective engagement)和遏制(containment)。冷战结束初期,美国选择了有限接触的战略,既与俄罗斯保持合作,又在某些领域展开竞争。这一时期,美俄之间情报共享频繁,并在一些国际议题上达成了共识。在"9·11"恐怖袭击事件后,美国与俄罗斯的关系短暂地迎来了"伙伴关系"的春天。"伙伴关系"这一概

---

① 详见本书第六章有关部分。实际上,美欧在欧俄能源合作问题上的纷争可以追溯到冷战时期的20世纪70年代末和80年代。当时西方国家联合对苏联发起经济禁运以制裁苏军入侵阿富汗,然而,彼时已经与苏联达成修建欧俄天然气管道并向西欧输送天然气协议的法国和西德政府,不顾美国的强烈反对和制裁威胁,继续推进该项目。可见,当下"北溪-2"项目问题上美德博弈乃是彼时欧美博弈的继续,也反映了欧洲对俄罗斯的"软制衡"战略有着历史的延续性。

② *Shared Vision, Common Action: A Stronger Europe—A Global Strategy for the European Union's Foreign and Security Policy*, European Council, June 2016, p.33.

念,寓意着基于共同利益的全方位交往与合作。普京总统对小布什总统在反恐方面的坚定支持,为两国在反恐、核不扩散、能源开发及加强国际政治机构等方面的合作铺平了道路。这似乎是一个重塑双方均能接受的伙伴关系的绝佳契机。① 但好景不长,双方的分歧很快浮出水面,使得美俄关系再次紧张。俄罗斯期望西方在其经济改革方面提供大力支持,而西方则主要关注减少来自俄罗斯的核威胁。随着俄罗斯经济的急剧衰退,美国甚至产生了这样的想法:作为一个逐渐衰弱的国家,俄罗斯可能会放弃坚持自己的国家利益,转而追随华盛顿的外交政策议程。然而,事实截然相反。俄罗斯不仅要求被平等对待,更坚持其大国地位和权力。这种坚持使得美国不得不调整对俄政策。实际上,自2000年以来,美国对俄罗斯的政策在很大程度上仍然遵循着冷战时期的"遏制"原则,我们可以称之为"新遏制"(neocontainment)。

一、美国对俄"新遏制"政策的选择

冷战虽已远去,但美国依然深受冷战时期意识形态的影响,其世界观和战略观并未完全摒弃旧有的框架。美国继续将苏联的继承者——俄罗斯视为潜在的敌人,并将对抗的惯性延续至今。美国内心深处期望俄罗斯要么彻底败下阵来,要么能转变为美国的伙伴和民主国家。然而,整个20世纪90年代的努力证明,俄罗斯并非一个美国认可的民主国家,也无法成为美国的朋友。更令美国担忧的是,俄罗斯仍然构成了一个潜在的致命威胁。因此,美国选择了遏制战略,试图将俄罗斯彻底击垮。事实上,"新遏制"战略的思想始终贯穿于美国的外交政策之中。在苏联解体后的十年里,由于俄罗斯相对虚弱,美国认为无需对其实施全面的遏制。

---

① Andrei P. Tsygankov, *Russophobia: Anti-Russian Lobby and American Foreign Policy*, New York: Palgrave Macmillan, 2009, pp. 1-2.

第三章 欧美对俄政策特征的差异

然而,政策背后的地缘政治考量——防止出现潜在的能够挑战美国地区霸权的国家——从未消失。北约和欧盟的继续扩大,恰恰证明了这一点。

2000年以来,美国历任总统不约而同地秉持这一核心对俄政策。出于对俄罗斯的深深疑虑,以及对其行事方式的不确定性的反感,美国实际上从未真正将俄罗斯视作一个"正常国家"或值得信赖的"合作伙伴"。① 早在小布什(2001年至2009年)准备竞选美国总统时,他的竞选顾问就提醒他注意俄罗斯和中国,称二者是能够威胁美国安全利益的国家。即使在美国介入伊拉克事务的情况下,小布什总统的任期始终无法摆脱美俄关系紧张的阴霾。他的顾问团队持有这样一种观点,即俄罗斯作为一个大国,正处于衰落的阶段,这种衰落带来的不稳定性和潜在风险不容小觑。正如时任国务卿的康多莉扎·赖斯所强调的那样:"莫斯科在全球事务中坚守自己的立场,时常采取肆无忌惮的行动,对美国的利益构成威胁。"② 而美国对俄罗斯的回应可以被称为"新遏制",即利用美国的权力制止俄罗斯的恣意妄为和威胁性行为。③ 奥巴马政府(2009年至2017年)希望重启美俄关系,认为让俄罗斯参与核军控、伊朗谈判及重建阿富汗等问题的解决能够促进美俄关系。④ 奥巴马政府虽然强调要在许多问题上与俄罗斯合作,但仍坚持支持俄罗斯邻国的主权和领土完整,⑤ 同

---

① 冯玉军、尚月:《美俄关系新发展与中国的政策选择》,《中国国际问题研究》(英文版)2018年第4期,第24页。

② Condoleezza Rice, "Promoting the National Interest," *Foreign Affairs*, Vol. 79, No. 1, January/February 2000, p. 57.

③ James M. Goldgeier and Michael McFaul, *Power and Purpose: U.S. Policy toward Russia after the Cold War*, Washington, D. C.: Brookings Institution Press, 2003, p. 306.

④ Reinhard Krumm, *Europe's Security Governance and Transatlantic Relations: The West, Russia and Europe's Security Order*, Friedrich-Ebert-Stiftung, November 2016, p. 7, https://library.fes.de/pdf-files/id-moe/12905.pdf.

⑤ Barack Obama, *National Security Strategy*, The White House, May 27, 2010, p. 44.

时，对俄罗斯实施严厉制裁，增加俄"侵略行为"的成本和阻止其未来可能的攻击。① 奥巴马曾在联大发言时甚至将"俄罗斯"与"埃博拉""伊斯兰国"一起，并称"世界三大威胁"。② 美俄关系在这一时期并未改善，甚至愈演愈烈，导致乌克兰危机爆发。特朗普（2017年至2021年）上台之初，有改善与俄关系的苗头，然而两国之间战略目标的深刻冲突很快使得两国关系又跌回地缘政治竞争的起点。特朗普政府发布的《国家安全战略报告》更是将俄罗斯置于美国的对立面，明确将其贴上"修正主义"标签。③ 报告指出，俄罗斯不仅挑战美国的权力、影响力和利益，更是对美国的国家安全与繁荣构成了严重威胁。④ 这一立场表明，尽管特朗普个人可能有着不同于前任的对俄态度，但美国政府的整体战略考量和对俄政策并未发生根本性变化。

自2000年以来，美国通过一系列行动，如坚定推动北约东扩、策划"颜色革命"、建立反导系统等，持续在俄罗斯周边制造紧张局势。这些行为的意图明显：包围和遏制俄罗斯，运用经济、政治乃至军事等全方位手段，挤压其战略空间，确保其无法对美国霸权构成挑战。从常理来看，俄罗斯的实力在经历一系列变革后已显著落后于美国，理论上，美国并无必要将俄罗斯视为敌人。然而，美国仍不遗余力地打压俄罗斯，这背后的原因复杂而深远，既涉及地缘政治考量，也反映出美国对全球战略格局的深刻忧虑。

一方面，美国的外交政策是以美国对国际体系的构想为指导的。美

---

① Barack Obama, *National Security Strategy*, The White House, February 6, 2015, p.I.
② 陈丽丹、黄培昭、宦翔、柳玉鹏、候涛：《奥巴马骂IS捎上俄罗斯：他们并列世界三大威胁》，环球网，2014-09-26，http://mil.huanqiu.com/world/2014-09/5151678.html。
③ Donald Trump, *National Security Strategy of the United States of America*, The White House, December 18, 2017, p.25.
④ Donald Trump, *National Security Strategy of the United States of America*, The White House, December 18, 2017, p.2.

第三章　欧美对俄政策特征的差异

国要维护现存美国主导的国际体系,防止任何可能的挑战者威胁美国的地位。俄罗斯由于在欧亚大陆的历史支配地位,以及由此引发的与美国的政治、经济和军事对抗,长期以来一直是华盛顿在海外行动的打击目标。虽然俄罗斯国力已被削弱,并可能长期面临困境,但它仍是一个主要的地缘政治棋手。它的存在本身就能对广阔的欧亚大陆出现的新独立国家产生重要影响。俄罗斯有雄心勃勃的地缘政治目标,并越来越公开地宣扬这些目标。一旦恢复了元气,它还将对其西部和东部的邻国产生重要影响。[①] 另一方面,无论是在看待冷战后的国际政治经济秩序和安全形势,还是在评估各自的国家利益及国际地位等问题上,美国和俄罗斯的观点和认知都有很大不同。"国际战略观、世界秩序观以及政治价值观的'三观不合'从根本上导致美俄难以平等相待、和平相处,分歧、矛盾和冲突始终是双方关系的'主旋律'。"[②] 在这样的体系环境中,在利益目标和价值观分歧的背景下,美俄的战略竞争几乎是"零和"的。

长期以来,美俄两国对于彼此的看法并未进行显著的调整,以适应不断变化的国际政治环境的现实。这主要是因为双方似乎都被冷战时期遗留下来的问题束缚,难以摆脱历史的阴影。因此,美俄双方几乎都无法将对方视为除敌人以外的角色,这使得两国在外交策略上更倾向于追求短期优势,而非长期利益。有西方学者指出,尽管俄罗斯认识到,其作为一个有影响力的大国的未来将取决于美国衰落的加速和多极化的发展,但其在乌克兰和叙利亚等地采取的冒险策略带来了意想不到的后果。这些策略不仅未能有效推动其战略目标的实现,反而加强了美国遏制俄罗斯

[①] 兹比格纽·布热津斯基:《大棋局:美国的首要地位及其地缘战略》,中国国际问题研究所译,上海:上海人民出版社,2015年,第37页。

[②] 冯玉军、尚月:《美俄关系新发展与中国的政策选择》,《中国国际问题研究》(英文版)2018年第4期,第24页。

的决心，并促使北约在欧洲的地位得到了重振。①

总之，2000年以来，美国对俄实施的政策可被称为"新遏制"，旨在阻止俄罗斯对美国的全球利益和盟友安全构成威胁，防止俄罗斯恢复实力和谋求地区霸权地位。

然而，虽然2000年以来美对俄的"新遏制"政策与冷战时期美对苏的"遏制"政策在战略目标和手段上有一定的相似性，即对实施对象进行全面的、严厉的包围和打击，以达到限制对方行为的目的，但是二者又在实施背景、针对对象、具体实施手段等方面存在区别。首先，就实施背景来说，冷战时期的"遏制"是在苏联也十分强势的情况下，美国为阻止苏联的扩张和可能对美国及其盟友构成安全威胁而实施的，可以说在一定程度上是美国的一种"被动"选择，为了自身和盟友的安全，必须对强大的苏联进行"遏制"。而如今的"新遏制"是美国主动发起的对俄攻势，不仅要阻止俄罗斯恢复其实力和势力范围，甚至要求俄罗斯"退回去"，让其将地缘政治竞争成果"吐出来"。其次，就针对对象而言，冷战时期的"遏制"针对的是"两极"中的另一极，是与美国实力相当的对手，而"新遏制"的对象是实力较为虚弱的俄罗斯，二者竞争的强度和烈度有很大差别，美国对付俄罗斯所耗费的人力、物力、财力也不会像冷战时"遏制"苏联那样多。最后，美俄战略竞争态势具有对峙性质，经济战、地缘围堵等成为"新遏制"政策的主要表现形式和手段。2000年以来"新遏制"不再是冷战背景下东西方两大阵营之间军事、政治、社会、文化等的全面对抗；即使美国真的希望以其超级大国的强大实力回到冷战时代，不论其他前提条件，可以肯定的是，它的跨大西洋盟友也会持反对的态度和立场，2000年以来欧洲的对俄"软制衡"政策即已表现出二者的分歧。

---

① Nicholas Ross Smith, *A New Cold War? Assessing the Current US-Russia Relationship*, Palgrave Macmillan, 2019, p. 83.

第三章 欧美对俄政策特征的差异

二、美国对俄"新遏制"政策的体现

冷战后,美国在欧亚大陆的战略部署主要体现在三个方面:"推广民主"、扩大北约、部署导弹防御系统。尽管美国声称这三大战略部署不是专门针对俄罗斯,但此般说辞无疑是"此地无银三百两",其真实意图昭然若揭。新生的俄罗斯虽不再对美国构成全球性挑战,但其庞大的国土面积、丰富的能源和军事资源,以及得天独厚的地理位置,仍使其具备重振雄风、成为地区强国的潜力。为了遏制俄罗斯的复兴势头,美国不断侵蚀其传统势力范围,极力扼杀俄罗斯挑战美国霸权的可能性。自2000年以来,美国对俄罗斯的"新遏制"策略表现得愈发明显。

(一)推动北约东扩挤压俄罗斯战略空间

北约的存续为美国提供了进一步巩固冷战胜利果实,并加速构建一个单极世界的绝佳契机。因此,美国积极推动东欧国家加入北约,以迅速将这些国家纳入西方的地缘政治版图。此举旨在扩大北约的存在基础,巩固自身在联盟中的领导地位,同时牵制欧盟并增强对该地区的影响力。更重要的是,这样的战略布局能够进一步削弱俄罗斯的实力,有效遏制其重新崛起的势头,从而避免俄罗斯再次对西方构成严重威胁。在美国的积极倡导下,北约于1994年推出了"和平伙伴关系"(Partnership for Peace,简称PfP)计划,[①]这标志着北约成立45年来首次明确提出向东扩展的战略意图。该计划邀请前华沙条约组织国家和欧洲中立国家参与,为北约的进一步扩张奠定了基础。1999年3月,北约迈出了重要的一步,将捷克、匈牙利和波兰吸纳为成员国。让俄罗斯感到更为不安的是,2004年3月,保加利亚、爱沙尼亚、拉脱维亚、立陶宛、罗马尼亚、斯洛伐

---

① 参见北约官网:https://www.nato.int/cps/en/natolive/topics_50349.htm。

克、斯洛文尼亚七个新成员正式加入北约。这次东扩不仅使北约的势力范围逼近了俄罗斯的主要城市,更重要的是,其中三个国家原为苏联加盟共和国。这一变化无疑对俄罗斯的声望构成了严重打击,进一步加剧了美俄之间的紧张关系。① 在之后的 2009 年、2017 年、2020 年、2023 年和 2024 年,北约又进行了多次扩员。特别是瑞典和芬兰的加入被看作是北约在俄罗斯西部边境形成的一道新防线,瑞典拥有波罗的海的重要港口和岛屿,芬兰则与俄罗斯共享漫长的边界线,两国的加入使得北约的军事存在更接近俄罗斯本土,给俄罗斯带来了巨大的战略压力。

从国际体系结构的角度来说,当体系内出现多个权力中心或潜在的挑战者时,霸权国会进行霸权护持。"霸权护持"是指,霸权国为维持其在国际体系中的主导地位,与他国之间的权力距离始终保持在一个其认为安全的常数。霸权护持的方式有二:一是增强自身权力,二是削弱对手的权力。② 维护并增强北约实力是美国进行霸权护持的重要手段,即把强大的北约作为美国自身实力的补充,而扩大北约既可以"永久保持单边霸权"又可以"延长美国对欧洲的控制"③,正如罗伯特·基欧汉所说,美国在世界政治经济中的领导地位是与北约密不可分的。④ 通过不断扩大北约的势力范围,美国意在构建一道坚不可摧的安全屏障,以遏制俄罗斯的复兴势头,并维护美国在全球政治格局中的主导地位。

---

① Robert H. Donaldson, Joseph L. Nogee and Vidya Nadkarni, *The Foreign Policy of Russia: Changing Systems, Enduring Interests*, New York: M. E. Sharpe, 2014, pp. 382.

② 秦亚青:《霸权体系与国际冲突——美国在国际武装冲突中的支持行为(1945—1988)》,上海:上海人民出版社,2008 年,第 112 页。

③ E. B. Haas, "A modest proposal for NATO enlargement," in R. W. Rauchhaus ed., *Explaining NATO Enlargement*, London: Frank Cass, 2001; K. N. Waltz, "A realist view," in R. W. Rauchhaus ed., *Explaining NATO Enlargement*, London: Frank Cass, 2001.

④ 罗伯特·基欧汉:《霸权之后:世界政治经济中的合作与纷争》,苏长和等译,上海:上海人民出版社,2006 年,第 136 页。

(二) 支持独联体国家的"颜色革命"

鉴于独联体国家与俄罗斯之间的深厚历史渊源和特殊关系,美国视其为遏制俄罗斯势力的关键。美国不遗余力地削弱甚至挑拨独联体国家与俄罗斯之间的政治、经济和文化联系,旨在将俄罗斯势力彻底逐出这些国家,防止它们重新走向一体化。其目标是将俄罗斯"从一个'不正常'的欧亚帝国变成一个'正常'的民族国家",从而为北约的进一步东扩铺平道路,并增强美国在该地区的影响力。[①] 美国支持独联体内部的格鲁吉亚、乌克兰、乌兹别克斯坦、阿塞拜疆和摩尔多瓦组成的"古阿姆"[②](俄语 ГУУАМ,英语 GUUAM)集团与独联体对抗并对付俄罗斯。[③] 此外,为了进一步削弱俄罗斯的影响,防止其帝国野心重燃,美国还支持东欧、中亚等地区的"颜色革命",通过推动政治变革来削弱俄罗斯在该地区的影响力。

2003 年至 2005 年,在俄罗斯周边,一系列"颜色革命"席卷而来,以格鲁吉亚的"玫瑰革命"为序幕,乌克兰的"橙色革命"达到了高潮,而吉尔吉斯斯坦的"郁金香革命"则为其画上了句号。这些"颜色革命"使俄罗斯逐渐失去了对其边界以外国家的影响力,亲俄政权相继垮台,取而代之的是亲西方的领导人。特别是在 2004 年乌克兰"橙色革命"中,反对派领导

[①] 李兴:《转型时代俄罗斯与美欧关系研究》,北京:北京师范大学出版社,2007 年,第 304 页。

[②] "古阿姆"是格鲁吉亚、乌克兰、阿塞拜疆和摩尔多瓦于 1997 年 10 月 10 日成立的非正式地区联盟,以四国的俄文国名的首字母冠名,即"ГУАМ",汉语读作"古阿姆"。1999 年 4 月 24 日,乌兹别克斯坦加入,组织名字变为"ГУУАМ",其汉语读音仍是"古阿姆"。2001 年 6 月 7 日,"古阿姆"五国总统在乌克兰的雅尔塔举行峰会并签署《雅尔塔宪章》,标志着"古阿姆"由非正式组织转变为正式组织。乌兹别克斯坦于 2005 年正式退出该组织,"古阿姆"又变成四个成员国,英文名称变为"GUAM"。参见潘广云:《"古阿姆"集团的新发展及其影响》,《国际信息资料》2006 年第 9 期,第 26 页。

[③] 李兴:《转型时代俄罗斯与美欧关系研究》,北京:北京师范大学出版社,2007 年,第 117 页。

人尤先科在上台之前便与俄罗斯划清了界限,频繁发表反俄言论以赢得民众支持。上台后,他更是明确提出了乌克兰的发展方向是"向西",致力于早日加入北约和欧盟,而与俄罗斯等国共同建设"统一经济空间"的兴趣已大打折扣。乌克兰的这一政治转向,无疑使俄罗斯通过推动独联体国家一体化来实现强国梦想的愿望基本落空。随着独联体国家"去俄罗斯化"的趋势进一步加强,俄罗斯的地缘利益遭受了重大损失。

(三) 在欧洲部署导弹防御系统围堵俄罗斯

美国的东欧反导系统是其全球弹道导弹防御计划的重要组成部分,其部署位置更是精心策划的战略布局之体现。美国坚持认为,要拦截伊朗导弹,东欧是最合适的地点。然而,美国在紧靠俄罗斯西部边境的地方部署战略导弹防御系统,这自然而然会令人产生联想——该行为具有反俄性质。对此,俄罗斯自然有着充分的理由保持警惕。更令俄罗斯感到不安的是,美国对俄罗斯提出的由美、欧、俄共同建立导弹防御系统的提议置若罔闻,却执意在东欧部署自己的(而非北约的)导弹防御系统。[1]美国的意图已然显露无遗:通过这一部署,包围、束缚俄罗斯,限制其行动自由。美国巧妙地利用与俄罗斯矛盾尖锐的波兰和捷克这两个东欧国家,在其领土上部署反导系统,不仅能够有效遏制俄罗斯,挤压其战略空间,而且能将这两个国家拉入战略盟友的轨道,进而"主导东欧地区乃至整个欧洲的战略格局、强化自身的战略优势"。[2]

2000年以来,美国加速了导弹防御系统在东欧的部署进程。小布什政府时期,美国决定将导弹防御系统的一部分部署到波兰和捷克这两个前华约组织成员国内。鉴于波兰与俄罗斯接壤,一旦部署成功,美国的反

---

[1] 叶·普里马科夫:《没有俄罗斯世界会怎样?》,李成滋译,北京:中央编译出版社,2016年,第113-114页。

[2] 董露、陈兢:《以盾为剑——评美国在东欧部署反导系统》,《现代军事》2008年第3期,第38页。

第三章　欧美对俄政策特征的差异

导系统将直逼俄罗斯本土。随后,美国展开了一系列谈判与部署行动,包括在捷克部署雷达、在波兰部署拦截导弹,并与保加利亚和罗马尼亚签署协定设立军事基地。① 2010 年,美国将爱国者导弹系统从德国迁至波兰,并于 2012 年开启了其欧洲导弹防御系统的第一阶段。② 2016 年 5 月 12 日,美国宣布正式启动设在罗马尼亚南部德维塞卢空军基地的反导系统,并准备与北约在欧洲的反导系统接轨。13 日,美国又在波兰北部伦济科沃市举行陆基"宙斯盾"反导系统基础建设开工仪式,这是美国在东欧部署的第二处反导系统。至此,美国的欧洲反导系统已经初具规模且拥有了实战能力。③

2019 年 1 月 17 日,美国特朗普政府发布《导弹防御评估报告》,呼吁美国建立更加有效的导弹防御体系以应对俄罗斯等国更大规模、更先进的洲际导弹威胁。④ 特朗普在五角大楼发布该报告的仪式上表示:"我们的目标很简单:确保我们可以随时随地侦测并销毁任何针对美国发射的导弹。"⑤当前,美国已经在其本土、欧洲(波兰和罗马尼亚)和亚太地区部署陆基反导系统。此外,美国通过装备拦截导弹的"宙斯盾"驱逐舰,拥有了海基反导能力。

---

① 安琪拉·斯登特:《有限伙伴:21 世纪美俄关系新常态》,欧阳瑾、宋和坤译,北京:石油工业出版社,2016 年,第 165 页。
② Kingston Reif, "The European Phased Adaptive Approach at a Glance," Arms Control Association, January 2019, https://www. armscontrol. org/factsheets/phasedadaptiveapproach.
③ 柳丰华:《普京总统第三任期俄美关系演变与第四任期双边关系走势》,《俄罗斯研究》2018 年第 2 期,第 8 页。
④ U. S. Department of Defense, Missile Defense Review, https://media. defense. gov/2019/Jan/17/2002080666/-1/-1/1/2019-MISSILE-DEFENSE-REVIEW. pdf, 2019, p. VII.
⑤ 《社评:美导弹防御计划买不来绝对安全》,2019 年 1 月 18 日, https://opinion. huanqiu. com/article/9CaKrnKh8K3。

（四）对俄实施强力制裁

推行强有力的单边制裁是美国对俄罗斯实施"新遏制"的又一主要措施。即使在冷战时期，美国政府也主要依靠单边的经济制裁来削弱苏联在这一体系冲突中的领导地位。这项制裁政策开始时是一项严格的军民两用和军事物品单边出口管制制度，在与西方盟国的协调下，最终成为一项多边禁运制度。华盛顿还否认苏联及其继任者俄罗斯联邦在1951年至1992年的双边贸易关系中享有最惠国待遇。冷战结束后，美国政府对现在的俄罗斯防务公司实施单边制裁，原因是它们向伊朗出口武器，从而有选择地暂时将它们排除在美国市场之外。自2012年年底以来，美国政府重新拒绝向被控侵犯人权和腐败的俄罗斯官员发放签证，并冻结了他们在美国管辖范围内的资产。[①]

2014年3月，美国政府实施的制裁范围更大，以回应俄罗斯将克里米亚纳入其管辖范围的举动。最初，美国商务部和国务院收紧了军民两用产品、技术和服务的出口管制。与此同时，美国财政部海外资产控制办公室开始将属于俄罗斯总统普京核心集团的俄罗斯个人和实体列为"特别指定国民"（Specially Designated Nationals，简称SDNs），并将其封禁。这一措施让他们在美国管辖下拥有的任何资产被冻结。此外，美国人被禁止与被列为"特别指定国民"的人建立业务关系。2014年3月至12月，美国总统奥巴马发布了四项行政命令，列出了被列为"特别指定国民"的原因，并于2017年8月由国会立法，其中包括"未经乌克兰政府授权，对克里米亚地区行使政府权力，破坏乌克兰的民主进程或制度，威胁乌克兰的和平、安全、稳定、主权或领土完整；挪用乌克兰的国有资产或乌克兰境内具有经济意义的实体的国有资产"。俄罗斯政府高级成员及其支持

[①] Sascha Lohmann and Kirsten Westphal, *US-Russia Policy Hits European Energy Supply*, Stiftung Wissenschaft und Politik, February 2019, p.2.

者（特别是所谓的寡头），以及活跃在俄罗斯国防部门的人士或在克里米亚进行贸易和投资的人也可以被列为"特别指定国民"。①

美国针对大规模杀伤性武器扩散、跨国犯罪，以及一系列国家和非国家行为体的30多个单边制裁机制，已多次针对俄罗斯的个人、组织和机构。目前公布的名单基于与俄罗斯与叙利亚、伊朗和朝鲜等特定国家有关的活动，以及与所谓网络攻击和干预2016年美国总统大选有关的活动。美国国务院认定克里姆林宫与俄罗斯前情报官员谢尔盖·斯克里帕尔（Sergei Skripal）在英国中毒事件有关，华盛顿方面就对俄罗斯实施了进一步的贸易制裁，第一轮制裁于2018年8月生效。②

可以看出，虽然美国对俄罗斯实施的"新遏制"政策在方式和手段上区别于传统意义上冷战时期的"遏制"，并未发生持续不断的军事、政治、文化等领域的全面对抗，但是美俄之间存在着性质严重的结构性分歧，在现有国际环境和世界力量格局下，双方都难以达成突破性的和解协议。有学者甚至认为，从策略的角度看，美国今天的对俄政策体现为不与俄罗斯直接对峙，而是让俄罗斯深度卷入危机地区（乌克兰、叙利亚），从而加速俄罗斯的衰落。③

本章小结

尽管规范和价值观存在持久的共性，但这并不必然促使大西洋两岸

---

① Sascha Lohmann and Kirsten Westphal, *US-Russia Policy Hits European Energy Supply*, Stiftung Wissenschaft und Politik, February 2019, p.2.
② Sascha Lohmann and Kirsten Westphal, *US-Russia Policy Hits European Energy Supply*, Stiftung Wissenschaft und Politik, February 2019, p.2.
③ A.克里科维奇，Y.韦伯：《美国行为的根源——以美国对俄政策为例》，《俄罗斯研究》2016年第2期，第32页。

的政策走向完全一致。实际上，在不同政策领域中，跨大西洋关系的紧密程度呈现显著的差异，有的领域关系紧密，而有的领域则可能相对疏离。① 曼弗雷德·休特（Manfred Huterer）认为，俄罗斯问题不仅是欧盟内部分歧最大的问题之一，也是美国与"老欧洲"的主要分歧之一。特别是涉及俄罗斯问题或与俄罗斯紧密相关的议题，如北约东扩的步伐和导弹防御系统的部署时，美国与德国、法国和意大利等老牌欧盟成员国之间的分歧日益凸显。②

面对共同的威胁——俄罗斯，美国站在全球利益的角度，精心策划并实施了对俄罗斯的围堵战略，其核心特征可概括为"新遏制"。为了遏制俄罗斯重新崛起的势头，美国采取了一系列强硬措施，如推动"颜色革命"、加快北约东扩步伐，以及在关键区域部署导弹防御系统，不断侵蚀俄罗斯的原有势力范围，限制其权力的拓展。与此同时，欧盟在应对俄罗斯问题上，鉴于自身的脆弱性，更多地采取了"软制衡"的策略。一方面，通过推动欧盟东扩，增强自身实力以制衡俄罗斯；另一方面，运用规范、外交和经济等手段，巧妙地限制俄罗斯的行为。然而，需要强调的是，这种"软"与"硬"的划分并非绝对。欧盟在某些情况下也会展现强硬的一面，而美国在面对内外部压力时，政策也可能有所调整。因此，本书所提出的欧盟对俄实施"软制衡"与美国对俄采取"新遏制"政策，是对本研究时段内二者对俄政策特征的整体概括和一般总结。在特定的政策领域或面对特定的内外部压力时，双方的政策也可能有所变动，因此不排除例外情况的存在。

---

① Nathalie Tocci and Riccardo Alcaro, *Three Scenarios for the Future of the Transatlantic Relationship*, Transworld, Working Paper 04, September 2012, pp. 18.

② Manfred Huterer, *The Russia Factor in Transatlantic Relations and New Opportunities for U. S. -EU-Russia Cooperation*, Foreign Policy at Brookings, May 2010, p. 1.

第四章
欧美对俄政策差异的原因分析

  国家整体发展的总任务和总要求被称为"战略目标",它指引着国家发展的根本方向。"国家利益是国家战略制定的出发点和落脚点,因此任何一个国家的战略目标都可简单概括为维护并拓展国家利益",[1]外交政策是国家对外战略目标的具体体现。分析外交政策首先要解释这些决策的出现方式和原因,即外交决策如何产生、为什么产生。这是外交政策分析与更广泛的国际关系研究最明显的不同。以欧盟和美国为例,两者的外交政策制定过程迥异,面临的内外制约因素也不尽相同,因此在对俄政策上展现出明显的差异。在现实主义者看来,这种差异源于利益的分歧。而自由主义者认为,规则和制度才是决定因素。从建构主义的视角出发,身份认同在国际体系和外交决策之间扮演着"桥梁"的角色,在塑造和引导国家利益和行为动机方面具有重要意义。[2] 本书认为,欧美的对俄政策制定是基于"目标+所能承受的后果"的综合考量。从目标上来说,欧盟和美国都希望能够消除俄罗斯的威胁、约束俄罗斯的行为,但在权衡自

---

  [1] 顾伟、刘曙光:《试析美国战略文化的两面性》,《美国问题研究》2016 年第 1 期,第 47 页。
  [2] Thomas Juneau, *Squandered Opportunity: Neoclassical Realism and Iranian Foreign Policy*, Stanford, California: Stanford University Press, 2015, p. 19.

身所能承受的后果时,却展现出截然不同的态度。欧盟因担忧刺激俄罗斯可能带来毁灭性后果而显得谨慎,美国则因其强大的实力而能够承受更为严苛的对俄政策。本章的核心任务,就是深入剖析在面对俄罗斯威胁时,为何跨大西洋的这两个盟友会产生政策分歧,进而揭示导致这种分歧的深层次变量及其之间的相互关系。

新现实主义者提出,在单极世界秩序中,占主导地位的霸权国家将在很大程度上享有追求其利益和偏好的自由。因此,可以合理推断,在同盟友的互动中,霸权国可能会利用其优势地位来推进自身的议程。虽然霸权国家可能倾向于回避严格的联盟纪律机制以维护既得利益,但盟国视这些纪律机制为对霸权的一种必要牵制。[1] 使这一局势复杂化的是,与两极对立格局不同,单极世界中不存在一个清晰的敌对国家(或集团)作为维系联盟凝聚力的明确焦点。正如加利亚·普雷斯-巴纳坦(Galia Press-Barnathan)所指出的,在这种背景下,威胁的感知"并非完全能够从体系结构中得出",并且比两极格局下更容易受到"地缘政治差异、对对方意图的不同感知、国内因素及意识形态"等多重因素的影响。[2] 将联盟视为对外部威胁的一种回应时,两极格局下的联盟往往展现出更强的持续性。而在多极和单极条件下,威胁的不确定性可能导致联盟内部的分歧和凝聚力的减弱。

首先,关于大西洋同盟为什么会产生分歧,不同的学者有不同的看法。安德森(Jeffrey Anderson)和伊肯伯里等学者从冷战后单极世界的性质着手,指出美国发现在多边规则和联盟之外采取行动更容易。华盛顿不需要像冷战期间那样,迁就或妥协于其他国家。这种自我优先的策略,不可避免地激化了与欧洲的摩擦,尤其是考虑到欧洲对于多边主义和

---

[1] Stephen M. Walt, "Alliances in a Unipolar World," *World Politics*, Vol. 61, No. 1, January 2009, pp. 116 - 117.

[2] Galia Press-Barnathan, "Managing the Hegemon: NATO under Unipolarity," *Security Studies*, Vol. 15, No. 2, 2006, p. 273.

第四章　欧美对俄政策差异的原因分析

支持"基于规则的国际秩序"的坚定信仰。同时，单极世界也为欧洲提供了新的理由，让它们既可以搭乘美国领导地位的便车，又可以抵制美国的力量，而这两种行为都不利于跨大西洋合作。① 兰多夫·西沃森（Randolph Siverson）和哈维·斯塔尔（Harvey Starr）通过关注行为体层面的国内政治现象，如官僚政治理论，来分析安全机构的行为模式。这些学者特别强调了国内政治动态（如政府更迭）对联盟政策的影响。② 奥兰·扬则从另一个角度探讨了同盟国在面临共同外部威胁时对外政策不一致的成因，他归纳了三个主要方面：一是内部矛盾导致使命、任务或目标与手段之间的不协调；二是潜在的权力结构变化；三是技术进步等外在因素对相关组织机构造成显著影响。③ 在泽妮娅·威克特（Xenia Wickett）看来，"当外部威胁不再是主要利益时，就会出现分歧"。自冷战结束以来，美国和欧洲常常难以维持密切关系，虽然"9·11"事件和恐怖主义威胁促使双方加强了合作，但对威胁的不同认知和应对方式导致比冷战时期更为严重的分歧。④ 凌胜利也有相似的看法，他认为"随着联盟外部威胁的减少，联盟困境也有所加剧，联盟的利益分化和战略分歧会更加凸显，联盟的对外政策协调也更为困难"。⑤

其次，关于哪些因素导致欧美分歧，学者们提出了多种观点。霍华

---

① Jeffrey Anderson, G. John Ikenberry and Thomas Risse eds., *The End of the West? Crisis and Change in the Atlantic Order*, Cornell University Press, 2008, pp. 16 - 17.

② Randolph Siverson and Harvey Starr, "Regime Change and the Restructuring of Alliances," *American Journal of Political Science*, Vol. 38, No. 1, February 1994, pp. 145 - 161.

③ Oran R. Young, "Regime Dynamics: The Rise and Fall of International Regimes," *International Organization*, Spring 1982.

④ Xenia Wickett, *Transatlantic Relations: Converging or Diverging?* Chatham House Report, The Royal Institute of International Affairs, 2018, p. 30.

⑤ 凌胜利：《联盟管理：概念、机制与议题——兼论美国亚太联盟管理与中国的应对》，《社会科学》2018年第10期，第21页。

德·威亚尔达(Howard J. Wiarda)认为,至少有两大主要因素:欧洲与美国在地缘战略立场上的不同,以及双方政治文化差异的日益扩大。①冯仲平提出了五个关键变量:欧美地缘政治和战略重点的差异;欧洲实力的增强,有"底气"坚持立场;世界治理问题所持有的不同观念;欧洲的务实;美国对欧洲看法的改变。②金玲认为,"国际地位和力量特性不同决定了美欧'单、多边主义'的观念之争"。美国"作为霸权力量,从不受制于多边主义约束,多边机制对其仅有工具性价值",而欧盟"具有制度和规则优势,多边主义机制是其施加影响和实现利益的最佳方式"。③中国前驻欧盟大使丁原洪曾指出,欧盟"不甘于'美主欧从'的地位,极力谋求与美国'平起平坐'"。美国试图独霸世界,而欧盟不愿居人之下。这种战略目标的差异导致双方利益的矛盾和冲突日益尖锐。④崔宏伟认为,"战略优先问题反映了欧美双方对威胁的认知差异"。⑤李文红、窦明月以德国为例,探讨了德美外交理念和政策的冲突,他们认为,这本质上是德美在外交价值观上的差异,涉及世界秩序的单极化与多边主义、自由贸易与贸易保护主义、扩张意识与克制文化、国家利益与理想道义、军事手段与外交手段等方面的重大分歧。⑥

综上所述,学界对于欧盟和美国外交政策产生分歧的原因有不同的解释,而本书的主要理论假设是,安全威胁感受度差异、经济依赖度差异、战略文化差异,以及决策与执行能力差异共同导致欧美选择不同的对俄政策。

---

① Howard J. Wiarda, *American Foreign Policy in Regions of Conflict: A Global Perspective*, Palgrave Macmillan, 2011, pp. 19 - 20.
② 冯仲平:《当前欧美矛盾及其影响》,《当代世界》2015年第7期,第8—9页。
③ 金玲:《跨大西洋关系:走向松散联盟?》,《社会科学文摘》2018年第10期,第35—36页。
④ 丁原洪:《前途多舛的跨大西洋关系》,《北京日报》2017年3月29日,第10版。
⑤ 崔宏伟:《试析新形势下欧美关系的发展前景》,《国际关系研究》2017年第2期,第8页。
⑥ 李文红、窦明月:《试析特朗普上台以来的德美争议》,《现代国际关系》2018年第2期,第36页。

第四章 欧美对俄政策差异的原因分析

第一节 安全威胁感受度差异

在诸多影响因素中,安全威胁感受度不同是导致欧盟和美国对俄政策有差别的最为重要的原因,而欧美对来自俄罗斯的安全威胁的感受度不同很大程度上是由它们各自的实力和所处的地缘环境差异导致的。在这里,实力主要指军事力量,因为欧盟的整体经济实力与美国相比差距并不大,并且俄罗斯的经济实力远不及欧美,所以经济实力的差距几乎不成为欧美选取不同对俄政策的原因,而军事实力不同,是欧盟对俄罗斯持谨慎态度的重要原因。同时,欧美各自的地缘环境也起着关键作用。欧盟与俄罗斯为近邻,因此更担心遭受俄罗斯的军事挑衅;而美国由于地理位置相对孤立,本土面临俄罗斯攻击的可能性较小。军事实力的差距和地缘环境的差异又同时引发了欧美对自身安全的认知的不同,这一点尤其体现在欧洲对跨大西洋联盟可靠性的疑虑上。欧洲国家担忧,在面对俄罗斯的军事威胁时,美国是否会提供支援,以及这种支援的程度如何。

一、实力差距

实力的差距,主要指相互作用的两个或多个国家之间在实力总量(尤其是军事力量)上的"强与弱、大与小的比例关系"。[①] 实力差距对国家行为的影响主要体现在两个方面:一是国家在总体实力上的差异;二是国家实际动员和运用实力的能力差异。这些差异导致国家采取不同的行动策略。实力差距成为国家制定对外战略目标的核心考量因素。实际上,实

[①] 韦宗友:《制衡、追随与不介入:霸权阴影下的三种国家政策反应》,博士学位论文,复旦大学,2004年,第66页。

力差距是一种结构性差异,在一定时期内具有相对稳定性,短期内难以显著改变国际体系中的权力格局。

俄罗斯虽然经济水平远低于美国和欧盟,但是军事实力仍然跻身世界前列,世界权威军事排名机构——"全球火力"网站发布的全球军事力量排行榜显示,多年来,俄罗斯都仅次于美国,稳居第二,[①]作为拥核大国,俄罗斯拥有庞大且多样的核武器库,因此其在地区乃至全球安全格局中具有举足轻重的影响力。欧盟虽经济实力强,但它本身没有集体的常备军事力量,需要依靠各成员国的军事能力,欧洲的安全保障主要依靠美国领导下的北约。美国的经济实力和军事实力都稳居世界第一,世界权力集中在美国手上,所以它在战略手段上倾向于采取单边的方式。从历史上看,体系中的霸权国往往采用进攻性的对外政策,采取扩张的方式获取更多利益,并对阻碍其利益扩张的国家实施打击和遏制。从实力对比来看,美国的实力优势使其能够对俄罗斯实施"新遏制"政策,并能够承担俄罗斯回击的后果,而欧盟无法像美国那样与俄罗斯硬碰硬,欧盟的军事实力不足以应对俄罗斯的反击,故欧盟的对俄政策相较于美国更为柔和。

这种实力鸿沟不仅在物质层面显著存在,而且在其深远影响下塑造了截然不同的战略理念和战略文化。强国与弱国对世界的认知和态度截然不同。它们在评估风险与威胁时所采纳的尺度不一,对于安全的定义各不相同,同时它们对非安全事件的容忍程度也不同。正如罗伯特·卡根所分析的那样,"相比缺乏武装力量的国家,拥有强大军事实力的国家更愿意考虑将武力作为处理国际关系的工具。事实上,更强大的国家对武力的依赖超过了它们应有的能力"。一个英国人曾经用一句谚语来批评美国的黩武嗜好:"当你手中有一把锤子时,任何问题看起来都像是钉子。"而没有强大军事力量的国家则面临着完全相反的威胁:当你没有一

---

① 数据详见:https://www.globalfirepower.com/。

第四章　欧美对俄政策差异的原因分析

把锤子的时候，你不希望任何问题看起来都像是钉子。这种强国和弱国的心态和观念的差异说明了今天美国和欧洲之间的众多分歧。① 因此，欧盟和美国之间的实力差距是影响二者对俄政策选择的关键因素。

二、地缘环境因素

一个国家的地理位置和地缘环境对其安全威胁的感知起着至关重要的作用，这种感知又直接决定了其对外政策选择的方向。诸多历史、地理学家，以及国际政治、国际关系领域的专家，均从"国家位置结构、幅员纵深、缓冲带、距离与险阻"等多重维度，深入剖析了"地缘环境与国家对外政策偏好之间的关系"，最终得出结论：地缘环境与一国的对外政策之间存在着稳定的关联性。领土的面积、气候、土质等因素，共同决定了该国的基本资源状况，进而对人口规模和经济发展水平形成制约。在国际体系中，地理位置及幅员纵深更是成为决定国家安全形势的关键因素。这些地缘特征不仅塑造了国家在安全领域的观念和传统，更对其对外政策的目标偏好产生了深远的影响。② 此外，距离、海洋等自然地理屏障，也在一定程度上限制了国家军事力量的投射能力，对大国的征服和进攻行为构成了制约，从而影响了大国对进攻能力的评估和对外目标的权衡。③ 泽妮娅·威克特（Xenia Wickett）认为，"邻近性（proximity）和脆弱性（vulnerability）是界定政策利益的基础"，所以，近几年流入欧洲的难民和

---

① 罗伯特·卡根：《天堂与权力：世界新秩序中的美国与欧洲》，刘坤译，北京：社会科学文献出版社，2013年，第37—38页。
② 初智勇：《俄罗斯对外结盟的目标形成及影响因素——基于权力结构、地缘关系、意识形态视角的分析》，《俄罗斯研究》2015年第3期，第161页。
③ 约翰·米尔斯海默：《大国政治的悲剧》，王义桅、唐小松译，上海：上海人民出版社，2003年，第149—162页、169—171页；斯蒂芬·范·埃弗拉：《战争的原因：权力与冲突的根源》，何曜译，上海：上海人民出版社，2014年，第178—179页。

欧盟应对俄罗斯的脆弱性极大地影响了欧洲的政策选择。①

　　地理是一个结构性和持续性的因素,地理位置明显限制了一些国家对外政策的选择。长期以来,英国扮演着"离岸平衡手"的角色,英国是位于欧洲西部的岛国,英吉利海峡将英国与欧陆国家分隔开来,英国的地理位置决定了它可以选择超脱于欧陆纷争之外。对英国来说,中欧地区的战略意义并没有那么重要,但对陆上大国法国来说,中欧国家是潜在的盟友。② 即使同时拥有海陆边界,不同国家的考虑也会不一样。海上边界与陆地边界的配置可以预先确定一个国家的陆上和海上活动的相对重要性。如果像法国和德国一样,可以像穿越海洋边界那样轻松地穿越陆地,那么它将具有贸易和通信线路的商业优势,但同时也会增加防御问题。如果像俄罗斯那样,海岸不容易通往开阔的海洋,那么即使它拥有绵长的海岸线,也仅仅是一个陆地大国。③

　　国家可以选择发展道路,但无法选择与谁做邻居。区域的位置决定了邻居是多还是少,是强还是弱,这个地区的地形决定了与邻居接触的方向和性质。④ 地理位置与威胁目标的远近程度对国家的外交政策来说有重要的影响,中国和欧洲没有结构性矛盾,很大程度上是因为地理位置距离较远,泽妮娅·威克特在其关于跨大西洋关系的研究报告中也指出,就威胁来说,"中国不是欧洲人的优先考虑事项"⑤。然而,俄罗斯对于欧盟就非常重要了,如果俄罗斯被激怒,欧盟将成为首当其冲的受害者。有一

---

① Xenia Wickett, *Transatlantic Relations: Converging or Diverging?* Chatham House Report, The Royal Institute of International Affairs, 2018, p. 33.

② Nicholas J. Spykman, "Geography and Foreign Policy, II," *American Political Science Review*, Vol. 32, No. 2, April 1938, p. 229.

③ Nicholas J. Spykman, "Geography and Foreign Policy, II," *American Political Science Review*, Vol. 32, No. 2, April 1938, pp. 218-219.

④ Nicholas J. Spykman, "Geography and Foreign Policy, II," *American Political Science Review*, Vol. 32, No. 2, April 1938, p. 213.

⑤ Xenia Wickett, *Transatlantic Relations: Converging or Diverging?* Chatham House Report, The Royal Institute of International Affairs, 2018, p. 30.

第四章　欧美对俄政策差异的原因分析

个极具威胁性的俄罗斯做邻居,欧盟在制定对外政策时不可能不考虑俄罗斯的反应。当然,也并非所有的欧盟国家感受到俄罗斯威胁的程度都相同,与俄罗斯接壤的国家比其他成员国更担心俄罗斯威胁。

相比之下,美国在地理上的相对孤立,使其对外政策、决策可以不受地理因素的制约。美国可谓近代史上最为幸运的强国之一,其他大国都不得不警惕后院里具有威胁性的对手,即便是英国也曾面临敌人跨越英吉利海峡的入侵,但两个多世纪以来,美国没有受过入侵,遥远的大国对其构成的威胁也相对较小,这得益于其两侧辽阔的大洋提供了天然的屏障。在地理布局上,美国北接实力不强的邻国,南边亦然,而东西两侧则由广阔的海洋环绕。此外,美国拥有广袤的土地、丰富的自然资源,以及庞大且充满活力的人口基础,这一切为其成为世界上最大经济体和最强军事力量奠定了基础。它所拥有的数千枚核武器更是几乎排除了任何针对其本土的外部攻击的可能性。这些地缘政治上的优势赋予了美国极大的战略容错空间。[①] 美国与俄罗斯相距较远,俄罗斯位于欧亚大陆,美国身在美洲。因此,在与俄罗斯的交往中,美国可以相对自如地处理双边关系,即便面对俄罗斯的反击或报复,美国也有更大的承受余地。

邻近的国家往往比相距较远的国家构成的威胁更严重。当邻近的强国引发的威胁导致周边国家追随其领导时,便诞生了所谓的"势力范围"。[②] 例如,在苏联时代,中东欧国家便处于苏联的势力范围内。相反,如果邻近强国的威胁促使各国采取制衡措施,联盟和结盟现象便随之出现,正如欧洲国家为了对抗俄罗斯的威胁而团结起来并与美国建立联盟一样。有人可能会指出,在当今科技高度发达的时代,距离不再是问题,

---

[①] John J. Mearsheimer and Stephen M. Walt, "The Case for Offshore Balancing: A Superior U. S. Grand Strategy," *Foreign Affairs*, Vol. 95, Issue. 4, July/August 2016, p. 72.

[②] Stephen M. Walt, *The Origins of Alliances*, Ithaca, NY: Cornell University Press, 1987, p. 24.

大国几乎都具备远程打击能力,因此"地理邻近性"不应被视为理解欧美对俄政策分歧的关键因素。然而,我们应当认识到,鉴于俄罗斯与乌克兰和叙利亚地理上接近,它对这些国家拥有更大的影响力和控制力,这对美国而言尤其构成了挑战。① 美国知名的以军事为主的综合性战略研究智库兰德公司(RAND)2016年的一项研究称,俄罗斯军队分别抵达爱沙尼亚首都塔林和拉脱维亚首都里加郊区所需的最长时间仅为60小时。② 中小国家更惧怕的是离它们最近的大国,而非遥远的霸权国。远程打击虽然可以实现,但会受到多种因素的限制导致实施困难,而邻近国家的摩擦和冲突时有发生,受到邻近国家常规打击的可能性更高。因此,"地理邻近性"无疑是影响国际关系的一个关键要素,也是各国在制定外交政策时必须慎重考量的重要方面。

可能仍有人质疑,为何身处俄罗斯远方、由两大洋所守护的美国,也会像欧洲一样担心俄罗斯威胁?答案在于,一旦俄罗斯有任何动荡,美国将可能是首个介入的国家。作为一个拥有全球利益的霸权国家,美国视任何可能挑战其霸权地位的力量为威胁,尤其是宿敌俄罗斯。这种威胁不仅仅是传统意义上的安全威胁,更是一种能够撼动地缘政治格局的结构性威胁。这正是本书主旨的体现:欧美对俄罗斯威胁的共识塑造了他们联手对抗俄罗斯的策略;然而,由于军事能力上的不足及与俄罗斯的地理邻近性,欧盟无法承受"硬"打击俄罗斯所带来的后果,于是选择了较为温和的"软制衡"策略;而美国,凭借其足以与俄罗斯正面抗衡的实力,能承担坚决打击俄罗斯的后果,因而采取更为坚定的"新遏制"政策。

---

① Xenia Wickett, *Transatlantic Relations: Converging or Diverging?* Chatham House Report, The Royal Institute of International Affairs, 2018, p. 34.
② David A. Shlapak and Michael W. Johnson, *Reinforcing Deterrence on NATO's Eastern Flank*, RAND Corporation, 2016, p. 1.

第四章 欧美对俄政策差异的原因分析

三、安全认知差异

安全认知差异,即欧美对自身安全及同盟可靠度的认知存在差异。汉斯·摩根索曾指出,当一国发现结盟并兑现承诺的代价超过预期收益,就会避免结盟,相反,同盟形成的必备条件是利益共同体。[①] 罗伯特·基欧汉认为,国家间结盟的一个关键支柱是成员国之间的共同利益。[②] 不管是现实主义者还是自由主义者都承认,共同利益是同盟形成的条件。欧美同盟中,安全关系是其存在和延续的核心要素。欧洲对美国在安全上的依赖程度决定了欧洲外交的空间大小,同时也决定了欧美同盟内部的互动模式。[③] 而对安全认知的差异引出了有关安全同盟的抛弃（abandonment）和牵连（entrapment）问题。根据国际关系现实主义同盟理论,同盟内部会产生对抛弃与牵连的担心,也就是说,同盟内的安全困境使成员国担心他们会在需要同盟时被盟友抛弃,或者受盟友行动的牵连而被卷入与自己直接安全利益关系不大的义务之中。[④] 就欧美安全同盟而言,对于抛弃与牵连的忧虑始终存在。欧洲考虑的是面对俄罗斯的威胁,美国能够在多大程度上保护欧洲。长久以来,有美国人提供安全保障,欧洲人乐于享受"免费安全",美国在世界大部分地区开始建立秩序的同时,欧洲力量大规模撤退。[⑤] 这意味着,欧洲习惯于依赖美国为其提供

[①] Hans J. Morgenthau, *Politics among Nations: the Struggle for Power and Peace*, sixth ed. , Beijing: Peking University Press, 2005, pp. 201 - 202.

[②] Robert Keohane, *After Hegemony: Cooperation and Discord in the World Political Economy*, Princeton, N. J. : Princeton University Press, 1984.

[③] 冯仲平:《欧洲安全观与欧美关系》,《欧洲研究》2003 年第 5 期,第 1 页。

[④] 詹姆斯·多尔蒂、小罗伯特·普法尔茨格拉夫:《争论中的国际关系理论》(第五版),阎学通、陈寒溪等译,北京:世界知识出版社,2003 年,第 575 页。

[⑤] 罗伯特·卡根:《天堂与权力:世界新秩序中的美国与欧洲》,刘坤译,北京:社会科学文献出版社,2013 年,第 45 页。

安全保障，担心被美国抛弃从而使自己的安全暴露于俄罗斯的威胁之下。在奥巴马政府时期，美国寻求调整与俄罗斯的关系并要将战略重心向亚太地区转移，这让其欧洲盟友感到极度不安，它们非常担忧被美国抛弃，导致无法确保自身安全。尽管冷战已经结束，但这并没有完全改变波兰和波罗的海国家将俄罗斯视为地缘政治主要威胁的立场，因此它们强烈呼吁美国不要将其战略重心从中东欧地区移开。[1]

同时，欧洲还担心受到美国对俄强硬政策的牵连，害怕美国会刺激俄罗斯做出过激行为，祸及欧洲。在对俄制裁问题上，欧盟不愿被美国牵连。例如在2017年7月，当美国共和党议员和民主党议员就针对俄罗斯、伊朗和朝鲜施加制裁的问题达成协议时，时任欧盟委员会主席容克敦促欧盟成员国尽快讨论在美国不考虑欧盟意见而对俄实施新制裁情况下欧盟可能的应对措施，其中包括要求美国总统做出保证，制裁将不损害欧盟利益，等等。很明显，欧盟不愿因对俄制裁问题承受太多代价，因此，在制裁结果未出之时，就第一时间向美国表示欧洲不愿再因此受到牵连。[2]

美国对安全的认知不同于欧盟，美国的不安全感不是源于担心俄罗斯威胁美国本土安全，而是来自俄罗斯能够威胁美国的海外利益和盟友安全，同时挑战美国霸权。美国尚未摆脱冷战思维，与俄罗斯互信基础脆弱。作为两个传统的军事强国，美俄有各自的全球安全战略和地缘政治考量。[3]"零和博弈"的思想仍存在于美国的对俄政策中，故美国对俄罗斯采取"新遏制"政策。欧盟虽然也将俄罗斯看作威胁，但并不是非要置其于死地，彻底击垮俄罗斯，在欧盟看来，只要能够限制俄罗斯的权力，将

---

[1] 崔宏伟：《试析新形势下欧美关系的发展前景》，《国际关系研究》2017年第2期，第9页。

[2] 《美俄互放大招斗法，欧洲罕见表示中立不想趟浑水！》，第一军情，2017年7月25日，http://baijiahao.baidu.com/s?id=1573850248088347&wfr=spider&for=pc。

[3] 陶坚、栾天怡：《欲正其规，必立其信——美国政府行为冲击国际秩序中信任关系》，《世界知识》2018年第16期，第42页。

第四章　欧美对俄政策差异的原因分析

其稳定在可控的范围内就足够了。一个极度虚弱的俄罗斯也不符合欧盟的战略利益。在美俄关系剑拔弩张之时，欧盟会充当美俄之间的调停人，避免形势进一步恶化。

安全威胁感受度的不同进一步影响了欧盟和美国在战略目标和优先事项的选择与排序。欧盟更看重地理关联性，主要关注其所在的欧洲大陆和近邻区域。从某种角度看，欧俄之间的合作具有天然的互补性：俄罗斯拥有西欧所缺乏的丰富资源、强大军力及位于欧亚大陆中心的战略位置，而西欧则能为俄罗斯提供所需的资本、市场和海上通道。然而，双方合作的最主要障碍恰恰源自欧盟本身。相对于碎片化的欧洲，一个面积1700多万平方公里、拥有庞大核武库的俄罗斯，对欧洲来说太强大了，欧盟国家所占领土面积不足美国的一半，而俄罗斯的领土面积大约是美国的1.8倍。① 从体量上来说，欧盟根本吸纳不了俄罗斯，有这样一个"庞然大物"做邻居，欧洲国家难免惴惴不安。一直以来，欧盟都担忧过于强硬的对俄政策会激怒俄罗斯，导致其采取极端的报复手段。如果欧洲安全局势因此而紧张或陷入混乱，欧盟国家将首当其冲。与此同时，作为冷战后国际秩序主导者的美国更看重的是其全球战略。对美国来说，俄罗斯代表着一个至关重要的安全利益，但又必须与众多其他国家利益进行权衡。因此，美国采取了一种选择性的策略，仅在核武器控制、核不扩散、伊朗问题、阿富汗和中东和平等问题上，视俄罗斯为解决紧迫问题的重要角色。简而言之，在美国看来，只要俄罗斯扮演"挑战者"或美国利益"支持者"的角色，它就很重要。

实力差距、地缘环境不同和安全认知差异共同导致欧美对俄罗斯安全威胁感受度有差别，这是欧美采取不同对俄政策的最为重要的原因。

---

① 数据来源于 CIA World Factbook，https://www.indexmundi.com/factbook/compare/european-union.russia。

第二节　经济依赖度差异

经济依赖度的显著差异是欧美在对俄政策上呈现不同态度的重要原因。经济依赖度,简而言之,即不同行为体在经贸合作中所展现的相互依存程度。欧盟与俄罗斯之间的经济关系紧密交织,欧盟高度依赖俄罗斯的能源和市场,而俄罗斯同样需要欧盟的技术与投资。这种相互依存的关系,使得双方一旦关系紧张或恶化,都将不可避免地承受巨大的经济利益损失。相比之下,美国与俄罗斯之间的经济联系则显得相对薄弱。即便两国剑拔弩张,对于双方的经济影响也相对有限。这种经济依赖度的巨大差异,导致欧美在对待俄罗斯时采取不同的政策立场。经济依赖度越高,双方在行动上的相互约束就越大,政策制定时的考虑因素也就越多。

在欧洲与俄罗斯的相互依赖关系中,欧洲展现出的脆弱性明显高于俄罗斯。罗伯特·基欧汉和约瑟夫·奈认为,行为体之间的相互依赖关系是对称的还是不对称的,以及不对称的程度如何,均取决于一个行为体对另一个为体的敏感性(sensitivity)和脆弱性(vulnerability)的大小;敏感性即在特定政策框架下,一国变化引发另一国变化的速度和代价大小;而脆弱性则是指各国在尝试调整政策以减轻外部条件带来的压力时,所需付出的代价大小,以及承受这些代价的政治意愿强弱。在制定对外政策时,国家必须充分考虑在相互依赖格局中可能暴露的脆弱性及其程度,从而采取明智的举措,确保将付出的代价控制在可承受范围内。[1] 在国际关系领域中,传统的政治权力主要建立在军事优势之上。然而,随着相互依赖关系的不断发展,经济差异也逐渐成为政治权力的新源泉。这种经济差异,正是通过敏感性和脆弱性来衡量各国在相互依赖格局中的获

---

[1] 樊勇明:《西方国际政治经济学》(第三版),上海:上海人民出版社,2017年,第20页。

第四章 欧美对俄政策差异的原因分析

利能力和获利多少的。在同一相互依赖格局中,那些付出代价较小、决策自主权受限制较少且收益相对较多的国家,往往有能力将自己的意志强加给那些付出代价较大、决策自主权受限较多且收益相对较少的国家。前者不仅能迫使后者执行其不愿执行的政策,还能在与后者的谈判中占据优势,从相互依赖格局中谋取更多利益。这种迫使他人就范的能力和谈判中的优势,正是国际政治权力的具体体现。①

相互依赖的脆弱性程度,实则是各行为体在获取替代选择时所展现的相对能力及所需付出的代价所决定的。② 面对俄罗斯,美国的脆弱性小于欧盟,因为它可以选择在可承受的代价范围内制裁俄罗斯。就依赖的代价而言,敏感性指的是在试图改变局面而做出变化之前受外部强加代价影响的程度;而脆弱性,则可被定义为行为体因外部事件(甚至是在政策发生变化之后)强加的代价而遭受损失的程度。由于政策往往难以迅速变更,外部变化的直接影响往往表现为敏感性相互依赖;至于脆弱性相互依赖,其衡量标准只能是在一段时间内,行为体为有效适应变化的环境而做出调整应付出的代价。③

从图4和图5中,我们可以清晰地观察到欧盟与俄罗斯之间的进出口总额显著高于美国与俄罗斯的进出口总额。这表明,欧盟与俄罗斯的经贸关系更为紧密、经贸互动更为频繁,相比之下,美俄之间的经贸关系则显得较为疏远。在经济层面,欧盟与俄罗斯的相互依赖程度远超美国与俄罗斯的依赖程度,使得欧盟成为俄罗斯至关重要的贸易伙伴。2012年,俄罗斯与欧盟之间的进出口额是与美国之间的10.3倍。

---

① 樊勇明:《西方国际政治经济学》(第三版),上海:上海人民出版社,2017年,第20页。
② 罗伯特·基欧汉、约瑟夫·奈:《权力与相互依赖》(第3版),门洪华译,北京:北京大学出版社,2002年,第14页。
③ 罗伯特·基欧汉、约瑟夫·奈:《权力与相互依赖》(第3版),门洪华译,北京:北京大学出版社,2002年,第14页。

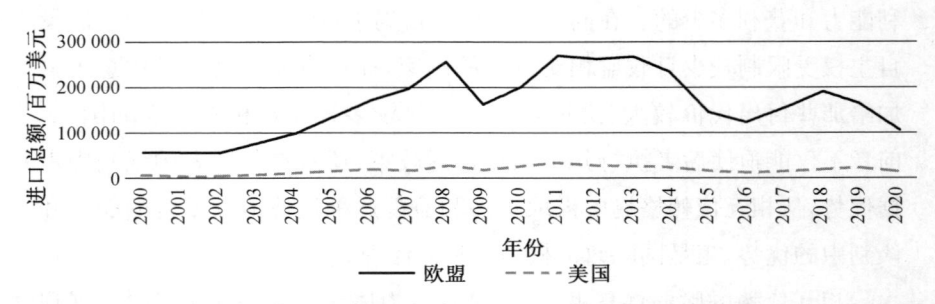

图 4　2000 年至 2020 年欧盟、美国对俄罗斯进口总额

资料来源：国际货币基金组织贸易统计数据（IMF Direction of Trade Statistics），各地区和国家的出口和进口（Exports and Imports by Areas and Countries），详见http://data.imf.org/regular.aspx?key=61013712。

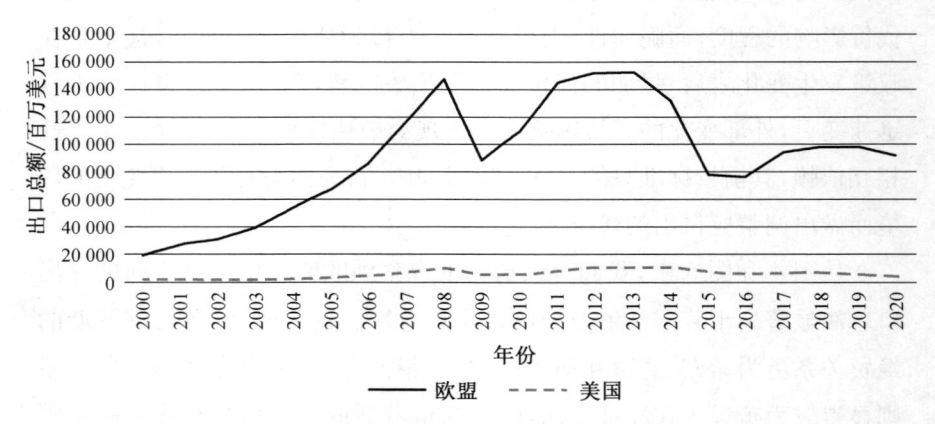

图 5　2000 年至 2020 年欧盟、美国对俄罗斯出口总额

资料来源：国际货币基金组织贸易统计数据（IMF Direction of Trade Statistics），各地区和国家的出口和进口（Exports and Imports by Areas and Countries），详见http://data.imf.org/regular.aspx?key=61013712。

2013 年，原油、天然气和石油产品占俄罗斯出口总额的 68%。[1] 其

---

[1] Energy Information Administration, "Oil and natural gas sales accounted for 68% of Russia's total export revenues in 2013," https://www.eia.gov/todayinenergy/detail.php?id=17231, July 23, 2024.

第四章　欧美对俄政策差异的原因分析

中,71%的天然气出口到了欧盟。① 人们常常强调欧盟对俄罗斯天然气的依赖。然而,这种依赖在成员国之间差异很大,像保加利亚、爱沙尼亚、芬兰、拉脱维亚、立陶宛和斯洛伐克,所有的天然气都需要从俄罗斯进口,而丹麦、法国、荷兰、罗马尼亚和英国从俄罗斯进口的天然气不到其天然气需求总量的20%。② 此外,欧盟还是俄罗斯重要的出口市场。这种相互依赖是欧盟和俄罗斯双方影响力和脆弱性的来源。相比之下,美国则在很大程度上置身于这种依存关系之外。③ 由于一国对其他国家的依赖程度越高,其在国际事务中的议价能力就越受限,必须更多地考虑其政策对获取国外供给和市场的影响,因为这将关系到它的国计民生。相比之下,美国有能力按照它对政治和军事局势的估计来进行决策。④

在普京掌舵克里姆林宫的前八年里,随着国际油价从每桶12美元飙升至每桶147美元,俄罗斯凭借其在能源领域的雄厚实力,成功地在欧洲树立了能源大国的地位。在此期间,俄罗斯充分利用其天然气和(相对较少的)石油供应,充实了国库,更巩固了其在欧洲的政治和经济影响力。作为欧盟最重要的外部能源供应国,俄罗斯与欧洲之间建立了紧密且复杂的相互依赖关系。在欧洲的天然气进口总量中,俄罗斯曾占据高达37%的份额,对于某些欧洲国家而言,这一比例更是接近或达到百分之百。例如,芬兰、斯洛伐克、保加利亚、爱沙尼亚和拉脱维亚几乎完全依赖俄罗斯的天然气供应。尽管立陶宛已经建立了自己的液化天然气接收

---

① European Commission, *European Energy Security Strategy*, COM (2014) 330 final, May 28, 2014, p. 2.
② European Commission, *European Energy Security Strategy*, COM (2014) 330 final, May 28, 2014, Annex 1.
③ Vicki L. Birchfield and Alasdair R. Young eds., *Triangular Diplomacy among the United States, the European Union, and the Russian Federation: Responses to the Crisis in Ukraine*, Palgrave Macmillan, 2018, p. 5.
④ 肯尼思·华尔兹:《国际政治理论》,信强译,上海:上海人民出版社,2017年,第164页。

站,以减少对俄罗斯的依赖,但仍有半数天然气是从俄罗斯进口的。德国、意大利和法国等欧洲大国,也分别曾有40%、20%和18%的天然气来自俄罗斯。值得一提的是,在冷战时期,苏联向欧洲出口天然气成为促进与西欧关系缓和的关键因素。那时,苏联作为西欧可靠的天然气供应国,导致供应波动的主要是气候条件,而非政治因素。尽管莫斯科有时会对石油和天然气供应进行操纵,以此向东欧国家施加压力,但在履行与西欧的协议时,它却表现出严格的遵守态度。[①] 这种经济的互补性对于欧俄双方来说都至关重要,双方都深知这种经济联系的价值,因此都不愿轻易断绝关系。

欧盟与俄罗斯在能源、市场等方面十分依赖彼此,欧俄的经济相互依赖程度高。相比之下,美俄关系却缺乏欧俄之间那种深入的经济互动和紧密的相互依存关系。这种经济依赖度的差异在欧美之间逐渐显现,进而在制裁俄罗斯的问题上引发了明显的分歧。

第三节 战略文化差异

欧美之间的战略文化差异,也是欧美在对俄政策上产生分歧的重要原因。所谓"战略文化",这一概念最初由杰克·斯奈德(Jack Snyder)在1977年提出,用来分析美国和苏联相互矛盾的战略文化如何影响核竞争、战略思维和决策。斯奈德认为,苏联的战略文化为理解危机情境下苏联领导人的决策过程提供了重要的分析框架。[②] 在超级大国被卷入核战略平衡的两极冷战中,"战略威胁"是军事层面的,"战略"意为使用强制军事力量来实

[①] Angela Stent, *Putin's World: Russia Against the West and with the Rest*, New York: Twelve, 2019, Chapter 3.

[②] Jack Snyder, *The Soviet Strategic Culture: Implications for Limit Nuclear Operations*, Santa Monica: Rand, 1977, p.ⅲ.

第四章 欧美对俄政策差异的原因分析

现政治目标。对国家战略文化的传统理解,即通过使用军事手段捍卫国家主权和领土完整来获得安全。斯奈德将战略文化定义为国家战略共同体成员通过学习、模仿及共享所形成的一系列思想、情绪反应及习惯行为的总和。[1] 也有学者将其定义为,一个国家在对待威胁或使用武力方面所持有的传统、价值观、态度、行为模式、习惯、象征、成就,以及特定的适应环境和解决问题的方式。[2] 简而言之,"战略文化"是指"对一个国家的战略思维、战略取向、战略意图等产生影响的深层次的文化因素"。[3]

战略文化提供了一种分析国家行为动机的视角,使我们能更加明晰地洞察一国对外政策以及国际冲突、危机背后的连贯性与根源。地缘政治竞争的背后,往往隐藏着一个国家坚守其历史势力范围的倾向,这一倾向往往源于深厚的战略文化。战略文化在一个国家的战略思想中能够留下持久的烙印,其影响力甚至跨越数十年。实质上,战略文化是一种尝试,旨在将文化因素、历史记忆及其对国家安全政策和国际关系的深刻影响进行有机融合。[4] 不仅如此,战略文化不仅局限于对国家行为体的政策选择进行解读,更能帮助我们洞悉地区(如亚洲、欧洲)及国际组织(如欧盟、北约)等的行为特征。

通过战略文化的研究,我们能够学会理解和诠释国家与军事行动,在浩瀚的历史长河中探寻特定策略的脉络,进而提升对国家行为的预测能力。值得注意的是,战略文化并非一成不变的教条,亦非束缚我们审视过去或未来的僵化框架。相反,它是一个极具价值的工具,有助于我们理解

---

[1] Jack Snyder, *The Soviet Strategic Culture: Implications for Limit Nuclear Operations*, Santa Monica: Rand, 1977, p. 8.
[2] Ken Booth, "The Concept of Strategic Culture Affirmed," in Carl Jacobsen ed., *Strategic Power: USA/USSR*, London: Macmillan, 1990, p. 121.
[3] 张启良:《海军外交论》,北京:军事科学出版社,2013年,第99页。
[4] Nayef Al-Rodhan, "Strategic Culture and Pragmatic National Interest," 22 July 2015, https://www.globalpolicyjournal.com/blog/22/07/2015/strategic-culture-and-pragmatic-national-interest.

一个国家如何,以及在何种情境下确定实现其安全目标的恰当手段与途径。因此,战略文化涵盖了国家情感(如民族自豪感和威望)与国家利己主义(如追求国家利益)等多个层面,这一综合性的方法赋予了战略文化更为全面和深入的视角,既考虑观念的变迁,又顾及各国在国际体系中面临的具体制约与机遇。

一、战略文化中的单边与多边

美国的战略目标旨在构建一个由其主导的"单极世界",确保在全球范围内没有任何国家能够挑战其霸权地位。为了实现这一目标,美国在国际事务中积极推行"单边主义"政策,即强调其他国家和利益集团须服从其战略意图,并与美国保持步调一致。单边主义的核心理念在于"美国利益至上",它强调由美国来主导决策,决定在何时、以何种方式采取行动,以保障美国的价值观和国家利益。特别是在小布什政府和特朗普政府时期,美国的"单边主义"倾向表现得尤为显著。

相比之下,冷战后的欧盟逐渐孕育出一种独特的战略文化,即倾向于采用多边主义和国际法的手段来应对外部威胁。多边主义,这一融合了规则、制度性合作与包容性互动的理念,被视为国际关系中一种明确的合作方式,它根植于参与者的自愿决策,并涉及多元化的行为主体。这种战略文化的形成,在很大程度上源于欧洲人在军事选择上的谨慎与犹豫,既想"搭便车"又对依赖美国有疑虑。此外,欧洲和平主义的社会心理和文化传统,以及欧盟在民事和规范性力量方面的优越感,也为其多边主义战略文化提供了深厚的土壤。对欧洲国家来说,多边主义不仅预示着收益,而且能够遏制霸权国家。[①] 欧盟积极倡导世界多极化,强调多种政治力

---

① 宋芳、洪邮生:《特朗普执政以来欧美关系新变化》,《国际论坛》2019年第5期,第59页。

第四章　欧美对俄政策差异的原因分析

量应平等共存,并共同参与国际事务的解决。为实现这一目标,欧盟加速推进欧洲一体化的深入发展,壮大自身实力,力争在欧洲事务中占据主导地位。同时,加强共同外交和安全政策,努力使自身成为国际舞台上的一个重要力量,以期彻底改变欧洲的政治格局。罗伯特·卡根认为,欧洲人对单边主义的敌意和对多边主义的推崇其实也是出于自身利益的考虑,因为"无论是单个欧洲国家,还是'集体'欧洲都缺乏实施单边军事行动的能力,这样他们自然会反对其他国家采取单边行动。他们自己做不到的事情,其他人也不能去做。所以对欧洲人来说,呼吁多边主义和国际法是一件成本小而现实收益高的好事"。①

简而言之,欧洲人更愿意通过多边机制(欧盟、联合国)解决国际问题;美国作为世界唯一超级大国,喜欢采取单边行动。② 有意思的是,欧洲人批评美国的单边主义并不是指美国的单独行动,而是因为美国的单独行动不会也不能被限制,即使它最亲密的盟友也不行。在欧洲人看来,说美国是"单边主义者"是因为欧洲的权力难以对其施加任何影响。③ 近年来,这种单边与多边的分歧在欧美关系中愈发凸显。美国的单边行为有时甚至会牺牲欧洲盟友的利益,导致欧盟对多边的倡导更加坚定,离心倾向也愈发强烈。在对俄政策上,欧美之间的这种差异也体现得淋漓尽致。

二、战略文化中武力的使用

跨大西洋的盟友们在是否使用武力的问题上持有不同的见解。仔细

---

① 罗伯特·卡根:《天堂与权力:世界新秩序中的美国与欧洲》,刘坤译,北京:社会科学文献出版社,2013年,第53页。
② Howard J. Wiarda, *American Foreign Policy in Regions of Conflict: A Global Perspective*, Palgrave Macmillan, 2011, pp. 19-20.
③ 罗伯特·卡根:《天堂与权力:世界新秩序中的美国与欧洲》,刘坤译,北京:社会科学文献出版社,2013年,第208页。

比较欧盟与美国的军费开支情况(如图 6 所示),我们不难发现,美国对军事力量的投入显著超越欧盟。美国每年的军费开支相当于欧盟的两倍以上,考虑到美国仅为单一国家,而欧盟则是多个国家组成的集团,这足以证明美国军事开支之巨,远超欧洲各国之和。这种对比不仅展现了美国对武力的高度重视,也凸显了欧洲在武力使用上的相对冷淡态度。此外,这亦反映出欧洲在军事上对美国的深度依赖。欧洲对硬实力和军事力量的低估,以及对软实力工具如经济和贸易的过度高估,正是导致其军事衰弱而经济强大的重要原因之一。[①] 由于军事力量的相对薄弱,欧洲在处理大多数外交政策议题时往往不得不进行艰难的谈判和做出必要的妥协。相比之下,美国作为军事超级大国,更倾向于以武力为后盾来维护其利益。欧洲似乎对和平有着近乎执着的追求,不惜付出一切代价以避免冲突;而美国人则更倾向于坚守自己的立场,并在必要时毫不犹豫地动用武力来维护其国家利益和全球地位。[②]

欧洲已逐渐放下了权力争夺的雄心壮志,特别是在军事领域。在过去的几十年里,欧洲对于权力的理解已与美国大相径庭,这种差异源自二战后他们所经历的独特历史。他们深深反对强权政治,因为这样的政治体系在 20 世纪及更早时期给他们带来了巨大痛苦。这种对权力的态度,对于大西洋彼岸的美国而言,是难以理解和接受的,因为他们并未经历过与欧洲相似的历史。[③] 欧洲的战略文化独具特色,它倾向于谈判、外交斡旋和商业手段,更加看重国际法的权威性,而非诉诸武力;它更倾向于多边主义的合作,而非单边主义的行动。事实上,尽管从历史的角度来看,

---

① 罗伯特·卡根:《天堂与权力:世界新秩序中的美国与欧洲》,刘坤译,北京:社会科学文献出版社,2013 年,第 45 页。

② Howard J. Wiarda, *American Foreign Policy in Regions of Conflict: A Global Perspective*, Palgrave Macmillan, 2011, pp. 19 - 20.

③ 罗伯特·卡根:《天堂与权力:世界新秩序中的美国与欧洲》,刘坤译,北京:社会科学文献出版社,2013 年,第 77 页。

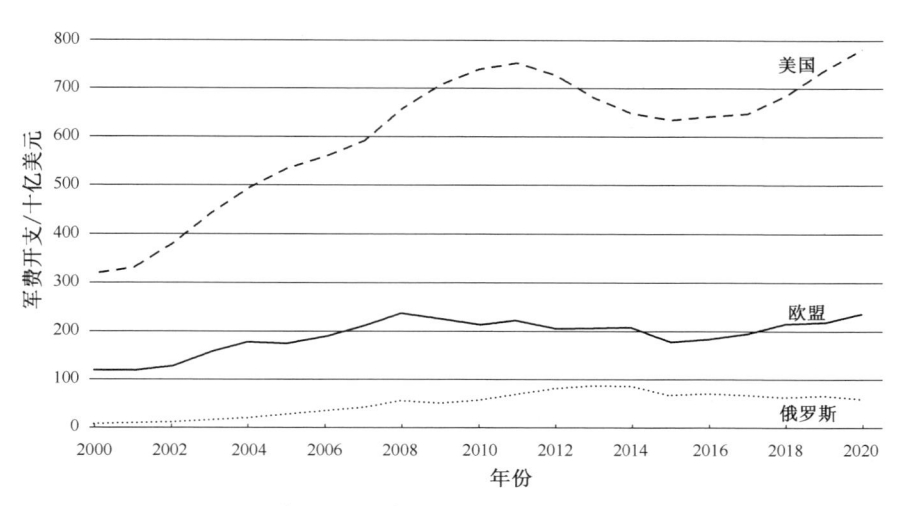

第四章　欧美对俄政策差异的原因分析

图 6　2000 年至 2020 年美国、欧盟、俄罗斯军费开支对比

资料来源：世界银行，详见 https://data.worldbank.org/indicator/MS.MIL.XPND.CD? end=2020&locations=RU-US-EU&start=2000。

这些方法并非欧洲传统国际关系手段的全部，但它们无疑是近代欧洲历史的产物。现代欧洲的战略文化反映了对过去历史的深刻反思和批判，是对"邪恶"的欧洲强权政治的坚决摒弃。[1] 如今，欧洲更倾向于运用软实力，强调规范和民事力量的作用。在与俄罗斯打交道时采用的"软制衡"策略，正是欧盟战略文化的一种自然延伸。

美国在外交舞台上的耐心相对有限，更倾向于迅速采取武力手段。面对实际或潜在的对手时，美国普遍倾向于采取强硬而非说服性的政策，相较于利诱，更看重通过惩罚性措施来塑造所谓的"好"行为。简而言之，美国更倾向于挥舞"大棒"，而非抛出"胡萝卜"。[2] 相比之下，欧洲在外交

---

[1] 罗伯特·卡根：《天堂与权力：世界新秩序中的美国与欧洲》，刘坤译，北京：社会科学文献出版社，2013 年，第 78 页。

[2] 罗伯特·卡根：《天堂与权力：世界新秩序中的美国与欧洲》，刘坤译，北京：社会科学文献出版社，2013 年，第 3 页。

上则显得更为微妙和间接,他们对失败的容忍度更高,面对解决方案见效缓慢的情况也更有耐心。欧洲普遍倾向于采用和平的方式应对问题,更倾向于通过谈判、外交和劝服等手段,而非强迫他人。在解决争端时,欧洲更倾向于迅速诉诸国际法、国际公约和国际舆论进行调解。此外,欧洲擅长利用商业和经济关系来联结各国,欧洲通常更注重过程而非结果,坚信精心构建的过程最终能够转化为实质性的成果。①

当然,这种对欧美战略文化的概括基于对整体和通常情况的观察,难免会存在例外。例如,在对待权力的态度上,英国可能表现得比其他欧洲国家更为"美国化"。对大英帝国的怀旧情感,二战和冷战初期与美国建立的"特殊关系",以及历史上相对独立于其他欧洲国家的地位,都使得英国与其他欧洲国家有所疏离。此外,也不能简单地将法国人和德国人混为一谈:前者骄傲而独立,但是有着极度的不安全感;后者自从二战结束以来混杂了自信和自我怀疑。同时,东欧和中欧国家有着完全不同于其西欧邻国的历史,对俄罗斯权力的恐惧深植于其历史记忆中,这导致它们在霍布斯现实主义的观点上更接近于美国。当然,在大西洋两岸的国家内部,观点也并非铁板一块。例如,法国的戴高乐主义者和社会主义者之间就存在明显的意见分歧。在美国,民主党通常在外交政策上展现出比共和党更为"欧洲化"的倾向。甚至在美国政界内部,如前国务卿科林·鲍威尔和前国防部长唐纳德·拉姆斯菲尔德,外交理念也存在显著的欧洲化与非欧洲化之分。一些美国人,特别是知识精英,对美国外交政策的强硬"本质"感到不适,这与欧洲人的态度颇为相似。同样地,也有一些欧洲人像美国人一样非常重视权力。②

---

① 罗伯特·卡根:《天堂与权力:世界新秩序中的美国与欧洲》,刘坤译,北京:社会科学文献出版社,2013年,第4—5页。
② 罗伯特·卡根:《天堂与权力:世界新秩序中的美国与欧洲》,刘坤译,北京:社会科学文献出版社,2013年,第5—6页。

第四章　欧美对俄政策差异的原因分析

第四节　决策与执行能力差异

决策与执行能力的差异是另一个不可忽视的因素，它同样影响着欧美双方的不同选择。虽然这一实践或操作层面的因素可能不如前文提及的几个变量显著，但其实际影响却不容忽视。

美国的外交决策机制相对简明高效，决策权主要集中于联邦层面。尽管美国总统在外交和国内政策方面可能受到国内政治体系中对权力滥用的制约，如美国国会对总统权力的制衡，但相较于欧盟所固有的决策复杂性（如欧盟机构与欧盟成员国之间的多层次互动），美国的联邦制仍堪称效率的典范。[1] 美国总统根据宪法和二级立法，拥有相当大的权限来应对诸如乌克兰危机等突发事件。而欧盟的情况则截然不同，外交政策决策权主要掌握在成员国手中。由于欧盟决策的共同性，所有成员国政府都必须达成一致，这意味着任何一个成员国都有权阻止共同行动。因此，在欧盟外交政策形成过程中，否决的可能性远超过美国。在同等条件下，美国决策后采取行动的难度也远低于欧盟。此外，欧盟成员国保留了相当程度的外交政策自主权，正如法国和德国在与俄罗斯和乌克兰通过"诺曼底模式"解决乌克兰危机时所展现的那样。[2]

欧盟的对外决策是一个错综复杂的多层次体系。在这个体系中，各成员国无疑是主要角色，它们各自承载着深厚的民族认同和丰富的历史

---

[1] Daniel S. Hamilton and Teija Tiilikainen eds, *Domestic Determinants of Foreign Policy in the European Union and the United States*, Center for Transatlantic Relations, 2018, p. xiv.

[2] Alasdair R. Young and Vicki L. Birchfield, "Introducing Triangular Diplomacy," in Vicki L. Birchfield, Alasdair R. Young eds., *Triangular Diplomacy among the United States, the European Union, and the Russian Federation: Responses to the Crisis in Ukraine*, Palgrave Macmillan, 2018, pp. 5 - 6.

经验。成员国通过积极参与欧洲理事会、欧盟理事会[①]等正式机构,以及各类非正式论坛,对欧盟的共同政策施加影响。然而,它们的立场和政策走向往往受到国内外众多因素的交织影响,这使得决策过程充满了变数。[②]即便在对待俄罗斯的问题上欧盟能够达成共同决策,但在执行过程中仍可能遭遇分裂和拖延。斯蒂芬·柯克莱勒和汤姆·德尔鲁对欧盟的"一致性"问题进行了深入剖析,将其细化为四个层面:首先,横向的不一致性,即欧盟内部不同政策领域,如共同外交与安全政策、共同安全与防务政策,以及内外政策间的衔接问题;其次,机构层次的不一致性,表现为欧盟理事会、欧盟委员会和欧盟对外行动署等机构在制定对外政策时的协调难题;再次,纵向的不一致性,即欧盟层面的决策与成员国实际操作间的差异;最后,国家层次的不一致性,指的是各成员国间外交政策的不统一。[③]这四个层面的"不一致性"都严重阻碍了欧盟实施有效、统一的对外政策。

在多位学者的观察和分析中,欧盟对俄罗斯外交政策的影响力显得尤为有限。尽管双方曾有过构建战略伙伴关系的设想,但欧盟外交政策在与俄罗斯的互动中暴露出的无效性尤为突出。[④]正如欧盟外交事务专

[①] 欧洲理事会,又称欧盟首脑会议或欧盟峰会,由成员国国家元首或政府首脑及欧洲理事会主席、欧委会主席组成。欧盟理事会,又称部长理事会,由每个成员国各1名部长级代表组成。

[②] Teija Tiilikainen, "Foreign Policy-Making in the European Union: How the Political System Affects the EU's Relations with the United States," in Daniel S. Hamilton and Teija Tiilikainen eds., *Domestic Determinants of Foreign Policy in the European Union and the United States*, Washington, DC: Center for Transatlantic Relations and Finnish Institute of International Affairs, 2018, p. 163.

[③] 斯蒂芬·柯克莱勒、汤姆·德尔鲁:《欧盟外交政策》(第二版),刘宏松等译,上海:上海人民出版社,2017年,第124—125页。

[④] Derek Averre, "Russia and the European Union: Convergence or Divergence," *European Security*, Vol. 14, No. 2, 2005, pp. 175-202; Lara Piccardo, "The EU and Russia: Past, Present and Future of a Difficult Relationship," in Federiga Bindi ed., *EU Foreign Policy: Assessing the EU's Role in the World*, Washington DC: The Brookings Institution, 2010, pp. 119-132; Hiski Haukkala, *The EU-Russia Strategic Partnership: The Limits of Post-Sovereignty in International Relations*, Abingdon, Routledge, 2010.

第四章　欧美对俄政策差异的原因分析

员彭定康(Christopher Francis Patten)所说,"与俄罗斯打交道可能是欧洲外交政策制定的最大失败"。① 2007年,欧洲对外关系委员会(European Council on Foreign Affairs)对欧盟与俄罗斯关系进行了一次深入的权力审查,结果显示,尽管在传统意义上欧盟在双方关系中占据优势地位,但实际上却难以对俄罗斯产生实质性影响。② 在希斯基·哈乌卡拉(Hiski Haukkala)看来,"欧盟实际上未能与俄罗斯达成任何最初的目标",③这凸显了欧盟在对外关系中的困境。肯尼思·华尔兹则深入剖析了欧盟外交政策无效性的根本原因,他认为,欧盟拥有所有必要的资源——庞大的人口、丰富的物质资源、先进的技术和军事能力——但缺乏有效运用这些资源的组织能力和集体意志,这使得欧盟难以成为一个强大的政治实体。④ 阿斯勒·托伊(Asle Toje)同样指出了欧盟在外交和安全政策执行上的短板,他认为"缺乏能够克服不同意见的决策程序"是欧盟无法兑现其外交和安全政策承诺的关键因素。⑤

一方面,当欧盟试图通过贸易政策作为杠杆来影响俄罗斯的行为时,却发现其效果并不显著;另一方面,欧盟在坚持自身原则方面显得犹豫不决,缺乏足够的决心。这种缺乏决心的背后,一个重要原因在于欧盟成员国对于如何对待俄罗斯存在显著的分歧。有的成员国主张与俄罗斯接触,有的则倾向于对抗,而剩余的国家则未能形成一致或强硬的立场。实际上,欧盟内部对于俄罗斯的认知依然混沌不清:俄罗斯究竟在多大程度

---

① Chris Patten, "Europe's Vision-free Leadership," *Moscow Times*, November 26, 2009.

② Mark Leonard and Nicu Popescu, *A Power Audit of EU Russia Relations*, Policy Paper, London: European Council on Foreign Relations, 2007.

③ Hiski Haukkala, "Lost in Translation? Why the EU Has Failed to Influence Russia's Development," *Europe-Asia Studies*, Vol. 61, No. 10, 2009, pp. 1757-1775.

④ Kenneth Waltz, "Structural Realism after the Cold War," *International Security*, Vol. 25, No. 1, 2000, p. 31.

⑤ Asle Toje, "The Consensus-Expectations Gap: Explaining Europe's Ineffective Foreign Policy," *Security Dialogue*, Vol. 39, No. 1, 2008, pp. 121-114.

上构成欧洲的政治或军事威胁,还是被视为经济机遇?值得注意的是,即便是一些主张对俄罗斯采取更为强硬政策的成员国,尤其是波罗的海国家和斯洛伐克,也恰恰是那些最依赖俄罗斯天然气的国家。① 这种对天然气的依赖并未成为决定欧盟成员国对俄罗斯态度的唯一因素,反而使得欧盟在对待俄罗斯问题时更加复杂和纠结。

欧盟各成员国与俄罗斯的关系因各自的历史背景、地理位置及国家安全优先级的差异而呈现多样性。在处理俄罗斯问题上,调和这些错综复杂的利益是欧盟面临的一项重大挑战。格鲁吉亚危机的案例生动地展示了双边主义在形成共同政策过程中所扮演的阻碍角色。② 欧盟成员国的盘算是,双边主义的政治和经济利益大于严肃多边主义的任何潜在利益。③ 对于一些观察家来说,巴黎和莫斯科之间建立的牢固关系确实损害了欧洲的凝聚力,因为它偏袒了莫斯科而忽略了新成员。④ 这种分析支持双边主义对多边主义产生负面影响的论点,从而阻碍了对俄共同政策的实施。可是又有人认为,一个更加强势的俄罗斯可能会促使欧盟成员国更加积极地协调方法。⑤ 无论如何,法国领导层受到批评的事实说

---

① Alasdair R. Young and Vicki L. Birchfield, "Empirical Scene Setting: The Contours of the Crisis and Response," in Vicki L. Birchfield, Alasdair R. Young eds., *Triangular Diplomacy among the United States, the European Union, and the Russian Federation: Responses to the Crisis in Ukraine*, Palgrave Macmillan, 2018, p. 30.

② Rachel Le Noan, "France," in Maxine David, Jackie Gower and Hiski Haukkala eds., *National Perspectives on Russia: European foreign policy in the making?* Milton Park, Abingdon, Oxon: Routledge, 2013, p. 35.

③ James Hughes, "EU Relations with Russia: Partnership or Asymmetric Interdependency?" in Nicola Casarini and Costanza Musu eds., *European Foreign Policy in an Evolving International System: The Road Towards Convergence*, Palgrave Macmillan, 2007, p. 92.

④ Thomas Gomart, "France's Russia Policy: Balancing Interest and Values," *The Washington Quarterly*, Vol. 30, No. 2, 2007, p. 151.

⑤ Stanley Hoffmann, "Towards a Common European Foreign and Security Policy?" *Journal of Common Market Studies*, Vol. 38, No. 2, 2000, p. 196.

明了欧盟成员国之间在俄罗斯问题上持续和强烈的分歧,还强调了国家利益如何在二十多个成员国之间有所不同,并提醒人们,国家经济和战略目标的实现加上维护民族自豪感和促进国家利益仍然优先于建立和实施真正有效的欧洲共同对俄政策。[1]

对于欧洲的安全格局及对俄政策的塑造而言,德国与俄罗斯的关系无疑占据着举足轻重的地位。德国,作为欧盟的领军力量,其立场和态度往往在一定程度上能够代表欧盟的意志。因此,俄德关系常被视作观察欧洲冲突与合作态势的重要风向标,犹如一面镜子,映射出整个欧洲大陆的纷繁复杂。历经冷战末期地缘政治的风云变幻、德国的统一及苏联的解体,德国与俄罗斯之间的关系也经历了深刻的变革,但一种源自"东方政治"传统的合作方式,依然构成了德国对俄政策的核心内容。从维利·勃兰特和赫尔穆特·施密特,到后来的赫尔穆特·科尔和格哈德·施罗德,他们都与苏联及之后的俄罗斯建立了稳固的合作关系,特别是与俄罗斯领导人建立了深厚的个人情谊。科尔等德国外交政策精英对戈尔巴乔夫的支持表示感谢,这对德国、对叶利钦领导下的俄罗斯的外交政策制定起到了重要作用。这种感激,连同对二战期间德军在苏联领土上造成的破坏所怀有的责任感,一定程度上影响着今天德国政策制定者的态度。[2] 因此,德国被

---

[1] Rachel Le Noan, "France," in Maxine David, Jackie Gower and Hiski Haukkala eds., *National Perspectives on Russia: European foreign policy in the making?* Milton Park, Abingdon, Oxon: Routledge, 2013, p. 36.

[2] Susan Stewart, "Germany," in Maxine David, Jackie Gower and Hiski Haukkala eds., *National Perspectives on Russia: European foreign policy in the making?* Milton Park, Abingdon, Oxon: Routledge, 2013, p. 15.

视为俄罗斯的战略伙伴,乃至其在欧洲非常重要的支持者之一。①

尽管德国默克尔总理并未与普京总统建立深厚的私人友谊,她却明白与俄罗斯保持一种稳定而建设性的外交关系对德国的国家利益至关重要。德国对俄罗斯能源的日益依赖,以及对整个欧洲政治秩序的深远关切,都在推动着德国外交政策保持一致性和连续性。② 在安全政策方面,默克尔非常谨慎。例如,她并不支持2008年4月在布加勒斯特举行的北约峰会上的提议,即格鲁吉亚和乌克兰加入北约的构想。尽管如此,德国确实促请俄罗斯采取建设性的态度,以解决苏联时期遗留下来的所谓"冻结冲突",并致力于缓解与格鲁吉亚之间的紧张局势。关于北约建立导弹防御系统的问题,默克尔并不反对,但她倾向于美国在此议题上与俄罗斯进行更为全面的接触。③

因此,德国无疑是与俄罗斯关系最为紧密的欧盟成员国之一。这种深厚的关系背后,是历史渊源、地理邻近、文化交融、政治互信及经济互补等多重因素的共同作用。然而,统一后的德国作为欧盟内部的重要经济和政治力量,具备将关于俄罗斯的想法和利益投射至欧洲舞台的显著能力,这同时也使得德国领导人时常面临外界的批评与指责。有人认为,德国对俄罗斯的态度显得过于宽容,甚至在一定程度上允许俄罗斯的利益影响其自身的政策议程,这在一定程度上阻碍了欧盟形成对俄罗斯更为

---

① Alexander Rahr, "Germany and Russia: a special relationship," *Washington Quarterly*, Vol. 30, No. 2, 2007, pp. 137 – 145; Mark Leonard and Nicu Popescu, *A power audit of EU-Russia relations*, London: European Council on Foreign Relations, 2007; Susan Stewart, "Germany," in Maxine David, Jackie Gower and Hiski Haukkala, eds., *National perspectives on Russia: European foreign policy in the making?* Abingdon: Routledge, 2013, pp. 13 – 29.

② Graham Timmins, "German-Russian Bilateral Relations and EU Policy on Russia: Between Normalization and the 'Multilateral Reflex'," *Journal of Contemporary European Studies*, Vol. 19, No. 2, 2011, p. 199.

③ Tuomas Forsberg, "From Ostpolitik to 'frostpolitik'? Merkel, Putin and German foreign policy towards Russia," *International Affairs*, Vol. 92, No. 1, 2016, p. 25.

第四章 欧美对俄政策差异的原因分析

统一和有效的外交政策路线。①

本章小结

本章深入剖析了影响欧美在俄罗斯问题上政策差异的多重原因,这些原因基本上涵盖了欧美对俄决策的核心考量。从物质能力和决策能力两方面来看,美国和欧盟之间存在着显著的差异(如表1所示)。这些差异不仅体现在地缘战略实力、经济实力、军事实力等硬实力方面,还体现在制定外交政策能力等软实力方面,进而对双方在对俄政策上的立场和行动产生深远影响。

表1 影响欧盟和美国对俄政策制定的变量对比

		欧盟	美国
与俄罗斯相比的实力	地缘战略实力	与俄接近同级	与俄非同级
	军事实力	军事实力有限但与俄邻近	军事能力强大但与俄距离遥远
	经济实力	经济实力显著但与俄高度相互依赖	与俄相互依赖程度低
制定外交政策的能力	决策权归属	决策权分散且需通过集体决策来实现	决策权高度集中
	否决者数量（中央层面）	有许多否决者	很少有否决者

资料来源:Vicki L. Birchfield and Alasdair R. Young eds., *Triangular Diplomacy among the United States, the European Union, and the Russian Federation: Responses to the Crisis in Ukraine*, New York: Palgrave Macmillan, 2018, p. 6。

---

① Susan Stewart, "Germany," in Maxine David, Jackie Gower and Hiski Haukkala eds., *National Perspectives on Russia: European foreign policy in the making?* Milton Park, Abingdon, Oxon: Routledge, 2013, p. 13.

欧盟和美国基于对安全威胁的不同感知、经济依赖程度的差异、战略文化的特色，及决策执行能力的强弱，采取了各自独特的对俄政策。国家实力和地缘环境作为影响安全威胁感受度的两大因素，具有相对稳定性。由于地理特征是相对恒定且不可改变的，这些国家的地理需求将长时间保持不变，而这些固定不变的诉求往往成为摩擦的根源。[1] 战略文化则是一个动态、持续演进的概念，它反映了一个国家在世界历史中的地位和对其自身的理解，这种理解往往需要经过多代人的共同协商和不断重新评估。[2] 尽管相较于权力结构和地缘环境等因素，战略文化显得不那么稳定，但就本书所研究的时间范围而言，欧美自冷战结束以来，战略文化呈现出相对稳定的态势。欧洲凭借其独特的历史经验——最终催生了欧盟的成立——形成了一套与美国截然不同的关于权力实用性和道德性的观念和原则。这种经验是美国所不具备的。如今，美国和欧洲之间的战略鸿沟比以往任何时候都更为显著，且正朝着令人担忧的方向发展。这种鸿沟的扩大，源于物质和精神文明差异之间的相互强化，这两方面因素共同推动了美欧分化趋势的不可逆转。[3]

对欧盟而言，就俄罗斯问题达成共同立场始终是一项艰巨的任务。深入分析欧盟与俄罗斯的关系，我们必须认识到其双层结构的复杂性。一方面，欧盟作为一个整体与俄罗斯保持着双边关系；另一方面，欧盟的每个成员国也各自与俄罗斯维持着双边关系。在这种双层结构中，第二层关系尤为复杂，因为每个欧盟成员国对俄罗斯的政策会因不同议题而有所差异。以德国为例，其对俄政策可以细化为两个维度：在能源和经济

---

[1] Nicholas J. Spykman, "Geography and Foreign Policy, I," *American Political Science Review*, Vol. 32, No. 1, February 1938, p. 29.

[2] Nayef Al-Rodhan, "Strategic Culture and Pragmatic National Interest," 22 July 2015, https://www.globalpolicyjournal.com/blog/22/07/2015/strategic-culture-and-pragmatic-national-interest.

[3] 罗伯特·卡根：《天堂与权力：世界新秩序中的美国与欧洲》，刘坤译，北京：社会科学文献出版社，2013年，第12—13页。

第四章 欧美对俄政策差异的原因分析

领域,德国往往将国家利益置于欧盟利益之上;而在其他领域,德国则会更加顾及欧盟的整体利益。[①] 此外,还有一个不可忽视的重要因素,即主导力量对欧盟对外政策偏好的影响。当"老欧洲"国家主导欧盟时,与"新欧洲"国家主导欧盟时所制定的政策结果必然会有所不同。这种主导力量的变化不仅反映了欧盟内部政治力量的平衡关系,也深刻影响着欧盟对俄罗斯等外部伙伴的政策取向。

[①] Susan Stewart, "Germany," in Maxine David, Jackie Gower and Hiski Haukkala eds., *National Perspectives on Russia: European foreign policy in the making?* Milton Park, Abingdon, Oxon: Routledge, 2013, p. 26.

第五章

案例分析：俄格冲突与乌克兰危机中的欧美对俄政策

冷战后，欧美在欧亚大陆最重要的地缘政治动作是推动北约和欧盟东扩，"双东扩"具有明显的针对俄罗斯的特点，故引发了一系列地缘政治紧张局势，俄格冲突和乌克兰危机是"双东扩"引发的欧美与俄罗斯矛盾激化的最具代表性的两个事件。在"双东扩"问题上，欧美对俄政策表现出既有一致性又有差异性的复杂特征。在应对俄罗斯可能构成的威胁时，欧美在地缘政治和安全领域展现出较高的一致性；然而，在地缘经济层面，双方则表现出明显的差异性。欧盟作为一个重要的国际经济参与者的作用是国际社会高度认可的，而它作为国际政治行为体的作用则相对有限。随着欧盟和北约的不断东扩，对俄罗斯的战略挤压日益加剧，欧俄之间的关系呈现出在合作中对抗、在对抗中合作的复杂态势。近年来，特别是在叙利亚问题和乌克兰问题上，俄欧关系遭受了前所未有的冲击。尽管如此，从地缘政治和经济互补性的角度来看，欧洲在对俄政策上仍表现出一定的独立性和自主性，这与美国的立场存在明显的分歧。

第五章　案例分析：俄格冲突与乌克兰危机中的欧美对俄政策

第一节　俄格冲突中的欧美对俄政策比较

美欧在推动北约东扩的同时，必须审慎考虑的一个关键因素便是俄罗斯的复兴。随着一个更加自信且强势的俄罗斯重新崛起，北约东扩进程所面临的地缘政治环境已然发生了深刻变化。相较于冷战时期全球权力相对均衡地集中在美苏两个超级大国的"两极"格局，如今的世界似乎更倾向于一种"单极"状态，即权力压倒性地集中在一个国家——美国手中。这种由美国主导的单极体系，显著特征在于西方的政治和经济扩张，因为曾经由苏联的政治和军事力量所构成的体系约束已然消失。在冷战后初期，新生的俄罗斯曾一度接受了这种西方的扩张。因此，当时的欧亚大陆地缘政治特征主要表现为西方的持续扩张与俄罗斯的有限参与。然而，随着时间的推移，俄罗斯逐渐开始展现出对西方扩张的抵制态度。[1]自2000年普京执掌俄罗斯以来，俄罗斯国力稳步恢复，对其传统势力范围的需求与日俱增。在俄罗斯的视角中，北约不仅是美国力量的投射，其东扩进程更是直接挑战俄罗斯的国家安全。尽管俄罗斯曾对北约向波罗的海国家的扩张表达过强烈反对，但由于当时实力尚显薄弱，无法有效阻止。而当北约进一步向西巴尔干国家扩张时，俄罗斯的反对声音虽未如之前那般激烈，但随着自身实力的恢复与增强，俄罗斯如今更加自信能够"保护"其"近邻"国家。因此，对于北约进一步东扩至乌克兰和格鲁吉亚的企图，俄罗斯明确划定了一道"红线"。[2]

---

[1] Boris Barkanov, "Crisis in Ukraine: Clash of Civilizations or Geopolitics?" in Roger E. Kanet and Matthew Sussex eds., *Power, Politics and Confrontation in Eurasia: Foreign Policy in a Contested Region*, Palgrave Macmillan, 2015, pp. 210–211.

[2] Dušica Lazarević, "NATO Enlargement to Ukraine and Georgia: Old Wine in New Bottles?" *Connections*, Vol. 9, No. 1, Winter 2009, p. 36.

一、俄格冲突爆发及欧美俄的纷争

格鲁吉亚是独联体中对俄罗斯离心倾向最为明显的国家。1991 年 4 月,格鲁吉亚紧随波罗的海三国宣布独立。独立后的格鲁吉亚奉行"亲美排俄"的对外路线,[1]与俄罗斯渐行渐远。格鲁吉亚与俄罗斯的矛盾有着深远的历史根源。在苏联时期,高加索山南北被划为不同区域,以南被称为外高加索,包括格鲁吉亚、阿塞拜疆、亚美尼亚三个加盟共和国;而以北则被称为北高加索,隶属于俄罗斯联邦。值得一提的是,奥塞梯民族分布在高加索山的南北两侧,苏联时期,北奥塞梯划归俄罗斯,南奥塞梯则归属于格鲁吉亚。格鲁吉亚随后爆发的内战,使得位于格鲁吉亚北部的南奥塞梯和西北部海岸的阿布哈兹地区都寻求独立。1991 年 11 月,南奥塞梯率先宣布独立;而阿布哈兹,这个位于黑海与大高加索山之间,与俄罗斯南部接壤的地方,也在 1992 年 7 月宣布独立,并得到了俄罗斯的支持。[2] 尽管格鲁吉亚内战在 1994 年停火,但格鲁吉亚为此付出了沉重的代价,失去了部分领土和黑海沿岸绵长的海岸线。阿布哈兹和南奥塞梯的紧张局势至今仍未得到缓解,成为格鲁吉亚与俄罗斯之间的一大纠纷。此外,格鲁吉亚对北高加索地区的分离主义势力尤其是车臣的支持,更是加剧了与俄罗斯的紧张关系。格鲁吉亚作为车臣获得外界援助的重要渠道,其立场无疑引起了俄罗斯的强烈不满。

在 20 世纪 90 年代末,欧盟与北约积极扩大了它们在东欧和中欧的影响力,并怀揣着在原苏联地区发挥关键作用的期望。在这一背景下,西

---

[1] 赵鸣文:《普京大外交:面向 21 世纪的俄罗斯对外战略 1999—2017》,北京:人民出版社,2018 年,第 137 页。

[2] Sarah Pruitt, "How a Five-Day War with Georgia Allowed Russia to Reassert its Military Might," September 4, 2018, https://www.history.com/news/russia-georgia-war-military-nato.

第五章　案例分析：俄格冲突与乌克兰危机中的欧美对俄政策

方积极支持格鲁吉亚进行"玫瑰革命"，并建立了亲西方的政府。随着这一进程的推进，格鲁吉亚逐渐向西方靠拢，不仅加强了与西方的政治与经济联系，甚至在2003年加入了由美国领导的联军，参与了对伊拉克的军事行动。这一选择与一系列的行动无疑引起了俄罗斯总统普京的极大不满，他深感莫斯科与西方之间的这一重要缓冲地带正在逐渐失去，对其地缘政治利益构成了严重威胁。

2004年亲西方的米哈伊尔·萨卡什维利（Mikhail Saakashvili）当选格鲁吉亚总统后，加快了向西方靠拢的进程，甚至希望让格鲁吉亚加入北约。萨卡什维利一直希望将南奥塞梯和阿布哈兹两地重新统一，或许是因为对美国提供援助的乐观预期，他急切地选择了以武力来实现这一目标。2008年8月7日晚，格鲁吉亚对南奥塞梯首府茨欣瓦利发动了"大规模炮轰"，造成奥塞梯民众及正在维护当地和平的俄罗斯士兵伤亡。[1] 8月8日，在双方数月以来的激烈指责和挑衅之下，以及南奥塞梯民兵与格鲁吉亚军队之间的一系列冲突升级后，萨卡什维利下令军队占领茨欣瓦利。俄罗斯迅速做出反应，将军队部署到边境地区，并对格鲁吉亚在南奥塞梯和阿布哈兹的军事据点发动了空袭。由于美国、英国和北约等国际力量纷纷呼吁停火，这场冲突持续了五天。期间，俄罗斯迅速控制了茨欣瓦利，并派遣坦克和军队穿越南奥塞梯进入格鲁吉亚境内，最终在距离格鲁吉亚首都第比利斯大约30英里（1英里≈1.61千米）的地方停下。[2] 在国际各方的斡旋下，格鲁吉亚和俄罗斯分别于8月15日和16日在停火协议上签字。8月18日，俄军开始撤离格鲁吉亚，标志着这场战争的结束。最终，8月26日，俄罗斯宣布承认南奥塞梯和阿布哈兹的独立地位。

---

[1] 安琪拉·斯登特：《有限伙伴：21世纪美俄关系新常态》，欧阳瑾、宋和坤译，北京：石油工业出版社，2016年，第185页。

[2] Sarah Pruitt, "How a Five-Day War with Georgia Allowed Russia to Reassert its Military Might," September 4, 2018, https://www.history.com/news/russia-georgia-war-military-nato.

尽管俄格冲突的爆发源于俄罗斯与格鲁吉亚之间的矛盾不断激化，但深究之下，其与当时的国际形势和环境之间的紧密联系不容忽视。首先，值得注意的是，在 2008 年 2 月，科索沃在美欧一些国家的支持下公然宣布独立。这一举动立即得到了欧美国家的承认，使得原本为联合国所反对的分裂行为，摇身一变成为所谓的"正义"独立。科索沃作为斯拉夫民族的文化发源地，其独立却是由美国绕过联合国，采取先攻击后"霸占"再直接支持的手段实现的，这无疑给同为斯拉夫民族的俄罗斯带来了沉重的文化和民族情感伤害。因此，可以说，俄格冲突不仅仅是两国之间的较量，更是背后复杂国际形势和力量博弈的缩影。

随后，美国又积极寻求将乌克兰和格鲁吉亚纳入北约的怀抱。在 2008 年 4 月于布加勒斯特举行的北约首脑会议上，是否应向乌克兰和格鲁吉亚两国启动"成员国行动计划"（MAP）成为会议讨论的关键议题。尽管"成员国行动计划"并非直接赋予一国北约成员国的身份，它更像是一张路线图，指引一国如何逐步符合北约成员国的标准，但过往获此计划批准并启动的国家最终都顺利加入了北约。[1] 因此，一旦北约决定为乌克兰和格鲁吉亚启动此计划，这两国似乎也将稳步迈向北约成员国的行列。对此，俄罗斯自然坚决反对，多次对北约推动此类计划可能带来的政治和军事后果发出严厉警告。普京更是直言不讳地称，格鲁吉亚加入北约将是俄罗斯的一条"红线"。然而，美国对此持有强烈的支持态度，却低估了欧洲盟友在批准启动该计划上的顾虑。许多"老欧洲"国家特别是德国政府内部，出现了强烈的反对声音。尽管如此，在美国的坚持下，欧洲盟友最终选择了妥协，并达成了一个折中方案：宣布格鲁吉亚和乌克兰将成为北约的成员国，而不再提及"成员国行动计划"的具体步骤。[2]

---

[1] 安琪拉·斯登特：《有限伙伴：21 世纪美俄关系新常态》，欧阳瑾、宋和坤译，北京：石油工业出版社，2016 年，第 178 页。

[2] 安琪拉·斯登特：《有限伙伴：21 世纪美俄关系新常态》，欧阳瑾、宋和坤译，北京：石油工业出版社，2016 年，第 182 页。

第五章 案例分析:俄格冲突与乌克兰危机中的欧美对俄政策

当北约提出将成员国版图扩大到乌克兰和格鲁吉亚等与原苏联地区心脏地带接壤的加盟共和国时,俄罗斯向世界传递出它已经恢复作为地区大国的决心和能力。俄格冲突清晰地表明了俄罗斯在感受到其邻国重要安全利益受到威胁时,愿意冒着自我孤立的风险,采取果断的军事行动来捍卫自身利益。① 与此同时,在部分学者看来,格鲁吉亚事实上的分裂状态也凸显了俄罗斯在地区内的"霸权"地位,以及其对所有邻近的原苏联加盟共和国最终控制权的追求。②

罗伯特·卡根将俄格冲突描述为"历史的回归",③这一说法与弗朗西斯·福山所提的苏联共产主义崩溃后"历史的终结"形成鲜明对比。不论人们对这一描述有何看法,一个不容忽视的事实是,自从20世纪90年代巴尔干半岛战火纷飞以来,欧洲未曾经历过如此严重的冲突。在这一事件中,俄罗斯最终承认了格鲁吉亚境内的阿布哈兹和南奥塞梯的独立地位,这与西方多国对科索沃的承认做法颇为相似。这场战争引发了国际社会的广泛关注,形成了一场国际危机,欧洲各国对此的外交反应也各不相同。有的国家强烈谴责俄罗斯在冲突中的角色,有的则对冲突的升级表示普遍关切,还有一些国家对俄罗斯表示了支持。在这场危机中,西方国家的反应模式在很大程度上揭示了西方与俄罗斯之间关系复杂而多变的状态,也成为双方关系持续发展的一个重要征兆。④ 这一系列事件无疑给欧洲国家敲响了警钟,迫使它们在有限的地缘政治环境中重新审

---

① Manfred Huterer, *The Russia Factor in Transatlantic Relations and New Opportunities for U. S. -EU-Russia Cooperation*, Foreign Policy at Brookings, May 2010, p. 4.

② Janusz Bugajski, *Georgian Lessons: Conflicting Russian and Western Interests in the Wider Europe*, Center for Strategic & International Studies, November 2010, p. 3.

③ Robert Kagan, *The Return of History and the End of Dreams*, New York: Knopf, 2008.

④ Henrik Boesen Lindbo Larsen, "The Russo-Georgian War and beyond: Towards a European Great Power Concert," *European Security*, Vol. 21, No. 1, March 2012, p. 102.

视并调整自己的战略选择。

北约的新成员曾天真地以为,俄罗斯绝不敢轻易挑战北约或其主要成员国的利益,然而格鲁吉亚事件却如同晴天霹雳,给了它们沉重的打击。当俄罗斯与格鲁吉亚交战之际,北约的沉默无声让新成员国感到惊愕不已。他们曾以为,俄罗斯已脆弱到不堪一击,不会再冒任何风险。然而,2008年8月的现实却彻底颠覆了他们的设想,北约所宣称的有效御敌能力也在此刻化为乌有。① 北约的核心使命——集体防御——在这场冲突中成了牺牲品,新加入北约的成员国开始质疑《北大西洋公约》第五条。该条款明文规定,所有北约成员国必须共同保护任何一个受到攻击的成员国。然而,格鲁吉亚并非北约成员国,因此北约并无义务执行第五条。但中欧和东欧国家多次强调,西方国家对这场冲突的反应过于冷淡,这令许多成员国深感忧虑。在冲突发生后不久,波兰不顾任何反对意见,同意美国在其领土上部署导弹防御系统,并签署了导弹防御协议(以换取"爱国者"导弹),这一举动极大地激怒了俄罗斯。②

俄罗斯和格鲁吉亚的冲突也在北约总部内部引发了关于北约东扩前景的激烈辩论。这场辩论中,"成员国行动计划"的支持者与反对者均坚称,俄格冲突恰恰印证了他们最初立场的正确性。那些积极支持乌克兰和格鲁吉亚加入"成员国行动计划"的国家认为,如果北约能够启动这一进程,那么俄罗斯与格鲁吉亚之间的冲突或许根本不会发生。然而,反对者尤其是德国和法国则认为,如果北约贸然向乌克兰和格鲁吉亚提供"成员国行动计划",那么北约自身可能会面临一个灾难性的选择:要么与俄

---

① 乔治·弗里德曼:《欧洲新燃点:一触即发的地缘战争与危机》,王祖宁译,广州:广东人民出版社,2016年,第138—139页。
② Julianne Smith, *The NATO-Russia Relationship: Defining Moment or Déjà Vu?* Center for Strategic and International Studies, November 2008, p. 13.

第五章　案例分析:俄格冲突与乌克兰危机中的欧美对俄政策

罗斯开战,要么在俄罗斯的强势面前崩溃。[1]

二、美国的对俄政策

在俄格冲突尚未爆发之际,美国已将俄罗斯视为安全威胁与对手,不遗余力地推动北约东扩,计划把格鲁吉亚纳入北约,挤压俄罗斯的战略生存空间。同时,美国积极向格鲁吉亚政权伸出援手,坚定支持其立场。在军事层面,美国对俄罗斯采取了一系列军事战略性威慑和围堵措施,以展示其强硬姿态。在俄罗斯与格鲁吉亚之间的紧张局势升级之时,美国迅速主导了一场规模庞大的军事演习。此次演习汇集了包括美国、格鲁吉亚、亚美尼亚、阿塞拜疆及乌克兰在内的多国力量,共有1700名士兵参与,旨在向俄罗斯施加压力,展现强大的军事威慑力。此外,根据美格双方签订的"训练装备计划",美国向格鲁吉亚派遣了100名军事顾问。这些顾问不仅负责训练格鲁吉亚军人进行反恐作战,而且确保格鲁吉亚军队具备参与伊拉克和阿富汗等境外作战的能力。[2] 在关键时刻,美国军方运输机迅速行动,将格鲁吉亚第一旅从伊拉克撤回,协助其保卫首都。同时,美国还积极为格鲁吉亚筹集资金援助,并对分离地区实施制裁。[3] 具体来说,美国的对俄政策主要表现在两个方面。

第一,美国在外交上和舆论上向俄罗斯施加压力。美国要求俄罗斯遵守停火协议,从格鲁吉亚撤军,回到8月7日的状态。美国与欧盟和欧洲安全与合作组织迅速展开合作,就南奥塞梯和阿布哈兹问题进行国际

---

[1] Julianne Smith, *The NATO-Russia Relationship: Defining Moment or Déjà Vu?* Center for Strategic and International Studies, November 2008, p. 13.

[2] 安琪拉·斯登特:《有限伙伴:21世纪美俄关系新常态》,欧阳瑾、宋和坤译,北京:石油工业出版社,2016年,第184页。

[3] Michael Kofman, "The August War, Ten Years On: a Retrospective on the Russo-Georgian War," August 17, 2018, https://warontherocks.com/2018/08/the-august-war-ten-years-on-a-retrospective-on-the-russo-georgian-war/.

讨论。① 战争爆发后的那段时间里，美国的媒体几乎口径一致地反对俄罗斯，许多电视台都有萨卡什维利每日新闻发布会的专题。美国国内的反俄情绪骤增。②

第二，美国阻止俄罗斯在欧洲中部划定"势力范围"。梅德韦杰夫总统在俄格冲突前后关于俄罗斯外交政策原则的声明暗示了不允许西方染指俄罗斯的"势力范围"，俄罗斯在中欧"划线"，并称线的一侧的国家属于莫斯科的"势力范围"，因此不能加入欧洲机构和跨大西洋联盟。美国坚决不承认俄罗斯的"势力范围"，认为每个国家都有选择自己发展道路的权利，选择它想与之建立联系并加入的机构，如北约和欧盟，格鲁吉亚和乌克兰应该得到与其他寻求加入欧洲机构和跨大西洋联盟的欧洲国家同样的对待。③

在俄格冲突爆发前夕，美国对俄罗斯的态度一直保持着强硬立场。然而，当俄罗斯以军事手段回应西方的逼近时，美国却展现了克制。尽管美军当时正驻扎在格鲁吉亚，但美国并未向其提供直接的军事援助。这一举动恰恰凸显了美国"新遏制"政策的核心特征：在运用自身权势遏制俄罗斯的强势和威胁性行为的同时，美国极力避免其他国家因轻率而被卷入与俄罗斯的战争进而引发更大的危机，因为这并不符合美国的战略利益。尽管格鲁吉亚因其重要的战略地位成为美国试图拉拢到西方阵营的关键对象，但其重要性尚未达到让美国为其与俄罗斯开战的程度。

---

① Daniel Fried, "The Current Situation in Georgia and Implications for U. S. Policy," September 9, 2008, https://2001—2009. state. gov/p/eur/rls/rm/109345. htm.
② 安琪拉·斯登特：《有限伙伴：21世纪美俄关系新常态》，欧阳瑾、宋和坤译，北京：石油工业出版社，2016年，第189页。
③ Daniel Fried, "The Current Situation in Georgia and Implications for U. S. Policy," September 9, 2008, https://2001—2009. state. gov/p/eur/rls/rm/109345. htm.

第五章 案例分析：俄格冲突与乌克兰危机中的欧美对俄政策

三、欧盟的对俄政策

欧盟对北约不断扩大的担忧，主要来自两个方面。一方面，欧盟认为北约不仅承载着军事职能，更具备政治属性。北约的扩大无疑意味着美国在欧洲的影响力将进一步加深，这使得欧盟担忧北约的扩张速度过于迅猛，可能会破坏欧洲地区的平衡与稳定。另一方面，俄罗斯对北约扩大的反感态度令德国和法国等欧盟核心国家深感忧虑，担心对俄罗斯的包围可能引发不必要的对立情绪，进而加剧地区紧张局势。2008年，在北约布加勒斯特峰会上，当吸纳乌克兰和格鲁吉亚为成员国被提及时，普京明确表示了他的担忧："我们视一个强大的军事集团出现在我国边境……为对我国安全的直接威胁。"①面对俄罗斯的强烈反应，北约不得不做出妥协，决定暂缓向格鲁吉亚和乌克兰提供"成员国行动计划"，同时却保留了两国未来可能成为北约成员国的模糊承诺。② 这暴露出北约内部对于未来扩员方向缺乏共识。部分北约成员国特别是法国和德国，担忧进一步向东扩张可能激怒俄罗斯，而另一些成员国则坚持支持北约的东扩战略。③

美国长久以来一直在幕后推波助澜，怂恿欧盟与俄罗斯对抗，巧妙地将这一"烫手山芋"抛给欧盟，意图借此机会分化欧盟，进一步实现其长远

---

① Vladimir Putin, "Remarks by Russian President Vladimir Putin at NATO Bucharest summit press conference," April 4, 2008, http://en.kremlin.ru/events/president/transcripts/24903.

② NATO, "Bucharest Summit Declaration Issued by the Heads of State and Government participating in the meeting of the North Atlantic Council in Bucharest on 3 April 2008," 3 April 2008, http://www.nato.int/cps/en/natolive/official_texts_8443.htm.

③ Dušica Lazarević, "NATO enlargement to Ukraine and Georgia: Old Wine in New Bottles?" *Connections: The Quarterly Journal*, Vol. 9, No. 1, Winter 2009, pp. 45-46.

的战略构想。而欧盟,在继承均势传统的基础上,亦有着自身的雄心壮志,力图在俄美两大巨头之间巧妙游走,实现战略平衡,以此迈向成为世界一极的宏伟目标。鉴于地理和历史上的紧密联系,欧盟对俄罗斯"恢复帝国"的野心深感忧虑,因此,与美国联手,共同挤压俄罗斯的生存空间。然而,另一方面,欧盟又与俄罗斯保持着积极的能源和贸易合作,甚至在伊朗、伊拉克等国际事务中与俄罗斯共同抵制美国的霸权行径,展现出复杂而多变的外交策略。对于美国步步紧逼俄罗斯的做法,欧盟持保留态度,不愿因此激怒俄罗斯,陷入更大的危机。同时,欧盟对格鲁吉亚的某些行为也表示不满,曾多次呼吁其保持克制,避免进一步激化地区矛盾。①

俄格冲突爆发后,欧盟立即呼吁停火。作为当时的欧盟轮值主席国,法国迅速行动,提出了一个包括立刻停止敌对行动、尊重格鲁吉亚的主权和领土完整,以及恢复冲突前态势的三要点危机解决方案。法国总统萨科齐更是亲自出马,前往格鲁吉亚进行紧急斡旋。在俄罗斯宣布停止军事行动后,欧盟随即表示将向冲突地区派遣观察员,以监督停火协议的执行情况,并防止局势进一步恶化。然而,8月26日,俄总统梅德韦杰夫突然宣布承认阿布哈兹和南奥塞梯独立,开启了俄罗斯与西方较量的新阶段,各方围绕撤军、两个地区的独立等问题进行了激烈的论战。欧盟的态度也明显强硬起来。他们首先谴责了俄罗斯单方面承认两个地区独立的做法,明确表示支持格鲁吉亚的领土完整,并准备向格鲁吉亚提供经济援助。在9月1日举行的欧盟特别首脑会议上,欧盟国家更是决定在俄军彻底撤回之前,推迟与俄罗斯新的《伙伴关系与合作协定》的相关谈判,以此向俄罗斯施加压力。然而,俄罗斯并未因此示弱。在欧盟特别首脑会议结束的第二天,俄罗斯就宣布对经亚马尔至欧洲的天然气管道进行维

---

① 吴宏伟主编:《俄美新较量:俄罗斯与格鲁吉亚的冲突》,长春:长春出版社,2009年,第144页。

第五章 案例分析：俄格冲突与乌克兰危机中的欧美对俄政策

修,中止了该管道的天然气运输近30个小时。①

总体来看,欧盟在处理对俄关系时表现出了审慎的态度。尽管欧盟的关键成员国对俄罗斯承认阿布哈兹和南奥塞梯独立表示谴责,但它们同时也表达了不愿重返"冷战"时期的立场,为未来的外交转圜留出了空间。此外,即便在与俄罗斯关系紧张的波兰看来,欧盟也始终没有考虑实施针对俄罗斯的制裁措施,反而强调应当探索如何协助格鲁吉亚,而非制裁俄罗斯。这些行为表明,欧盟对俄格冲突的本质有着深刻的认识,认为过分强调俄罗斯的威胁既不现实,也不符合欧盟的利益。② 在2009年发布的《欧洲安全战略报告》中,欧盟明确指出,因俄格冲突的影响,其与俄罗斯的关系遭受了严重的打击,双方关系明显恶化。欧盟表达了对俄罗斯履行承诺的强烈期望,以期能够恢复双方之间必要的信任。这份报告进一步强调,欧俄之间的伙伴关系应当建立在相互尊重共同价值观的基础之上,特别是尊重人权、民主与法治、市场经济原则,以及共同利益和目标。③

作为对俄格冲突的回应,欧盟决心通过实施"东部伙伴关系"计划来"增强其东部邻国的安全"。这一一体化框架的构建,不仅旨在加强欧盟与周边国家的合作,而且加剧了欧盟与俄罗斯在"后苏联时代"的竞争态势。④ 对此,俄罗斯深感警惕,将"东部伙伴关系"视为欧盟企图扩大其"势力范围"的明确信号。"东部伙伴关系"作为欧洲睦邻政策的重要组成部分,其独特之处在于兼具双边和多边合作的双重轨道。该计划于2009

---

① 徐弃郁:《欧盟独立防务继续小步慢跑》,《解放军报》2008年11月11日,第005版。

② 徐弃郁:《欧盟独立防务继续小步慢跑》,《解放军报》2008年11月11日,第005版。

③ *European Security Strategy: A Secure Europe in a Better World*, Council of the European Union, 2009, p. 23.

④ Anna-Sophie Maass, *EU-Russia Relations, 1999—2015: From Courtship to Confrontation*, Routledge, 2016, p. 156.

年5月在布拉格正式启动，自那时起，便成为欧盟外交政策的重要一环。随着时间的推移，欧盟"东部伙伴关系"计划不断适应国际形势的变化，拓展和深化政策内容，以适应日益复杂的地区现实。欧盟的"东部伙伴关系计划"已然成为与俄罗斯争夺"共同邻域"的重要政策工具。该计划加强与东部邻国特别是乌克兰的联系，这在一定程度上直接导致了后来乌克兰危机的爆发。

四、欧美对俄政策的比较

首先，欧美对俄政策的一致性主要体现在二者均深刻认同北约东扩的地缘政治意义。欧美都将俄罗斯视为一个巨大的威胁，并在防范俄罗斯的问题上持有明确且共享的战略意图。欧美都将格鲁吉亚和乌克兰等具有关键地缘战略意义的原苏联加盟共和国视为北约努力争取的目标，持续对这些国家进行试探，以挑战俄罗斯的"底线"。当俄格冲突爆发后，美欧立即发出停火的呼吁，并积极斡旋以尽快结束这场冲突。然而，值得注意的是，在这一关键时刻，欧美均展现出极大的克制，并未出兵协助格鲁吉亚，从而避免了与俄罗斯的直接军事对抗。其中的原因有二：一方面，欧美对俄罗斯以"战争"形式回应西方的地缘围堵和战略挤压感到惊讶，并深刻认识到格鲁吉亚是俄罗斯绝不容许触碰的"红线"；另一方面，欧美认为，为了格鲁吉亚而与俄罗斯爆发军事冲突并非明智之举，毕竟格鲁吉亚并非北约成员国，北约也并无义务出兵介入。

其次，欧美在对待俄罗斯的政策上呈现显著的差异，主要体现在欧盟与美国在北约扩大范围和速度问题上的分歧。威胁环境的不断变化，扩大了盟友间在认知层面的差异。冷战时期，盟国间的分歧主要集中在战略重点和具体方法上；尽管大家都认同苏联是一个威胁，但在如何构筑合适的防御态势尤其是在常规力量与核力量之间的平衡问题上，始终存在着争议。然而，冷战结束后，北约成员国在威胁认知上却难以形成共识。

第五章　案例分析：俄格冲突与乌克兰危机中的欧美对俄政策

尽管北约的主要战略声明在表面上展现了官方立场的一致性，但联盟内部在威胁的相对重要性上却存在着质和量上的不同看法。在质的层面，盟国间对于所面临的威胁紧迫性常有明显分歧；在量的层面，由于北约的扩大吸纳了更多成员国，也带来了更多元化的声音和意见。[①] 一直以来，欧盟都担心过度刺激俄罗斯可能引发不良后果，迫使俄罗斯采取激烈的报复措施，导致欧洲局势再次紧张，而欧洲国家将首当其冲。因此，当俄罗斯向欧洲国家明确划定"红线"时，德国、法国等国家坚决反对美国向格鲁吉亚提供"成员国行动计划"。此外，随着欧洲一体化的深入推进，欧盟追求在多极世界中占据重要地位，其提升国际地位和影响力的愿望及行动能力日益增强。而美国若继续推进北约东扩、干涉欧洲事务，无疑会激起欧盟的反感，进一步加剧双方的矛盾。

第二节　乌克兰危机中的欧美对俄政策比较

乌克兰危机是欧盟扩张所引发的西方与俄罗斯之间地缘政治竞争冲突的又一次剧烈爆发。欧盟与俄罗斯在它们的共同邻域内互动频繁，这一现象源于欧盟对昔日共产主义东欧地区的扩张野心，以及俄罗斯在过去二十年中的国际复兴进程。俄罗斯的复苏与其对西方扩张的抵制，经历了两个显著的阶段。首先，俄罗斯的第二任外交部长叶夫根尼·普里马科夫（Evgeniy Primakov）明确提出了"多极化"的外交理念，强调原苏联加盟共和国的战略重要性，以及俄罗斯与非西方国家建立紧密关系的必要性。其次，在俄罗斯第二任总统普京的领导下，俄罗斯与原苏联加盟共和国之间的经济一体化进程日益加速。这不仅是出于解决经济挑战的

[①] Mark Webber, James Sperling and Martin A. Smith, *NATO's Post-Cold War Trajectory Decline or Regeneration?* Palgrave Macmillan, 2012, p. 28.

考量,更是为了在该地区建立并巩固俄罗斯的政治影响力。从这一角度来看,乌克兰危机的直接诱因——欧盟的"东部伙伴关系"政策与俄罗斯的"欧亚联盟"构想之间的冲突——实际上是单极格局下更广泛的地缘政治动态的一个缩影。①

一、乌克兰危机的爆发及其地缘政治意义

2013年11月21日,乌克兰总统维克多·亚努科维奇(Viktor Yanukovych)宣布,乌克兰将暂缓与欧盟签署联系国协定,转而寻求与俄罗斯建立更为紧密的关系。约一个月后,12月17日,亚努科维奇与俄罗斯总统普京共同宣布了一项行动计划。根据该计划,俄罗斯承诺向乌克兰提供高达150亿美元的贷款及汽油价格折扣,以换取乌克兰不再深化与欧盟关系的承诺。亚努科维奇的这一决策立即激起了民众的强烈不满,引发了声势浩大的"乌克兰反政府示威"运动,也被称为"乌克兰亲欧盟示威"(Euromaidan②)。在接下来的三个月里,矛盾持续激化,直至2014年2月,亚努科维奇被迫逃离政权。随后,俄罗斯兼并了克里米亚,乌克兰顿巴斯地区的卢甘斯克和顿涅茨克亦出现了分离主义运动。这一系列相互关联的事件被统称为"乌克兰危机",它是对乌克兰境内已经发生并将继续发生的各种事件、分歧和冲突的统称。③

乌克兰危机的爆发并非毫无预兆,大约自2005年起,欧盟与俄罗斯

---

① Boris Barkanov, "Crisis in Ukraine: Clash of Civilizations or Geopolitics?" in Roger E. Kanet, Matthew Sussex eds., *Power, Politics and Confrontation in Eurasia: Foreign Policy in a Contested Region*, Palgrave Macmillan, 2015, p. 211.

② Euromaidan 是 Euro(欧洲)和 Maidan Nezalezhnosti(独立广场)的合成词,独立广场是乌克兰首都基辅最大的广场,2013年的示威集会就发生在这个广场,故 Euromaidan 指这次"乌克兰亲欧盟示威"。

③ Nicholas Ross Smith, *EU-Russian Relations and the Ukraine Crisis*, Cheltenham, UK/ Northampton, USA: Edward Elgar Publishing, 2016, p. 1.

第五章 案例分析：俄格冲突与乌克兰危机中的欧美对俄政策

之间的潜在竞争就已呈现日益激烈的趋势。近年来，这种竞争更是逐渐显露出零和博弈的特质，双方似乎都在试图通过获取更多的利益来削弱对方。因此，乌克兰危机无疑是欧俄关系迈向新阶段的一个显著转折点，这一关系长久以来都使得各方决策者倍感不确定与焦虑。乌克兰危机无疑以一种不可逆转的方式改变了东欧的地缘政治格局，使得欧盟与俄罗斯之间的关系骤然冷却，而这样的冷却阶段将持续多久，其未来的发展趋势又将如何，都充满了不确定性。① 这一切似乎都在昭示着，乌克兰危机深刻反映了后冷战国际体系的脆弱与不稳定。

关于乌克兰危机缘何爆发，英国肯特大学专门研究俄罗斯与欧洲关系的学者理查德·萨克瓦（Richard Sakwa）指出，现今的乌克兰宛如1914年的巴尔干半岛，国内冲突频发，而外部势力的介入更使得这些冲突被进一步放大并国际化。② 他认为，乌克兰危机的根源在于国际体系的深层次结构性矛盾。③ 这种矛盾由来已久，是冷战结束和苏联解体后世界权力格局重塑和地缘政治博弈的必然产物。在这一背景下，欧美试图在欧亚大陆对俄罗斯进行地缘挤压，而俄罗斯则进行反挤压。俄罗斯致力于在原苏联加盟共和国推广东正教的地缘政治理念，而欧盟和美国则在这一地区传播西方价值观，两者实则都是各自维持或拓展影响力的工具。④ 知名国际问题专家德米特里·特列宁（Dmitri Trenin）亦持有相似观点，他认为乌克兰危机的实质在于，西方与俄罗斯未能就后冷战时期的国际秩序达成一个双方均可接受的安排，这种分歧导致了双方关系的

---

① Nicholas Ross Smith, *EU-Russian Relations and the Ukraine Crisis*, Cheltenham, UK/ Northampton, USA: Edward Elgar Publishing, 2016, p. 1.
② Richard Sakwa, *Frontline Ukraine: Crisis in the Borderlands*, London: I. B. Tauris, 2015, p. 3.
③ Richard Sakwa, *Frontline Ukraine: Crisis in the Borderlands*, London: I. B. Tauris, 2015, p. 5.
④ David Matsaberidze, "Russia vs. EU/US through Georgia and Ukraine, Connections," Vol. 14, No. 2, Spring 2015, p. 84.

不协调。①

　　冷战结束后,西方与俄罗斯地缘政治的争夺一直围绕乌克兰,如果失去乌克兰,俄罗斯与北约和欧盟之间再无缓冲地带,北约可以将导弹部署在俄罗斯的边境。乌克兰的地理位置决定了它不可能在欧美俄博弈中置身事外。乌克兰地处欧洲东部,东接俄罗斯、南濒黑海,距柏林700多千米,距莫斯科400多千米。乌克兰若能控制黑海,则向东可以直取高加索地区,向西直逼巴尔干,向南越过土耳其海峡便可到达地中海。乌克兰地理位置重要,是欧盟与独联体特别是与俄罗斯地缘政治的交叉点。正因为地理位置至关重要,乌克兰成为欧盟与独联体特别是与俄罗斯地缘政治博弈的交汇点。有人曾形象地将乌克兰比作一把两头带尖的"长矛",对于俄罗斯或是西欧各国而言,谁能够将其紧握手中,便意味着能将"矛头"直指对方的咽喉,从而在地缘政治角逐中占据主动。②

　　美国地缘战略大师布热津斯基曾经非常明确地指出乌克兰的地缘政治重要性。他提到,乌克兰是欧亚大陆上的一个关键地带,对俄罗斯来说具有非常重要的意义。如果没有乌克兰,俄罗斯将不再是欧亚帝国,并且更有可能面临与中亚国家的冲突和沉重代价。同时,他也指出,如果莫斯科重新控制了拥有5200万人口、重要资源及黑海出海口的乌克兰,那么俄罗斯将自然地重获建立一个跨欧亚强大帝国的资本。而乌克兰丧失独立将立即影响中欧地区,使波兰变为一体化欧洲东部前沿的地缘政治支轴国家。③

　　乌克兰地理位置的敏感性使得任何可能引发其性质变化的事件都极

---

　　①　Dmitri Trenin, *The Ukraine Crisis and The Resumption of Great-power Rivalry*, Carnegie Moscow Center, July 2014, p. 14.
　　②　王伟:《一本书看懂地缘世界:全球政治势力全解析》,北京:中信出版集团,2017年,第65页。
　　③　布热津斯基:《大棋局:美国的首要地位及其地缘战略》,中国国际问题研究所译,上海:上海人民出版社,2015年,第39页。

第五章　案例分析:俄格冲突与乌克兰危机中的欧美对俄政策

有可能改变地缘政治格局。自欧盟 2004 年 5 月的一轮东扩后,欧盟便与乌克兰直接接壤,使乌克兰对欧盟的重要性提升,乌克兰亲欧还是亲俄也成为欧俄之间矛盾的焦点。① 乌克兰位于地中海东部,与欧盟和俄罗斯均有接壤,因此被视为一块极具价值的战略资产。一旦乌克兰选择与俄罗斯结盟,它便有可能对欧美构成重大的安全威胁。②

乌克兰是北约成员国、欧盟成员国和俄罗斯之间的最大邻国,其独特的地理位置使得乌克兰在外交策略上只能采取一种"骑墙"政策,即平衡各方利益,确保自身在复杂的国际关系中稳定前行。乌克兰无论哪位总统上台,都不可避免地需要在俄罗斯、美国和欧盟三者之间寻找平衡点。乌克兰在夹缝中生存,既要保持一定的侧重,又需小心翼翼,避免得罪任何一方。③ 与邻国白俄罗斯和摩尔多瓦相比,乌克兰在冷战后并未完全倒向俄罗斯或欧盟任何一方,而是展现出更为灵活的外交姿态。④ 乌克兰第二任总统列昂尼德·库奇马(Leonid Kuchma)曾提出追求多向外交政策的构想,他坚信,乌克兰的成功离不开与西方(特别是欧盟和美国)及俄罗斯建立稳定且发展的关系。⑤ 然而,随着欧洲地缘政治格局的显著变化,乌克兰的多向度外交政策面临着前所未有的挑战。在欧盟和俄罗斯势力范围尚未直接重叠的时期,这种策略或许还能奏效,但自 2004 年以来,由于欧盟和俄罗斯在战略目标和利益诉求上时常产生冲突,乌克兰

---

① Anna-Sophie Maass, *EU-Russia Relations, 1999—2015: From Courtship to Confrontation*, Routledge, 2016, p. 85.
② David Lane, "The Orange Revolution: 'People's Revolution' or Revolutionary Coup?" *Journal of Politics and International Relations*, Vol. 10, Issue 4, 2008, p. 526.
③ 李兴:《转型时代俄罗斯与美欧关系研究》,北京:北京师范大学出版社,2007 年,第 308 页。
④ Nicholas Ross Smith, *EU-Russian Relations and the Ukraine Crisis*, Cheltenham, UK/ Northampton, USA: Edward Elgar Publishing, 2016, p. 47.
⑤ Taras Kuzio, "Neither East nor West: Ukraine's security policy under Kuchma," *Problems of Post-Communism*, Vol. 52, No. 5, 2005, pp. 59 - 68.

想实现双赢变得愈发困难。① 正如尼古拉斯·罗斯·史密斯（Nicholas Ross Smith）所描绘的那样,乌克兰就像是一个楔子,被强行插入俄罗斯和欧盟这两个更为强大的政治实体之间,这无疑是一个极为不利的地缘政治位置,尤其是在俄罗斯和欧盟的利益频繁冲突的情况下。② 俄罗斯希望维持对乌克兰的影响力,确保其政治、经济、文化等各个方面的稳定；而欧盟则试图通过结成政治联盟和设置自由贸易区等方式,将乌克兰纳入西方体系。双方都对乌克兰虎视眈眈,视其为必争之地。在这样的背景下,乌克兰陷入了尴尬的境地,难以做出明确的选择。即便在"橙色革命"后,乌克兰曾一度希望走上欧洲道路,但由于其与俄罗斯之间深厚的文化、政治、经济和能源联系,它也无法完全与欧盟保持一致。因此,乌克兰的外交政策决策受到其所处位置的严重限制,它必须小心翼翼地在欧盟和俄罗斯这两个几乎同等重要的邻居之间寻找平衡,因为任何偏向一方的决策都可能对其长期生存能力造成致命打击。③

2013年年底,乌克兰危机的突然爆发使得美俄关系本已脆弱的新一轮重启再次搁浅。这场由乌克兰国内政局剧烈变动所引发的国际危机,实则背后隐藏着复杂而深远的地缘政治博弈。在布热津斯基眼中,乌克兰无疑是欧亚大陆上一块至关重要的地缘战略支轴国家。他曾深刻指出：一个地缘政治支轴国家,有时能扮演关键角色,成为一国甚至整个地区的防卫屏障；有时其存在本身,便足以对邻近的更活跃的地缘战略棋手

---

① Askold Krushelnycky, "The end of Ukraine's balancing act," *Foreign Policy*, February 6, 2013, https://foreignpolicy.com/2013/02/06/the-end-of-ukraines-balancing-act/.

② Nicholas Ross Smith, *EU-Russian Relations and the Ukraine Crisis*, Cheltenham, UK/ Northampton, USA: Edward Elgar Publishing, 2016, p. 47.

③ Nicholas Ross Smith, *EU-Russian Relations and the Ukraine Crisis*, Cheltenham, UK/ Northampton, USA: Edward Elgar Publishing, 2016, p. 48.

第五章　案例分析:俄格冲突与乌克兰危机中的欧美对俄政策

产生不可估量的政治和文化影响。[①] 对于俄罗斯而言,乌克兰的战略地位不言而喻。在亚努科维奇政权更迭之后,保住克里米亚成为俄罗斯在乌克兰危机中的核心利益,也是其不可动摇的"底线"。与 2008 年俄格冲突时俄罗斯对南奥塞梯和阿布哈兹的态度相比,此次乌克兰危机中,俄罗斯在克里米亚问题上的立场更为坚决,不仅进行了军事干预,还给予其独立地位的政治承认,并推动其加入俄联邦。美国对普京政府回归后的这一强硬行动表达了强烈不满。在美国眼中,乌克兰的独立和主权完整是一条神圣不可侵犯的"底线"。为此,美国不仅与俄罗斯展开了激烈的口舌之争,还联合欧盟对俄罗斯实施了政治围堵和经济制裁的双重打击。俄罗斯一度被西方逐出八国集团,贸易领域的制裁措施更是一波接一波。然而,面对西方的制裁,俄罗斯并非束手无策。它手握一张强有力的"能源牌"。2014 年 4 月,俄罗斯天然气工业股份公司宣布,由于乌克兰拖欠巨额天然气债务,将大幅提高向乌克兰出口的天然气价格。[②] 俄方甚至多次威胁,若局势进一步恶化,不排除切断对乌克兰乃至整个西方的能源供应。

二、美国的对俄政策

在乌克兰危机及其后续阶段,美国对俄政策始终秉持着一种强硬的态度。它对俄罗斯进行了严厉的谴责,声称俄罗斯"侵犯了乌克兰的主权和领土完整,以及对其他邻国的挑衅行为,这些都严重破坏了自冷战结束以来一直被视作理所当然的国际准则"。[③] 为此,美国从多个方面对俄罗

[①] 兹比格纽·布热津斯基:《大棋局:美国的首要地位及其地缘战略》,中国国际问题研究所译,上海:上海人民出版社,2015 年,第 35 页。
[②] 王成洋:《俄罗斯向西方打出"能源牌"》,《金融时报》2014 年 4 月 12 日,第 008 版。
[③] Barack Obama, *National Security Strategy*, The White House, February 6, 2015, p.10.

斯采取了"新遏制"策略,旨在遏制其进一步行动。

第一,经济制裁施压。由于美俄两国之间的经济联系并不如其他大国那样紧密,美国更是果断地选择了经济制裁作为对抗俄罗斯的主要手段。早在克里米亚事件初露端倪之时,美国便明确表示不会采取军事行动,而是依靠经济制裁来迫使俄罗斯放弃对克里米亚的企图。美国首轮制裁措施便对多名俄罗斯官员实施了旅游限制和资产冻结,然而这一举措在俄罗斯并未引起太大的反响。随着2014年4月乌克兰东部地区武装冲突的爆发,美国对俄罗斯的制裁措施进一步升级,不仅将制裁范围扩大到了俄罗斯的银行、能源和军工企业,而且实施了更加严格的措施。同年8月,俄罗斯也不甘示弱,采取了反制裁措施,禁止从美国进口一系列食品和农产品。紧接着,在9月,美国再次出手,宣布禁止向受到制裁的俄罗斯企业提供贷款和融资,并禁止购买俄罗斯银行发行的30天以上的债券和股权等。这场"制裁战"使得俄美之间的经贸合作遭受了巨大的冲击,两国的贸易额从2013年的380亿美元急剧下降到2014年的292亿美元。① 在美欧制裁与国际石油价格暴跌等多重因素的作用下,俄罗斯自2015年起便陷入了经济衰退的困境。尽管如此,俄罗斯政府并未按照西方的要求寻求和解,反而坚持己见,导致美欧与俄罗斯之间的制裁与反制裁期限不断延长。

第二,军事遏制围堵。为应对俄罗斯威胁,美国采取一系列措施加强了在欧洲及其周边地区的军事存在和军事行动。2014年9月,北约决定在前沿的东欧地区部署一支由5000人组成的快速反应部队,以应对潜在的安全威胁。2016年6月,北约进一步宣布将在波罗的海三国及波兰部署四个营的多国部队,总兵力达到4000人,旨在增强地区的防御能力。

---

① Давыдов А. Проблемы и ограничения российско-американских экономическихотношений// США и Канада. 2005. No. 2;Торгпред:санкции США в торговле с РФ далиобратный эффект. 22.04.2015. https://ria.ru/interview/20150422/1060145931.html.

第五章　案例分析:俄格冲突与乌克兰危机中的欧美对俄政策

此外,北约还派遣战机协助波罗的海三国守卫领空,并频繁在东欧前沿和乌克兰举行联合军事演习。面对北约的军事部署,俄罗斯并未坐视不理。在俄乌边界附近地区和黑海,俄罗斯举行了多次军事演习,以展示其军事实力。同时,俄罗斯战机还多次贴近波罗的海国家及北约其他成员国的领空进行示威性巡航,甚至多次试射"白杨""布拉瓦"等洲际弹道导弹,以此向外界展示其战略打击能力。2016年1月,俄罗斯更是宣布将在西部和南部地区新建三个师级部队,每个师兵力约为1万人,进一步加强其军事部署。这一系列举措使得俄罗斯与美国及北约之间的军事对峙达到了冷战结束以来的最高水平。面对这一紧张局势,俄罗斯总理梅德韦杰夫在2016年2月的慕尼黑安全会议上直言不讳地表示,俄罗斯与西方正在步入"新冷战"。

在欧洲大陆,美国亦在加强其军事影响力。中欧地区,美国不仅加强了陆军和空军的行动能力,还讨论了是否增加在波兰等国家的军事存在,以进一步巩固其在这一地区的地缘政治地位。在北欧,美国则通过在挪威部署海军陆战队,以及在北欧海域进行频繁的军事存在行动和演习,来展示其对该地区的重视。而在南欧,美国更是将地中海重新定位为海军的重要作战区域,进一步加强了对该地区的控制。[1]

特朗普政府将奥巴马政府于2014年提出的"欧洲安全保证倡议"(European Reassurance Initiative)重新命名为"欧洲威慑倡议"(European Deterrence Initiative),此举旨在凸显美军角色的转变——从单纯保障盟友安全,进化到坚定威慑俄罗斯。美国在欧洲的显著军事存在,以及在北约的强有力领导,旨在有效遏制俄罗斯对欧洲的潜在侵犯意图。[2] 为此,美国逐年增强对"欧洲威慑倡议"的资金投入,确保北约具备足够的能力

---

[1] Ronald O'Rourke, *Renewed Great Power Competition: Implications for Defense—Issues for Congress*, Congressional Research Service, August 5, 2019, p.4-5.

[2]《有钱任性,美斥巨资要将空军基地建到俄罗斯后院》,环球军事杂志,http://dy.163.com/v2/article/detail/DL8ESC170530IKH3.html。

应对来自俄罗斯的威胁。德国记者克罗瑙尔2019年在《青年世界报》发表文章指出,2020年年初即将拉开帷幕的北约"捍卫者-2020"军事演习,实际上将成为一场模拟与俄罗斯交战时发起进攻的重要预演。此次演习规模空前,堪称过去25年来北约所举办的最大规模的军事演练。①

此外,美国在欧洲反导系统的建设步伐显著加快,俄美之间的战略军备竞赛态势愈发明显。2016年5月,美国在罗马尼亚成功建立并启动了首个陆基导弹拦截站,紧接着开始在波兰建设第二个反导系统。至此,美国的欧洲反导系统已初步形成规模,并具备实战能力。面对美国的这一战略布局,俄罗斯则积极强化其战略核部队的实力,研发新型导弹系统和防空系统,并将五个装备现代化导弹的导弹团投入战斗值班。同时,俄罗斯还在加里宁格勒部署了能携带核弹头的"伊斯坎德尔"导弹,以有效反制美国的欧洲反导系统。②

三、欧盟的对俄政策

在乌克兰危机中,欧盟的对俄政策显得相对疲软。从一开始,欧盟就排除了使用武力解决危机的可能性,然而又无法接受其所坚持的核心原则和价值观遭受所谓的"践踏"。因此,在现实主义思想的指引下,欧盟采取了与俄罗斯"接触加制裁"并行的双轨策略,同时在政治和经济层面全力支持波罗申科领导下的乌克兰新政府。尽管欧盟宣称将与美国携手对俄罗斯实施坚决制裁,但由于欧盟内部存在分裂,以及对俄罗斯某种程度的依赖性,欧盟在行动上显得力不从心,缺乏强有力的实际行动。在此背景下,欧盟及其成员国如德国、法国等,一方面积极对俄罗斯展开密集的

---

① 《外媒:北约将预演"进攻"俄罗斯?》,参考消息网,2019年12月26日,http://www.cankaoxiaoxi.com/world/20191226/2398655.shtml。

② 柳丰华:《普京总统第三任期俄美关系演变与第四任期双边关系走势》,《俄罗斯研究》2018年第2期,第7—8页。

第五章 案例分析：俄格冲突与乌克兰危机中的欧美对俄政策

外交攻势，试图通过外交手段解决危机；另一方面，随着乌克兰局势的持续恶化，欧盟也逐步加大了对俄罗斯的制裁力度。

2014年，欧盟是俄罗斯最大的贸易伙伴，占俄罗斯对外贸易的48%。欧盟出口的主要是机械、电子产品和食品。而俄罗斯占欧盟贸易总额的8%，俄罗斯出口的82%是化石燃料。德国是俄罗斯在欧盟最大的贸易伙伴，荷兰紧随其后。到2017年为止，欧盟是俄罗斯最大的投资者。[1]但欧盟采取了一系列外交措施，将俄罗斯赶出八国集团（使该集团再次成为七国集团），暂停了俄罗斯加入经济合作与发展组织和国际能源机构的谈判，并取消了定期峰会。欧盟还对151名俄罗斯人实施了签证禁令和资产冻结，并禁止大部分源自克里米亚的进口商品和在克里米亚投资。

在马航MH17航班坠毁后，欧盟加入了美国对俄罗斯的金融制裁，禁止向俄罗斯五大国有银行提供贷款，并禁止出口军民两用技术，还加入了美国禁止对俄出口用于北极石油勘探和生产的能源相关技术的禁令。俄罗斯的反制裁禁止了欧盟43%的农产品出口到俄罗斯及其4.2%的全球农产品出口。虽然4.2%这个百分比数字很小，但对个别部门和国家的影响却大得不成比例。虽然欧盟的金融制裁对俄罗斯经济产生了重大影响，但反制裁刺激了俄罗斯国内的农业生产，同时对波兰和波罗的海国家产生了不利影响。[2]

制裁的初期，欧盟内部尚能保持相对一致，没有出现明显的分歧。然而，随着冲突态势的持久化，当欧盟成员国不得不面对延长制裁的阶段性决策时，诸多成员国内部的共识开始瓦解，制裁的效力也因此受到了前所

---

[1] Press and Information Team of the Delegation to Russia, "The European Union and the Russian Federation," European External Access Service, November 21, 2017, https://eeas.europa.eu/headquarters/headquarters-homepage/35939/european-union-and-russian-federation_en.

[2] European Parliamentary Research Service (EPRS), EU-Russia Trade, PE 557.023 (Brussels: May 2015); and EPRS, Economic Impact on the EU of Sanctions over Ukraine Conflict, PE 569.020 (Brussels: October 2015).

未有的质疑。除了在对俄政策上存在的政治分歧外，欧盟成员国各自对俄罗斯贸易的依赖程度也呈现显著的差异，这导致了制裁所带来的经济负担在成员国之间分配不均。[1] 自危机爆发以来，中东欧国家一直积极倡导欧盟对俄罗斯实施一系列严厉的制裁措施。另外，德国、英国和法国在2014年3月克里米亚事件、5月乌克兰东部公投、7月马航MH17航班坠毁事件等一系列事件后，切实推动了针对俄罗斯的制裁。但在局势相对缓和的时期，这些国家则显得更为审慎，不愿再增加更多的制裁措施。

尽管欧盟的制裁措施及俄罗斯随后的反制裁确实对两国的贸易产生了显著影响，特别是在农产品和金融工具领域，如一系列俄罗斯银行被排除在长期贷款市场之外，但值得注意的是，这些制裁并未触及能源关系的关键领域，如技术转让或欧洲对俄罗斯能源基础设施的投资，也未直接针对普京身边的关键人物。[2] 随着时间的推移，尽管欧盟对俄罗斯陆续实施了一系列制裁措施，然而各成员国基于自身经济利益和与俄罗斯的历史渊源，依然维持着双边关系，这在一定程度上削弱了制裁的实际效力，使得这些制裁措施往往沦为形式大于实质的象征性工具。[3]

从更深层次看，这些制裁措施在很大程度上反映了德国在乌克兰危机期间领导角色的犹豫。在没有其他成员国愿意主动承担责任的情况下，德国被迫在欧盟中发挥带头作用。然而，这一角色并非易事，德国的

---

[1] Teija Tiilikainen, "Foreign Policy-Making in the European Union: How the Political System Affects the EU's Relations with the United States," in Daniel S. Hamilton and Teija Tiilikainen eds., *Domestic Determinants of Foreign Policy in the European Union and the United States*, Washington, DC: Center for Transatlantic Relations and Finnish Institute of International Affairs, 2018, p. 173.

[2] Michael Gorodiloff, "Just how effective are sanctions as a tool of foreign policy?" *Russia Direct*, August 12, 2015, http://www.russia-direct.org/opinion/just-how-effective-are-sanctions-tool-foreignpolicy.

[3] Maria Elena Argano, "European Union—Russia: a Two-level Relationship," February 6, 2019, https://www.eyes-on-europe.eu/russia-eu-eu-logos/.

第五章　案例分析:俄格冲突与乌克兰危机中的欧美对俄政策

做法时常为其自身经济利益与欧盟共同立场之间的紧张关系所影响。欧盟成员国之间的立场差异显著,反映了对俄罗斯态度的多元化。有些国家更为温和(如意大利、希腊和匈牙利),有些则相对冷漠(如西班牙和葡萄牙),而中东欧成员国因感受到俄罗斯的威胁而强烈要求采取强硬立场。德国和法国则需要在维护自身经济利益与推动欧洲采取有力回应之间寻求平衡。尽管欧盟成员国在制裁问题上达成了协议,并共同发表了谴责俄罗斯在乌克兰东部"侵略行为"的声明,但各成员国对俄罗斯的实际态度并未发生根本性变化。它们更倾向于在双边条件下与俄罗斯进行交易,而非通过欧盟的共同框架来协调行动。[1]

尽管德国警告俄罗斯,继续在乌克兰展开咄咄逼人的攻势将付出经济代价,但柏林方面不愿采取强硬措施。斯蒂芬·萨博(Stephen F. Szabo)分析称,"在乌克兰危机中,德国的商业现实主义只允许它使用经济工具来回应俄罗斯使用军事力量"。[2] 柏林方面也明白,俄罗斯在乌克兰的经济利益超过了德国或欧盟在乌克兰的经济利益。劳伦斯·弗里德曼(Lawrence Freedman)认为,大多数德国领导人并不愿意损害与俄罗斯的政治和经济关系。[3] 默克尔总理对普京的行为保持了一种灵活且略显模棱两可的立场,仅提出了相对温和的批评。这种对俄态度往往被外界解读为"绥靖"政策的体现。[4]

欧盟在应对乌克兰危机时,既通过制裁和外交手段努力遏制冲突升

---

[1] Cristian Nitoiu, "Towards Conflict or Cooperation? The Ukraine Crisis and EU-Russia Relations," *Southeast European and Black Sea Studies*, Vol. 16, Issue 3, 2016, pp. 378-379.

[2] Stephen F. Szabo, "Germany's Commercial Realism and the Russia Problem," *Survival*, Vol. 56, No. 5, 2014, p. 124.

[3] Lawrence Freedman, "Ukraine and the art of limited war," *Survival*, Vol. 56, No. 6, 2014, pp. 7-38.

[4] Cristian Nitoiu, "Towards Conflict or Cooperation? The Ukraine Crisis and EU-Russia relations," *Southeast European and Black Sea Studies*, Vol. 16, Issue 3, 2016, p. 379.

级,又向乌克兰提供了关键的经济和政治支持。然而,尽管欧盟在此危机中投入了大量精力,无论是通过恳切的劝和,还是施加有力的经济压力,这些努力似乎都未能扭转局势的走向。一位负责俄罗斯事务的欧盟官员坦言,尽管制裁措施在经济层面对俄罗斯构成了不小的压力,但从政治角度来看,其效果并不显著,尚未迫使俄罗斯在乌克兰问题上做出实质性的改变。卡内基国际和平基金会的高级研究员尤金·卢默也表达了类似的观点,他认为,制裁无法改变克里姆林宫在乌克兰问题上的立场。① 究其根源,不难发现这背后反映的是欧盟的"犹豫不决"与俄罗斯的"坚定立场"。部分欧盟国家视俄罗斯为不可或缺的合作伙伴,这一点无疑对欧盟的整体政策走向产生了深远影响,使得欧盟难以形成一个连贯、战略性且深刻的应对方案。② 相比之下,俄罗斯更专注于在乌克兰问题上取得战略优势,确保其在地缘政治竞争中获取相对收益。

四、欧美对俄政策的比较

在乌克兰危机中,欧美对俄政策呈现出既有一致性又存在显著差别的复杂态势。就共性而言,欧美双方均深刻认同乌克兰的地缘政治重要性,并热切期望乌克兰能够融入西方阵营。为此,欧美共同致力于推动欧盟的扩大,欲将乌克兰纳入其中,旨在借此获得对俄罗斯的战略优势,进而将俄罗斯的影响力从乌克兰彻底排除。当乌克兰危机骤然爆发,俄罗斯介入冲突后,欧美更是迅速达成共识,决定对俄罗斯实施一系列严厉的制裁措施。

---

① 《欧盟在乌克兰危机中仍难摆脱尴尬境地》,《中国青年报》2015 年 2 月 26 日。
② Dmitry Danilov, "EU-Russia: making up for security cooperation shortfall," in Olga Potemkina ed. , *The EU-Russia: the way out or the way down?* , Institute of Europe, Russian Academy of Sciences; Egmont—The Royal Institute for International Relations, 2018.

第五章　案例分析：俄格冲突与乌克兰危机中的欧美对俄政策

然而，在对俄政策的差异性方面，欧盟相较于美国则展现出更为宽容和温和的姿态。欧盟坚持文化多样性和多极化的理念，这使得其政策色彩与美国有所区别，可能更容易被各方接受。因此，欧盟在不知不觉中扮演了美、俄、乌之间调停人的角色。[1] 在制裁方面，欧盟相较于美国显得更为谨慎。这是因为欧盟特别是其成员国，与俄罗斯在经济和其他领域有着更为紧密的联系，这使得欧盟在制裁过程中需要更加审慎地权衡各方利益。[2] 乌克兰方面亦能敏锐地察觉到欧美对俄制裁有效性的差异。基辅担心欧盟内部缺乏足够的凝聚力，同时也意识到一些关键成员国与俄罗斯经济联系的重要性。因此，乌克兰积极寻求让美国发挥更为积极的外交作用，期望美国能够对俄罗斯施加更大的压力。[3]

在乌克兰危机中，欧盟坚守着一条独特的政策路线，其执行的制裁措施与美国有着显著的不同。此外，关于解决冲突的策略，特别是应对俄罗斯的挑战，欧盟内部展开的辩论也带有许多独特的欧洲印记，这些特色在欧盟的实际行动中得到了充分展现。然而，当谈及政治层面上的危机应对时，尽管欧盟在危机初期展现出了良好的开局，但随后在行动中的存在感逐渐减弱。实质上，这一过程在很大程度上被德国和法国主导。原本在危机初期扮演重要角色的波兰也逐渐淡出，使得柏林和巴黎成为代表欧洲处理危机的主要力量。这部分原因是欧盟在国际事务中缺乏真正的自主权，特别是在涉及高风险外交时，一旦某个问题对主要成员国而言显

---

[1] 李兴：《转型时代俄罗斯与美欧关系研究》，北京：北京师范大学出版社，2007年，第309页。

[2] Hiski Haukkala, "'Crowdfunded Diplomacy'? The EU's Role in the Triangular Diplomacy Over the Ukraine Crisis," in Vicki L. Birchfield and Alasdair R. Young eds., *Triangular Diplomacy among the United States, the European Union, and the Russian Federation: Responses to the Crisis in Ukraine*, Palgrave Macmillan, 2018, pp. 88 - 89.

[3] Vicki L. Birchfield and Alasdair R. Young, "Conclusions: Comparison and Triangulation," in Vicki L. Birchfield and Alasdair R. Young eds., *Triangular Diplomacy among the United States, the European Union, and the Russian Federation: Responses to the Crisis in Ukraine*, Palgrave Macmillan, 2018, p. 221.

得过于重要或棘手,处理这些问题的权力和责任便不可避免地回流至各国首都。近年来,这种趋势在其他重要问题上也屡见不鲜,包括欧元危机和难民危机等。①

在外交政策危机与严峻的内部经济危机之间,欧盟陷入了两难境地。华盛顿所列举的制裁措施,其核心目的在于对普京进行惩罚,以期推动俄罗斯政权的更迭。然而,柏林方面所提出的制裁清单,其主旨在于防止俄罗斯未来对乌克兰的威胁,并设定了一年的有效期。② 此次危机清晰地表明,"硬实力"不仅未被欧盟采用,而且似乎已经淡出其战略思想的范畴。③ 在乌克兰危机中,欧盟所采取的政策路线展现了其独立性,而并非仅仅是对美国政策的模仿或延伸。这进一步意味着,欧盟在这一问题上的政策未来将不会完全受制于美国在该危机及该地区所采取的政策。综上所述,乌克兰危机在某种程度上助推了欧盟成长为一个更加独立的国际行为体。④

相较于其他欧盟成员国,中东欧国家与俄罗斯在经济层面的联系显得更为紧密。因此,在实施制裁措施时,它们所承担的代价远超西欧国家。同时,这些国家还表达了对欧盟未能将其视为完全平等伙伴的不满,对主权的丧失感到愤懑。以保加利亚为例,其后共产主义时期的经历尤

---

① Hiski Haukkala, "'Crowdfunded Diplomacy'? The EU's Role in the Triangular Diplomacy Over the Ukraine Crisis," in Vicki L. Birchfield and Alasdair R. Young eds. , *Triangular Diplomacy among the United States, the European Union, and the Russian Federation: Responses to the Crisis in Ukraine*, Palgrave Macmillan, 2018, p. 89.

② Elizabeth Pond, "Germany's Real Role in the Ukraine Crisis: Caught between East and West," *Foreign Affairs*, Vol. 94, No. 2, March/April 2015, pp. 173 - 177.

③ Andrew Wilson, *Ukraine Crisis: What it means for the West*, Yale University Press, 2014, p. 204.

④ Hiski Haukkala, "'Crowdfunded Diplomacy'? The EU's Role in the Triangular Diplomacy Over the Ukraine Crisis," in Vicki L. Birchfield and Alasdair R. Young eds. , *Triangular Diplomacy among the United States, the European Union, and the Russian Federation: Responses to the Crisis in Ukraine*, Palgrave Macmillan, 2018, p. 91.

第五章　案例分析：俄格冲突与乌克兰危机中的欧美对俄政策

为艰难。相较于俄罗斯的潜在威胁，保加利亚更担心土耳其的霸权行为及其国内部分土耳其族裔（保加利亚最大的少数民族）的宗教极端主义所带来的威胁。与俄罗斯相似，保加利亚民众对西方也怀有某种怨恨，认为欧盟将他们视作二等公民。此外，鉴于乌克兰的遭遇，新加入北约的成员国也开始质疑西方在保护其免受俄罗斯威胁方面的决心。①

第三节　西方与俄罗斯会出现"新冷战"吗？

欧盟、美国和俄罗斯是欧亚地缘政治舞台上的重要角色，而乌克兰等东欧国家则成为三方在战略层面加强存在、争取优势的关键支点。欧美俄围绕乌克兰的博弈，虽然表面激烈，但并非俄罗斯与西方关系恶化的核心所在。事实上，俄罗斯与西方之间的不和，其根源深植于苏联解体后国际体系的重塑与调整。面对俄罗斯的虚弱与中东欧地区的权力真空，欧盟不仅在地理上扩展其影响力，而且在经济和意识形态层面通过与"后苏联空间"的紧密联系来巩固自身地位。华盛顿与布鲁塞尔则联手，试图将那些与俄罗斯关系紧密的国家纳入其安全、市场和监管体系之中，迫使其在选择与欧盟推进一体化还是与俄罗斯建立区域伙伴关系时陷入两难境地。乌克兰实际上已分裂为两部分，成为西方与俄罗斯势力范围的新界限。② 往昔冷战时期的竞争要素再度浮现，欧洲并没有如人们所愿成为一个统一的"大欧洲"，反而再次陷入分裂的境地。③ 冷战的零和逻

---

① Angela Stent, *Putin's World: Russia Against the West and with the Rest*, New York: Twelve, 2019, Chapter 3.
② Matthew Sussex and Roger E. Kanet, "Conclusion," in Roger E. Kanet, Matthew Sussex eds., *Power, Politics and Confrontation in Eurasia: Foreign Policy in a Contested Region*, Palgrave Macmillan, 2015, p. 241.
③ Richard Sakwa, *Russia against the Rest: The Post-Cold War Crisis of World Order*, Cambridge: Cambridge University Press, 2017, p. 136.

辑——这一经典的大国政治思维——以最残酷的方式重新主宰了欧洲的国际事务。在这场激烈的地缘政治较量中，人们仿佛又看到了冷战时期的影子，感受到那个时代的紧张与对抗。

乌克兰危机爆发后，关于美俄是否已步入"新冷战"的论调与著作层出不穷。其中，2014 年 9 月在英国威尔士举行的北约峰会堪称"新冷战"的标志性事件。此次峰会聚焦于乌克兰问题，而俄罗斯成为北约成员国集体默认的敌手。对此，愤怒的普京断言 9 月 4 日为"新冷战"的起始标志。关于"新冷战"的成因，各界看法不一。资深电视记者、布鲁金斯学会客座研究员马文·卡尔布（Marvin Kalb）在其《帝国的赌注：普京、乌克兰和新冷战》中，特别从普京的个人特质及俄罗斯兼并克里米亚的事件中探寻"新冷战"的根源。他认为，俄罗斯兼并克里米亚的行为颠覆了其与西方在 1975 年签署的《赫尔辛基协定》，该协定曾明确规定了欧洲领土边界的"不可侵犯性"。普京政府此举无疑激发了乌克兰东南部亲俄势力的反叛情绪，一场冷酷无情的新冷战正悄然逼近。①

在这个核阴霾笼罩的时代，任何人都不愿意见到美俄之间燃起"新冷战"的战火。著名战略家布热津斯基曾向奥巴马政府建言，在应对乌克兰危机时，可以探索一种"以美国承诺乌克兰不加入北约，换取俄罗斯对乌克兰加入欧盟的谅解"的折中方案。② 不论乌克兰危机的后续影响如何演变，美俄两国作为国际舞台上的重要力量，其行动都带有理性与审慎。从目前国际形势的发展情况来看，美俄双方依然保持着一种既相互妥协又相互依赖的建设性关系。正如安琪拉·斯登特（Angela Stent）所描述的那样："美俄关系是一种有限合伙关系，在这种关系中，合作与竞争以一

---

① Marvin Kalb, *Imperial Gamble: Putin, Ukraine, and the New Cold War*, Washington, D. C.: Brookings Institution Press, 2015, p. XI.
② 《布热津斯基为奥巴马支招——美俄妥协才是乌克兰危机的解决之道》，新华网，2015 年 3 月 11 日，http://news.xinhuanet.com/world/2015-03/11/c_127567386.htm.

第五章　案例分析：俄格冲突与乌克兰危机中的欧美对俄政策

种不稳定的状态持续共存。"①

实际上，"新冷战"的提法早在 21 世纪最初十年的中后期就已悄然兴起。著名学者利利娅·舍夫佐娃（Lilia Shevtsova）和安德鲁·伍德（Andrew Wood）将普京总统 2007 年在慕尼黑所发表的演讲称为"冷战演讲"，②这一演讲被视为俄罗斯与西方关系走向紧张的重要信号。随后，爱德华·卢卡斯在 2008 年出版的《新冷战：克里姆林宫如何威胁俄罗斯和西方》一书中，更是直言不讳地指出，俄罗斯与西方之间的"新冷战"已经拉开序幕。③ 一些学者甚至将这场新冷战的范围具体化为"美俄冷战"，强调两国之间的紧张关系已然成为国际政治舞台上的一大焦点。④ 与此同时，也有学者提出，如今俄罗斯对西方的威胁与苏联时期相比有着显著的不同。这种威胁并非传统的军事威胁，而是表现为一种"混合"冲突的形式，类似于俄罗斯在乌克兰东南部所采取的行动。此外，西方学者指出俄罗斯还采取了一系列旨在测试并可能削弱北约成员国之间团结的挑衅行为，包括使用特工煽动者、有限的边界违规行为，以及在爱沙尼亚和拉脱维亚等国的俄罗斯少数民族中组织、资助和武装反叛团体。这些

---

① Angela Stent, "US-Russia Relations in the Second Obama Administration," *Survival*, Vol. 54, No. 6, 2013, p. 136.

② Lilia Shevtsova and Andrew Wood, *Change or Decay: Russia's Dilemma and the West's Response*, Carnegie Endowment for International Peace, 2011, p. 70.

③ Edward Lucas, *The New Cold War: How the Kremlin Menaces Both Russia and The West*, Bloomsbury Publishing, 2008.

④ Robert Legvold, *Return to Cold War*, Cambridge: Polity, 2016; Stephen F. Cohen, "If America 'Won the Cold War', Why Is There Now a 'Second Cold War with Russia'?" *The Nation*, February 14, 2018, https://www.thenation.com/article/if-america-won-the-cold-war-why-is-there-now-a-second-cold-war-with-russia/; Robert D. Crane, "Psychostrategic Warfare and a New U.S.-Russian Cold War," *The American Muslim*, February 12, 2015, http://theamericanmuslim.org/tam.php/features/articles/psychostrategic-warfare-and-a-new-u.s.-russian-cold-war.

行为无疑加剧了国际社会的担忧,使得"新冷战"的阴影愈发浓重。①

在西方学界,对于西方与俄罗斯关系恶化的原因,虽多数声音倾向归咎于俄罗斯,但也有学者为其辩护。理查德·萨科瓦(Richard Sakwa)便持此观点。他认为,尽管冲突的爆发并非普京所愿,但乌克兰局势的发展却凸显出普京所面临的、他认为自己无法回避的挑战。在后冷战时代,这是一个大国首次对大西洋共同体所定义的世界秩序提出挑战。其背后的动机并非旨在建立一个"大俄罗斯",更不是意图重振苏联帝国,而是致力于捍卫"大欧洲"的大陆主义理念及俄罗斯的国家利益。在此过程中,普京对美国划定"红线"的权利提出了质疑,并从整体上挑战了大西洋主义的霸权地位。作为回应,在政治和媒体精英的煽动下,美国率先宣布了一场针对俄罗斯的"新冷战",随后欧洲的盟国在某种程度上虽不情愿,但也不得不追随美国的步伐。②

诚然,当前西方与俄罗斯的对抗远未达到冷战时期那般规模和烈度。在意识形态层面,双方之间的竞争远不及苏联时期那般尖锐与激烈。从战略角度看,这更多是对欧洲秩序的重塑与描画,而非全球性的权力角逐。地理焦点也从昔日的中欧转移至现今的俄罗斯边境,这并不意味着对整个欧洲控制权的全面竞争。尽管2008年俄格冲突后,俄罗斯在军事上有所加强,但相较于北约,其仍非真正的常规军事对手。③ 因此,目前的对抗态势与冷战时期相比,无论是在规模、烈度还是影响范围上,都呈现明显的差异。

本书认为,美国和欧盟在对待俄罗斯的政策上存在显著分歧,这一分

---

① Riccardo Alcaro ed. , *West-Russia Relations in Light of the Ukraine Crisis*, Edizioni Nuova Cultura, 2015, p. 71.
② Richard Sakwa, *Frontline Ukraine: Crisis in the Borderlands*, I. B. Tauris, 2015, p. 119.
③ Riccardo Alcaro ed. , *West-Russia Relations in Light of the Ukraine Crisis*, Edizioni Nuova Cultura, 2015, pp. 70 - 71.

第五章　案例分析：俄格冲突与乌克兰危机中的欧美对俄政策

歧决定了"新冷战"的局面不会出现。首先，美国与俄罗斯的实力对比已不能与冷战时期的美苏实力对比相提并论。当今全球权力结构已不再是美、俄两国独大的格局，而是多个权力中心并存，互相制衡。其次，形成"新冷战"所需的两大对立阵营也显得极为困难。一方面，美国的盟友在对待俄罗斯的政策上存在分歧，并不愿意与俄罗斯彻底决裂，也不可能坚定支持美国对俄的"新遏制"政策；另一方面，作为所谓"新冷战"另一极的俄罗斯，也难以再拉拢一批坚定支持其与美国对抗的盟友。正如戈登·哈恩(Gordon M. Hahn)所言，"冷战2.0"缺乏原版本那种鲜明的意识形态基础和全球影响力。① 有学者指出，新兴的两极结构（及其导致的两极化趋势）虽被视为"新冷战"发展的重要先兆，因为它迫使美国和俄罗斯直接面对彼此的对立。然而，重要的是，当我们将冷战时期的美苏关系与当前的美俄关系的基础结构进行比较时，便会发现显著的不同。目前，美国虽在一定程度上代表着（正在衰落的）单极力量，但俄罗斯的实力已大不如前，这与冷战时期超级大国间的激烈竞争形成鲜明对比。此外，双方的冲突主要局限于东欧和中东地区，这与冷战时期真正的全球范围斗争大相径庭。② 尽管"新冷战"发生的可能性不大，但我们必须承认，俄罗斯和西方都在努力寻求对方体系的崩溃和最终毁灭，因而对抗难以避免。大国在追求自身利益最大化的过程中，必然会产生势力范围的争夺。俄罗斯已不再致力于构建一个共同的欧洲和欧洲-大西洋安全框架，这使得它在与西方社会的关系中取得突破变得更加困难。③ 同样，欧美也不再对彻底击垮俄罗斯抱有幻想。乌克兰危机、北约欧盟"双东扩"、"颜色革命"

---

① Gordon M. Hahn, *Ukraine Over the Edge: Russia, the West and the "New Cold War,"* McFarland & Company, 2018, Chapter 10.

② Nicholas Ross Smith, *A New Cold War? Assessing the Current US-Russia Relationship*, Palgrave Macmillan, 2019, p. 25.

③ Sergii V. Glebov, "Ukraine Between Russia and the West: Russian Challenge to Euro-Atlantic Security," in Emel Parlar Dal and Emre Erşen eds., *Russia in the Changing International System*, Palgrave Macmillan, 2020, p. 166.

及俄罗斯恢复传统势力范围的努力，都是这一对抗态势的具体表现，这不禁让人回想起19世纪现实主义地缘政治的残酷现实。毫无疑问，双方的一系列互动与博弈表明了大国地缘政治的回归，而这场博弈的结果将深刻影响国际政治格局的未来走向。

本章小结

　　大国之间的角力以乌克兰和格鲁吉亚为焦点持续展开。俄格冲突深刻地揭示了那些既非北约成员又非欧盟成员、却紧邻欧盟和俄罗斯的国家的脆弱境地。对于格鲁吉亚而言，尽管其战略地位重要，但美欧并不会因此轻易与俄罗斯开战。在大多数情况下，国际环境作为一种客观存在，对小国而言影响尤为显著，格鲁吉亚不可避免地成为欧美俄三方博弈的牺牲品。乌克兰危机继俄格冲突之后，成为西方与俄罗斯之间地缘政治竞争的又一高潮。无论冲突表现为战争还是危机，都反映出俄罗斯决心动用军事力量，确保其"近邻"不会倒向西方阵营。尽管乌克兰危机的直接导火索是欧盟计划接纳乌克兰为新成员，但俄罗斯深感忧虑，任何推动乌克兰向西方靠拢的政策，最终都将为其加入北约铺平道路。在乌克兰危机中，欧盟和美国对俄罗斯政策的一致性和差异性得到了充分展现。当俄罗斯迅速将克里米亚并入其版图后，欧美迅速达成一致，决定对俄罗斯实施严厉制裁。美国对俄罗斯的制裁态度强硬，而欧盟的制裁则相对"温和"。欧盟虽跟随美国对俄罗斯实施多领域制裁，但在实施后发现自身利益亦受重创，随后便减轻甚至停止了对俄制裁。

　　"威慑"(deterrence)和"对话"(dialogue)这两大支柱，历来是欧洲-大西洋安全的基石。然而，在大西洋同盟内部，政治（对话）层面的争议往往甚于军事（威慑）层面，尤其是在北约扩大这一敏感议题上。北约在后冷战时代的扩张策略，不仅动摇了欧洲-大西洋的安全基石，而且引发了东

第五章 案例分析:俄格冲突与乌克兰危机中的欧美对俄政策

西方之间的新裂痕。这一行为不仅使得原苏联地区的国家深受来自俄罗斯的"持续压力"与"实际胁迫",更让北约促进周边稳定的初衷变得岌岌可危。有学者认为,加强与这些国家的合作与伙伴关系,并辅以对成员国身份的模糊承诺,长期来看,必将削弱北约维护地区稳定的努力。① 在推动北约东扩的问题上,"俄罗斯因素"无疑是欧美双方不得不考虑的重要变量。欧盟在此问题上更倾向于通过"对话"来寻求解决之道,而美国则更倾向于通过"威慑"来维护自身利益。尽管俄罗斯的强硬态度使得格鲁吉亚和乌克兰未能顺利加入西方阵营,但两国政府对于北约成员国资格的渴望从未减弱。这也意味着这一问题将持续发酵,不仅影响俄罗斯与西方的关系,而且将对大西洋同盟内部的团结与稳定构成挑战。

当前俄罗斯与西方之间的矛盾,尚不足以引发新一轮的"冷战"。所谓的"新冷战",其实更多是外界对俄罗斯与西方紧张关系的夸大描述,而非一个真实的国际局势。如果说冷战的本质是西方对苏联共产主义的遏制,那么今日所谓的"大博弈"则聚焦于俄罗斯对西方特别是北约和欧盟向欧亚腹地——莫斯科传统势力范围的扩张的抗衡。俄格冲突和乌克兰危机,不过是这些深层次利益冲突不可避免的外在表现。

在特朗普执政时期,美国外交政策的不可预测性无疑加剧了这一复杂局面。美国究竟是继续深入参与还是突然抽身而退,这种不确定性让美国的盟友备感焦虑。这并非仅仅出于分担责任的考虑,因为当前美国在欧洲、中东和非洲的军事部署规模已大幅缩水,不仅与冷战时期无法相提并论,即便是与十多年前比也相去甚远。

---

① Tracey German, "NATO and the Enlargement Debate: Enhancing Euro-Atlantic Security or Inciting Confrontation?" *International Affairs*, Vol. 93, No 2, 2017, pp. 293 - 294.

第六章
特朗普政府时期的美欧俄关系

2017年1月20日,特朗普就任美国总统,开启了不同于前届奥巴马政府的美国外交格局。商人出身的特朗普更看重的是收益,即美国国际行为的回报是否大于付出,与他国讨价还价能否使美国获得更多的利益。他强调"美国优先",减少不必要的国际参与,退出多种多边机制,减少对外援助,保存并加强美国自身实力。早在特朗普竞选期间,他就传递给美国民众一种因果逻辑,即美国人之所以痛苦,是因为他们对世界其他国家太过慷慨,包括接纳移民和保护盟国,同时美国的政治精英达成了一系列有缺陷的国际协议,而这些协议损害了美国的利益。[①] 特朗普的这种"事不关己,高高挂起"的观念导致了美国持续背弃国际承诺,或者说,这相当于"向国际义务与合作宣战"。[②] 特朗普厌恶多边主义,在他的眼中,"民

[①] Edward Alden, "Changing Economic Fortunes for Americans: Implications for Foreign Policy," in Daniel S. Hamilton and Teija Tiilikainen eds., *Domestic Determinants of Foreign Policy in the European Union and the United States*, Washington, DC: Center for Transatlantic Relations and Finnish Institute of International Affairs, 2018, p. 101.

[②] Thomas G. Weiss, "The United Nations and Sovereignty in the Age of Trump," *Current History*, Philadelphia, Vol. 117, Issue 795, January 2018, pp. 10-15.

第六章　特朗普政府时期的美欧俄关系

族主义胜过多边主义"。① 尤尼斯·阿布尤布(Younes Abouyoub)评论称,自特朗普上任以来,世界一直在经历令人担忧的发展,民族主义、种族主义、孤立主义和单边主义再次抬头。② 在分析特朗普政府的外交政策时,我们可以将特朗普的"美国优先"座右铭作为一条贯穿始终的主线。

特朗普执政以来,欧美俄之间的博弈愈发复杂,一方面,传统地缘政治竞争回归并日趋激烈,俄罗斯与西方展开更为全面的竞争;另一方面,特朗普对盟友利益的漠视及对同盟责任公平性的再三强调,使跨大西洋盟友间的关系持续紧张。在这样的背景下,特朗普政府进一步将俄罗斯视为美国的主要竞争对手,其全球战略也具有更加强烈的反俄色彩。与此同时,欧洲也在努力谋求更大的自主性,在对俄罗斯的政策上展现出很大的独立性。

第一节　欧美关系面临新的挑战

特朗普上台后欧美之间分歧增大和关系紧张引起了学术界的高度关注和热烈讨论,对于当时的欧美关系态势及其未来发展趋势存在着两种分析观点和判断。一种认为传统的欧美关系正在发生变局,大西洋同盟难以为继,如有学者力图通过事实和证据表明欧盟和美国的关系正在减弱甚至破裂。里德沃尔(Marianne Riddervold)和纽瑟姆(Akasemi Newsome)

---

① Younes Abouyoub, "A Perilous Legacy: From Trumping Multilateralism to the Demise of the U. S. Storytelling?" in *The OCP Policy Center*, *Atlantic Currents: Overcoming The Choke Points*, 5th Edition of the Annual Report on Wider Atlantic Perspectives and Patterns, December 2018, p. 41.

② Younes Abouyoub, "A Perilous Legacy: From Trumping Multilateralism to the Demise of the U. S. Storytelling?" in The OCP Policy Center, *Atlantic Currents: Overcoming The Choke Points*, 5th Edition of the Annual Report on Wider Atlantic Perspectives and Patterns, December 2018, p. 39.

认为,这是欧美在国际问题、国际制度和规范,以及跨大西洋关系的价值等方面的观点和立场日益分歧的结果。① 美国著名学者伊肯伯里等质疑特朗普的行为是否正在破坏整个"自由主义国际秩序",使跨大西洋关系本身处于危机状态。② 夏皮罗(Jeremy Shapiro)和戈登(Philip H. Gordon)更是评论称"联盟已死",特朗普对跨大西洋关系造成了致命打击,使旧的联盟难以恢复。③ 俄罗斯《观点报》专栏作者彼得·阿科波夫认为,欧美分手已不可逆转,只是"何时"和"以何种形式"的问题。④ 而另一种观点则坚持,跨大西洋关系并未发生实质性的变化。厄尔代古伊(Rachid El Houdaigui)认为,大西洋联盟是一个不断演变的战略概念,现在只是需要围绕"北约分担责任"和集体防御达成新的战略共识。⑤ 英国皇家国际事务研究所发布的政策报告称,欧美仍是不可替代的伙伴,"历史表明,将双方聚集在一起的问题的深度远远大于可能使它们分裂的问

---

① Marianne Riddervold and Akasemi Newsome, "Transatlantic Relations in Times of Uncertainty: Crises and EU-US Relations," *Journal of European Integration*, Volume 40, Issue 5, 2018, pp. 505 – 521.

② G. John Ikenberry, "The End of Liberal International Order?" *International Affairs*, Volume 94, Issue 1, January 2018, pp. 7 – 23; Gideon Rose, "Letting Go," *Foreign Affairs*, Vol. 97, Issue 2, March/April 2018, p. x; Fareed Zakaria, "FDR Started the Long Peace, Under Trump, It May Be Coming to an End," *Washington Post*, Jan 26, 2017, https://www.washingtonpost.com/opinions/global-opinions/fdr-started-the-long-peace-under-trump-it-may-be-coming-to-an-end/2017/01/26/2f0835e2-e402-11e6-ba11-63c4b4fb5a63_story.html?utm_term=.a3b8e163ae02.

③ Jeremy Shapiro and Philip H. Gordon, "How Trump Killed the Atlantic Alliance," March 5, 2019, https://www.ecfr.eu/article/commentary_how_trump_killed_the_atlantic_alliance.

④ Петр Акопов,《Европа обречена на союз с Китаем против США》, *ВЗГЛЯД*, 27 марта 2019, https://vz.ru/politics/2019/3/27/970174.html. (彼得·阿科波夫:《欧洲注定要与中国结盟反对美国》,《观点报》2019年3月27日。)

⑤ Rachid El Houdaigui, "The Atlantic Alliance: Between Revived Europeanism and Restless Atlanticism," in The OCP Policy Center, *Atlantic Currents: Overcoming the Choke Points*, 5th Edition of the Annual Report on Wider Atlantic Perspectives and Patterns, December 2018, pp. 57 – 58.

第六章　特朗普政府时期的美欧俄关系

题的深度"。① 安德森认为"美国目前正在进行的政策转变还只是表面的,尚未形成结构性变化",并预计"它不会成功推翻美国 70 年来的外交政策共识"。② 不少学者对第二种观点持相似的看法。③

长期以来,跨大西洋关系中一直存在着结构性矛盾,即不对称的欧美权势结构及因其产生的利益分配的不平衡,但是特朗普政府"美国优先"的对外方针和强硬的外交风格激化了原有的矛盾,并产生了新的矛盾。而相对于此前的同盟危机,从总体上来看,特朗普上台后欧美的矛盾和纷争在广度和深度上都是前所未有的。欧洲盟友甚至越来越质疑美国的领导力,并在是否保持与美国的同盟关系问题上产生了分歧:一派仍然支持维护与美国的同盟关系,另一派则宁愿寻求新的地缘政治选择,以取代这个令人尴尬的同盟。④

二战结束以来,大西洋同盟一直被欧洲视为其对外关系的基石,而美国也十分重视在欧洲的战略存在,有种形象的说法是,"美国一只脚站在美洲,而另一只脚站在欧洲",没有欧洲,美国就等于失去了一只脚,无法实现其称霸全球的战略目标。战后历届美国总统都将欧洲的安全和繁荣

---

①　Patricia Lewis and Jacob Parakilas et al. , *The Future of the United States and Europe: An Irreplaceable Partnership*, Chatham House Report, The Royal Institute of International Affairs, 2018.

②　Jeffrey J. Anderson, "Rancor and Resilience in the Atlantic Political Order: The Obama Years," *Journal of European Integration*, Volume 40, Issue 5, 2018, pp. 621 – 636.

③　Laetitia Langlois, "Trump, Brexit and the Transatlantic Relationship: The New Paradigms of the Trump Era," *Revue LISA / LISA e-journal*, Vol. 16, No. 2, 24 September 2018, https://journals.openedition.org/lisa/10235; Ian Bond, *Has the Last Trump Sounded for the Transatlantic Partnership?*, Center for European Reform, May 2018, p. 15; Xenia Wickett, *Transatlantic Relations: Converging or Diverging?* Chatham House Report, The Royal Institute of International Affairs, 2018, p. 30.

④　Younes Abouyoub, "A Perilous Legacy: From Trumping Multilateralism to the Demise of the U. S. Storytelling?" in The OCP Policy Center, *Atlantic Currents: Overcoming the Choke Points*, 5th Edition of the Annual Report on Wider Atlantic Perspectives and Patterns, December 2018, p. 51.

看作美国的核心利益,所以,他们一直对疏远欧洲、不顾欧洲人的感受持谨慎态度。相比之下,特朗普领导的美国,"既对自己在欧洲的传统角色不感兴趣,也无法履行自己的角色"。① 特朗普只相信人造屏障("筑墙")和天然屏障(海洋)带给美国的安全感,所以他希望美国"能够而且应该置身事外,不去理会其他地区的问题",而特朗普的新政策虽然提高了美国的议价能力,但代价可能是让整个大西洋同盟陷于危险境地。②

一、原有矛盾的加深——利益分配的分歧加深

欧美同盟内部的分歧与矛盾从大西洋同盟建立时起就存在。合作与纷争并存成为跨大西洋关系的一个明显特征。特朗普政府上台后表现出的对欧洲盟友的不满与指责,很大程度上是欧美原有矛盾的延续与凸显。

(一) 特朗普对欧洲的经贸打压

经贸关系历来是塑造美欧关系的重要维度之一。行为体互动越频繁,发生摩擦的概率也会增加,因此,经济上相互依存度极高的欧洲和美国,其经贸摩擦的发生难以避免。自20世纪50年代末欧洲经济逐步复苏以来,欧洲便逐渐成为美国强有力的经济竞争对手,冷战结束后,美欧之间的贸易纷争甚至贸易战更是屡见不鲜。然而,特朗普上台后推行的一系列贸易保护政策,再次将保护主义与全球化未来的辩论推向高潮,这无疑加剧了美欧同盟内部的矛盾。以德国为例,作为欧盟经济实力最强的国家及欧洲经济的核心引擎,它与美国之间有着紧密且复杂的经贸联

---

① Jeremy Shapiro, "Trump is a Mere Symptom of the Rot in the Transatlantic Community," September 25, 2017, https://warontherocks.com/2017/09/trump-is-a-mere-symptom-of-the-rot-in-the-transatlantic-community/.

② Jeremy Shapiro and Dina Pardijs, *The Transatlantic Meaning of Donald Trump: A US-EU Power Audit*, European Council on Foreign Relations, September 2017, p.11.

第六章 特朗普政府时期的美欧俄关系

系。然而，美国在对德贸易上呈现逆差，这引起了特朗普的强烈不满，他说："我们对德国有巨大的贸易逆差，加上他们在北约和军事上的支出远远低于应有水平。这对美国来说非常糟糕。"特朗普表示美国会扭转这种不平等的局面。①

美欧的经贸摩擦首先表现为特朗普政府宣布从 2018 年 6 月 1 日起，向来自欧盟的钢铝产品分别征收 25% 和 10% 的惩罚性关税。美国的威胁引起欧洲的强烈不安。欧盟委员会主席容克表示："我对这一决定感到担忧。欧盟认为，美国的这些单边关税是不合理的，与世界贸易组织的规则不符。这纯粹是保护主义。"②针对美国的这一决定，欧盟宣布将向世界贸易组织对美国提起诉讼。③ 欧盟对美国最大的铝出口国是德国，占欧盟对美铝出口总额的 29%，其他依次为法国（15%）、意大利（12%）、奥地利（9%）和英国（7%）。就钢铁而言，欧盟对美出口最大的国家也是德国，占欧盟出口的 23%，紧随其后的是英国、瑞典、荷兰和意大利。④ 特朗普对欧盟征收钢铝税，影响最大的无疑是欧盟的大国、美国的传统盟友。法国等国家希望"通过世贸组织对美国采取惩罚性措施，而德国和其他国家更愿意在冲突达到全面贸易战之前将其规模缩小"。⑤

面对美国挑起的贸易摩擦，欧盟可谓被逼至墙角，不得不采取反击措

---

① Donald J. Trump, "We have a MASSIVE Trade Deficit with Germany, plus they Pay FAR LESS than They should on NATO & Military. Very bad for U. S. This will Change," Twitter, May 30, 2017, https://twitter.com/realDonaldTrump/status/869503804307275776.

② European Commission, "European Commission Reacts to the US Restrictions on Steel and Aluminium Affecting the EU," Press release, 31 May 2018, http://europa.eu/rapid/press-release_IP-18-4006_en.htm.

③ K. B. Kanat, "Transatlantic Relations in the Age of Donald Trump," *Insight Turkey*, Vol. 20, No. 3, Summer 2018, p. 85.

④ Agelos Delis, "How US Tariffs will Affect Different Parts of the EU," June 7, 2018, http://theconversation.com/how-us-tariffs-will-affect-different-parts-of-the-eu-97651.

⑤ K. B. Kanat, "Transatlantic Relations in the Age of Donald Trump," *Insight Turkey*, Vol. 20, No. 3, Summer 2018, p. 85.

施,对来自美国的部分进口产品征收额外关税。然而,这场美欧关税战的结果注定是双方均受损,仿佛陷入了一个"囚徒困境"般的博弈模型:"当双方都选择自由贸易时,双方都可以获利;当一方进行自由贸易而另一方实行贸易保护时,贸易保护方的收益可能会高于双方自由贸易的收益,而自由贸易方可能会受到严重的伤害;但当双方都选择贸易保护时,双方都是负收益。如果单考虑一方,实行贸易保护增加关税是最优选择,能够通过禁止进口占据更大的市场份额,但因为博弈是与另一方互动的过程,对于双方来说实行自由贸易才是最佳选择。"①然而,特朗普的眼中只有美国利益,所以选择了实行贸易保护增加关税,2019年4月9日更是加大了施压力度,宣称"欧盟对空客的补贴对美国产生了负面影响,美国将对欧盟110亿美元的产品征收关税",②欧盟随后以美国对波音公司的补贴为理由宣布对来自美国的进口产品加征200亿美元的关税。特朗普对贸易保护主义的推崇和对盟友利益的忽视给欧洲带来了巨大的经济损失和心理伤害。

(二) 特朗普在同盟责任分担问题上的施压

"搭便车"几乎是所有的同盟都会遇到的问题,同盟中占主导地位的成员通常会支付超出其公平份额的费用。"在大西洋同盟中,美国承担集体防务主要责任的传统由来已久,始于二战后美国的欧洲盟友经济重建

---

① 宋芳、洪邮生:《特朗普执政以来欧美关系新变化》,《国际论坛》2019年第5期,第57页。

② Donald J. Trump, "The World Trade Organization finds that the European Union subsidies to Airbus has adversely impacted the United States, which will now put Tariffs on $11 Billion of EU products! The EU has taken advantage of the U. S. on trade for many years. It will soon stop!" April 9, 2019, https://twitter.com/realDonaldTrump/status/1115578769518018560?ref_src=twsrc%5Etfw%7Ctwcamp%5Etweetembed%7Ctwterm%5E1115578769518018560&ref_url=https%3A%2F%2Fwww.rt.com%2Fbusiness%2F455973-tariffs-eu-products-trump%2F.

第六章　特朗普政府时期的美欧俄关系

时期,但即使后来欧洲经济恢复且实力不断增强之后,美欧在北约军费开支中较大不平衡的现象仍继续存在。"①在冷战期间,每一位美国总统都试图让欧洲国家为北约付出更多,虽然都没有取得多大成功,但没有哪位总统真正去努力推动这个问题的实际解决,因为其首要任务是保持同盟的团结以抵御苏联的威胁。②

实际上,早在2014年北约各国就达成共识,同意各国的军费开支应占到各自国内生产总值总额的2%,但目前欧洲盟国中只有个别国家达到了标准,北约的主要经费仍由美国承担。特朗普上台后,重新审视了北约对美国的价值,认为美国对北约的投入与收益不成比例,因而抛出了以"美国吃亏"为主要内容的"北约过时论",甚至一度威胁要"退出北约"。③在2017年5月布鲁塞尔北约峰会上,特朗普批评欧洲领导人没有兑现对北约的开支承诺。虽然冷战结束后的前几任总统都表达了类似的抱怨,但特朗普以美国将不再继续对《北大西洋公约》做出承诺来威胁,将这种抱怨推进到了一个新的高度。特朗普声称北约"过时了",并警告说,如果美国"为保护这些拥有巨额财富的大国所付出的巨大代价没有得到合理补偿",他就让这些国家自己保护自己。④ 在特朗普看来,美国没有必要像过去那样大举投资于欧洲防务,而且在稳定欧洲东部和南部邻国方面,美国的利益比欧盟小得多。⑤ 因此,特朗普在北约财政责任分担问题上敢于向欧洲强硬施压的背后,似乎不仅是单纯对金钱投入后的回报的计

---

① 宋芳、洪邮生:《特朗普执政以来欧美关系新变化》,《国际论坛》2019年第5期,第57页。

② Michael Mandelbaum, "The New Containment: Handling Russia, China, and Iran," *Foreign Affairs*, Vol. 98, Issue 2, March/April 2019, pp. 129–130.

③ 宋芳:《"北约过时论"的历史演变与现实意涵》,《国际观察》2020年第3期,第136页。

④ Elliott Abrams, "Trump the Traditionalist: A Surprisingly Standard Foreign Policy," *Foreign Affairs*, Vol. 96, Issue 4, July/August 2017, p. 11.

⑤ Jeremy Shapiro, Dina Pardijs, *The Transatlantic Meaning of Donald Trump: A US-EU Power Audit*, European Council on Foreign Relations, September 2017, p. 10.

算，而且体现了美国对欧洲安全的保护责任并不像以前那样重视乃至公开说出北约"过时"言论，这不能不引起欧洲人的忧虑。

二、新矛盾的产生——特朗普的"另类"风格

除了大西洋同盟内部那些由来已久的矛盾在特朗普政府时期继续发酵，欧美关系更是被打上了鲜明的"特朗普"烙印。这与其说是时代变迁的必然结果，不如说是特朗普个人独特经历和外交理念的直接体现。特朗普不仅接连退出了多个重要的多边合作框架，更是对欧洲一体化的意义提出了质疑，这无疑是对欧美共同价值观的严峻挑战。

（一）单边主义退群导致欧美价值观分歧加大

如果说经贸和防务问题上的美欧矛盾是老生常谈，那么"单边主义退群"则是特朗普的"另类"作风，美国退出了一系列国际组织和国际协议，这引发了欧洲盟友的强烈不满和担忧。"唯利是图"的商人特质决定了特朗普的世界观"不是基于国际秩序的原则，而是更具交易性"。[①] 如果某一多边机制与美国利益相悖，特朗普就选择单方面"退群"，正所谓"合则用，不合则弃"。

在经济领域，特朗普的单边行为表现为保护主义政策的实施。"保护主义"政策是指"在国内产业与国际竞争中提供不公平优势的政策"，始于15、16世纪的重商主义（各国通过有利于本国经济的监管来增强自己的实力），一直盛行到18世纪。但是，随着贸易成为19世纪和20世纪经济

---

① Laetitia Langlois, "Trump, Brexit and the Transatlantic Relationship: The New Paradigms of the Trump Era," *Revue LISA / LISA e-journal*, Vol. 16, No. 2, 24 September 2018, https://journals.openedition.org/lisa/10235.

第六章　特朗普政府时期的美欧俄关系

增长的引擎之一,在英国的积极推动下,自由贸易成为基准和目标。① 二战后美国在建立和监管国际贸易的机构方面走在了世界前列,比如关贸总协定及其后继者世界贸易组织等。然而正是这样一个致力于国际机制创建与维护的大国,现在要退出各种多边机制,回归"保护主义"和"单边主义"。2017 年 1 月 20 日,特朗普就职当天就宣布从"跨太平洋贸易伙伴关系"(TPP)中退出,随后,他还相继退出了《巴黎气候变化协定》、联合国教科文组织、《移民问题全球契约》制订进程、伊核协议等多边条约和框架。

相比之下,欧盟是"多边主义"的信奉者和捍卫者,在欧盟看来,"多边主义是一种允许所有国家(无论大小)参与全球事务的方式"。② 作为一个民事力量和规范性力量,欧盟善于运用多边主义和国际法的方式解决国际问题。对欧洲国家来说,多边主义不仅预示着收益,而且能够遏制霸权国家。正如帕拉格·坎纳(Parag Khanna)所说,"欧盟越是支持联合国安理会的权威,就越能限制美国行使单边权力"。③ 特朗普单边退群的行为所体现的价值观与欧洲所坚持和捍卫的价值观背道而驰。欧盟是一个相对开放的经济体,在多边体系中受益颇多,而特朗普政府的目标似乎是用双边协议取代多边主义。④

---

① Alexander Tziamalis, "Explainer: What is Protectionism and could it Benefit the US Economy?" March 1, 2017, https://theconversation.com/explainer-what-is-protectionism-and-could-it-benefit-the-us-economy-73706.

② Maria Demertzis and Gustav Fredriksson, "The EU Response to US Trade Tariffs," *Intereconomics*, ISSN 1613 - 964X, Springer, Heidelberg, Vol. 53, Issue 5, 2018, p. 261.

③ Parag Khanna, "The Era of Infrastructure Alliances," in Mark Leonard, ed., *Connectivity Wars*, European Council on Foreign Relations, 2016, p. 137.

④ Maria Demertzis, André Sapir, and Guntram B. Wolff, "Europe in a New World Order," *Wirtschaftsdienst*, Vol. 98, No. 13, 2018, p. 24.

(二) 特朗普对欧洲一体化的态度触犯了欧盟的底线

美国与欧洲的矛盾还体现在美国总统特朗普质疑欧洲一体化的意义和前景。欧洲一体化是二战后欧洲人探索的复兴欧洲的道路,从冷战时期一直延续至今,历任美国总统都支持欧洲一体化,并鼓励欧盟扩大。而特朗普却与他的前任们截然不同,他支持英国退出欧盟,甚至呼吁更多国家"脱欧",结束了美国70余年来对欧洲一体化的支持,他还赞扬了试图瓦解欧盟的欧洲右翼民族主义者。[①] 特朗普在接受采访时说:"欧盟成立的部分原因是为了在贸易上打败美国",所以,他不在乎欧盟是分开的还是在一起的。[②] 特朗普将欧盟视为美国的战略竞争对手,而英国脱欧对欧盟的打击提高了美国的影响力,并要求欧盟在经济上做出让步。[③] 此外,特朗普支持英国"硬脱欧"方案(即英国彻底脱离欧盟和欧洲单一市场),因为"硬脱欧"后伦敦将面临与华盛顿签署协议的压力,这将有利于美国贸易。[④] 这种对欧洲一体化的亵渎和对欧洲的漠不关心,触犯了欧盟的底线,着实伤了欧洲盟友的心。

特朗普支持英国退出欧盟是有深层次原因的。"英国脱欧虽然体现的是英国与欧盟之间的关系,但很大程度上却是欧洲民粹主义的复苏,在

[①] Ronald E. Powaski, *Ideals, Interests, and U. S. Foreign Policy from George H. W. Bush to Donald Trump*, Palgrave Macmillan, 2019, p. 239.

[②] "Full Transcript of Interview with Donald Trump," *The Times*, January 16, 2017, https://www.thetimes.co.uk/article/full-transcript-of-interview-with-donald-trump-5d39sr09d.

[③] Erik Brattberg and Nathaniel Rome, "The Limitations of the U. S. Approach to Brexit," November 28, 2018, https://carnegieendowment.org/2018/11/28/limitations-of-u.s.-approach-to-brexit-pub-77820.

[④] Erik Brattberg, "What's in Store for Trump and Europe in 2019?" January 8, 2019, https://carnegieendowment.org/2019/01/08/what-s-in-store-for-trump-and-europe-in-2019-pub-78082.

第六章　特朗普政府时期的美欧俄关系

大西洋彼岸与之遥相呼应的是特朗普对民粹主义的青睐。"①民粹主义的本质是对精英的敌视,因为外交政策的设计和实施是精英活动。外交政策建制派倾向于美国在世界上扮演强有力的角色,②而民粹主义认为美国应该远离世界的纷扰,专注自身发展。同样在欧洲,一些欧盟领导人和民粹主义政客鼓吹,如果欧盟解体,他们的国家会变得更好。英国脱欧无疑是民粹主义和民族主义势头增强的警示,它不是一起孤立的事件,而是一场将重新定义政治范式的风潮。③

第二节　特朗普政府时期的欧美对俄政策比较

特朗普上台后,尽管欧美对俄政策在表面上看似维持了"软制衡"与"新遏制"的基调,但实际上,欧美同盟内部经历了一系列微妙的变化。这些变化也深刻影响二者在对俄问题上的立场与政策。美欧同盟关系遭受了前所未有的重创,导致大西洋同盟在对俄政策上展现出权力相互作用的复杂性。在同盟内部,各方需要维持一种微妙的平衡:美国通过部署军事力量,坚定支持东欧和波罗的海地区的北约成员国,以展示对俄罗斯的强硬态度;与此同时,德国、法国和意大利等欧洲大国,出于欧洲主义情怀或国家利益的考量,则倾向于通过布鲁塞尔与莫斯科之间的永久对话,维

---

①　宋芳、洪邮生:《特朗普执政以来欧美关系新变化》,《国际论坛》2019年第5期,第60页。

②　Michael Mandelbaum, "The New Containment: Handling Russia, China, and Iran," *Foreign Affairs*, Vol. 98, Issue 2, March/April 2019, p. 131.

③　Laetitia Langlois, "Trump, Brexit and the Transatlantic Relationship: The New Paradigms of the Trump Era," *Revue LISA / LISA e-journal*, Vol. 16, No. 2, 24 September 2018, https://journals.openedition.org/lisa/10235.

持与俄罗斯的稳定关系。①

一、欧美对俄罗斯的态度和政策

尽管特朗普在上台前和执政初期曾向普京伸出橄榄枝,两人之间一度展现出惺惺相惜的态势,这使得国际社会一度对美俄关系的缓和抱有期待。然而,事实上,由于美国国内根深蒂固的"反俄"情绪并未发生根本性转变,尤其是建制派势力依然将俄罗斯视为美国的重要威胁,特朗普个人无法单独改变这一现状。相反,美国的对俄政策在特朗普执政期间反而变得更加强硬。美国官方接连发布了三大战略文件——《国家安全战略报告》(2017年12月)、《美国国防战略摘要》(2018年1月)和《核态势评估报告》(2018年2月),这些文件不仅详细阐述了美国所面临的安全挑战,而且强调了俄罗斯对美国构成的严重威胁。这表明,特朗普政府在处理与俄罗斯的关系时,仍然深受国内政治环境和安全关切的影响,未能实现预期的缓和与合作。

在无政府状态下,每个国家都渴望获得足够的安全保障,即便是作为全球霸主的美国亦不例外。对美国而言,"安全"的内涵具有双重性:一方面是指美国本土的安全,另一方面是指美国海外利益和盟友的安全。然而,在特朗普政府执政时期,美国的安全感似乎降至了前所未有的低点,传统的地缘政治竞争和安全威胁再次凸显。2018年《美国国防战略摘要》宣称,"国家间战略竞争,而非恐怖主义,现在是美国安全的首要关

---

① Rachid El Houdaigui, *The NATO Summit in Warsaw: the chiaroscuro of the return to containment*, Research Paper, OCP Policy Center, Rabat, October 2016, p.16.

第六章　特朗普政府时期的美欧俄关系

切"。① 特朗普政府出台的《国家安全战略报告》亦强调，"大国竞争回归"，②并提出"要在竞争的世界中捍卫美国国家利益"，③将俄罗斯置于美国的对立面，称其为"修正主义国家"，④认为"俄罗斯挑战美国的权力、影响力和利益，威胁美国的安全与繁荣"。⑤ 除了官方文件的明确表述，美国的重要智库也对俄罗斯的威胁进行了深入评估。例如，保守派公共政策智库传统基金会（The Heritage Foundation）最新发布的报告指出："俄罗斯拥有强大的常规军事能力和核能力，仍然是欧洲安全的头号威胁。其在巴尔干半岛、格鲁吉亚、叙利亚和乌克兰等地的激进立场，不断鼓励破坏稳定的行为，并对美国利益构成威胁。"⑥俄罗斯不仅是欧洲"唯一一个拥有威胁美国本土能力的对手"，⑦而且能够损害美国的海外利益和欧洲盟友的安全。从北极到波罗的海诸国，再到乌克兰、南高加索，甚至地中海，"俄罗斯继续在欧洲煽动不稳定"情绪，与美国的军事和政治对抗不断升级，其对美国机构和北约联盟的破坏是严重且令人担忧的。⑧

通过梳理特朗普政府出台的战略报告和官方文件，可以发现，特朗普

---

① United States Department of Defense, *Summary of the 2018 National Defense Strategy of The United States of America*, 2018, p. 1, available at https://dod.defense.gov/Portals/1/Documents/pubs/2018-National-Defense-Strategy-Summary.pdf.

② Donald J. Trump, *National Security Strategy of the United States of America*, The White House, December 18, 2017, p. 27.

③ Donald J. Trump, *National Security Strategy of the United States of America*, The White House, December 18, 2017, p. 3.

④ Donald J. Trump, *National Security Strategy of the United States of America*, The White House, December 18, 2017, p. 25.

⑤ Donald J. Trump, *National Security Strategy of the United States of America*, The White House, December 18, 2017, p. 2.

⑥ Dakota L. Wood ed., *The 2019 Index of U.S. Military Strength*, The Heritage Foundation, 2019, p. 209.

⑦ Dakota L. Wood ed., *The 2019 Index of U.S. Military Strength*, The Heritage Foundation, 2019, p. 212.

⑧ Dakota L. Wood ed., *The 2019 Index of U.S. Military Strength*, The Heritage Foundation, 2019, p. 209.

政府不仅延续了前几任政府将俄罗斯视为美国主要威胁的战略认知,而且进一步将俄罗斯视为美国的主要竞争对手,这说明,特朗普政府的全球战略具有"更加强烈的反俄色彩",并且在这一战略的指引下,"美国在地缘政治与安全、战略平衡、经济以及外交等领域开始对俄罗斯实施'系统性'遏制政策"。①

相比之下,欧洲对俄罗斯的态度呈现明显的两面性。一方面,欧洲展现出审慎的姿态,因为欧洲人深知冷战后和平的来之不易,他们不愿看到欧洲大陆再次成为大国地缘政治竞争的焦点。因此,他们更倾向于通过对话与谈判的方式化解与俄罗斯之间的矛盾,而非采取直接对抗的手段。另一方面,欧洲又试图利用美国与俄罗斯之间的竞争关系,利用美国的力量牵制俄罗斯,甚至借俄对美国也进行某种程度的牵制。然而,鉴于欧盟与俄罗斯作为邻居的紧密关系,双方贸易往来频繁,经济相互依赖程度深,以及地缘上的紧密联系,欧洲对与俄罗斯彻底决裂可能带来的地缘政治紧张局势深感担忧。因此,欧盟并不愿意与美国一道采取过于强硬的措施对俄罗斯实施所谓的"新遏制"。事实上,欧盟对俄罗斯的认知和政策深受其对俄政策脆弱性的影响,经济上的相互依赖使得欧盟对俄罗斯的制裁往往反噬自身,给自身带来严重的经济损失。

针对俄罗斯进行的在美欧看来属于"非法的"行动,美国和欧盟对俄罗斯的认知和回应通常是一致的。比如,二者都认为必须对俄罗斯实施严厉的制裁。2014年俄罗斯兼并克里米亚后,欧盟和美国都对俄罗斯实施了制裁。2018年12月,欧盟决定继续对155名俄罗斯个人和38家俄罗斯公司实施制裁(包括旅行禁令和资产冻结)。但是,美国和欧盟对俄罗斯制裁的态度出现了分歧。考虑到欧盟内部政治的分裂,以及欧盟对俄政策的脆弱性,很难让它将制裁范围扩大到乌克兰和克里米亚以外,包

---

① 王海滨:《特朗普执政后的俄美关系及其趋势分析》,《现代国际关系》2018年第6期,第26页。

第六章　特朗普政府时期的美欧俄关系

括"干预选举"和谢尔盖·斯克里帕尔(Sergei Skripal)及其女儿在英国索尔兹伯里的中毒事件等。这让美国国会两党的议员都感到失望,他们认为由于欧盟制裁力度过"软",俄罗斯很容易就摆脱了困境。① 正如约翰·修斯(John Hughes)所分析的那样,"鉴于欧盟成员国之间需要达成一致,欧盟不太可能通过新的重大制裁措施","欧盟未来对俄罗斯的制裁将更加温和"。②

为了挣脱束缚,确保对俄罗斯的战略优势,美国决定废止1987年与苏联签订的《中导条约》,并于2019年2月1日正式退出这一历史性条约。紧接着,克里姆林宫也在3月4日宣布暂停履行该条约。双方均明确表示,将着手研发该条约所明文禁止的、可携带核弹头的新型导弹。欧盟对此深感忧虑,并强烈呼吁美国审慎考虑退出《中导条约》可能带来的深远后果。这不仅关乎美国自身的安全利益,而且牵动着其盟友及全球各国的和平与稳定。因为一旦中程导弹被重新部署,欧洲无疑将再次暴露在战略核武器的威胁之下。③ 正如德国总理默克尔在慕尼黑安全会议上所强调的那样:"美国和俄罗斯正在终结一项本质上是为了欧洲安全而缔结的条约,一项深刻影响我们安全局势的裁军条约。"④长期以来,战略武器控制一直是美俄关系的重要基石,它不仅维系着两国间的战略平衡,

---

① Rachel Rizzo, "Europe and the United States: A Diverging Approach Toward Russia?" January 22, 2019, https://www.cnas.org/publications/commentary/europe-and-the-united-states-a-diverging-approach-toward-russia.

② John Hughes, "The United States and Europe May Return to Common Sanctions Policies on Russia," January 22, 2019, https://www.cnas.org/publications/commentary/the-united-states-and-europe-may-return-to-common-sanctions-policies-on-russia.

③ "The End of the INF Treaty? A Pillar of European Security Architecture at Risk," February 4, 2019, http://www.europarl.europa.eu/RegData/etudes/BRIE/2019/633175/EPRS_BRI(2019)633175_EN.pdf.

④ Angela Merkel, "Speech by Federal Chancellor Dr. Angela Merkel on 16 February 2019 at the 55th Munich Security Conference," Feb 16, 2019, https://www.bundeskanzlerin.de/bkin-en/news/speech-by-federal-chancellor-dr-angela-merkel-on-16-february-2019-at-the-55th-munich-security-conference-1582318.

更是国际安全体系的关键组成部分。然而,这一基石的动摇,将对美俄关系产生难以估量的深远影响,更可能预示着一个充满军备竞赛和核扩散风险的新时代的到来。

二、欧美俄在"北溪-2"问题上的角力

在2018年7月布鲁塞尔北约峰会期间,特朗普指责德国"完全被俄罗斯控制",没有履行其对北约的义务。特朗普说:"在我看来,德国被俄罗斯俘虏了。"特朗普异乎寻常的言辞表明,他将继续对美国最亲密的盟友采取咄咄逼人的、"美国优先"的态度。① 美欧在俄罗斯问题上分歧非常明显的一个例子是美国强烈反对欧俄共建的"北溪-2"天然气管道项目。"北溪-2"不仅是一个分化大西洋同盟的工程,而且是一个分裂欧洲的项目,其引发的争论凸显了美欧之间及欧盟内部的严重分歧。

2015年9月,"北溪-2"项目被首次提出,该项目旨在铺设一条与北溪平行、跨越波罗的海,从俄罗斯直抵德国的天然气管道。"北溪-2"原计划于2019年投产,届时俄罗斯将向德国每年输气550亿立方米,满足欧洲10%的天然气需求,但该项目一直遭到各方阻挠,美国就是其中的一个大障碍。美国的目的在于限制欧洲对俄罗斯天然气的依赖,转而购买美国的液化天然气②。根据美国能源信息管理局(EIA)的数据,美国

---

① Gregory Korte, "Trump blasts US ally Germany as 'captive to Russia' in tense opening of NATO summit," USA TODAY, July 11, 2018, https://www.usatoday.com/story/news/politics/2018/07/11/trump-nato-germany-totally-controlled-and-captive-russia-defense-spending/774308002/.

② 液化天然气是一种超低温冷却成液态的天然气,使储存和运输变得更容易、更安全。

第六章　特朗普政府时期的美欧俄关系

在 2017 年成为天然气净出口国,这是近 60 年来的第一次。① 美国这种身份的转变使其需要更广阔的市场,尤其是增加其在欧洲天然气市场的份额。欧盟目前拥有 27 个成员国,总人口约为 4.5 亿,对于世界上最大的能源出口国来说,欧盟是一个"宝贵的市场和政治战场"。② 俄罗斯长期以来一直是欧洲市场天然气的主要来源和供应商,在美国看来,"欧洲对俄罗斯天然气的依赖,以及俄罗斯将能源用于政治目的,加剧了能源安全方面的担忧"。③ 特朗普致力于美国能源独立,一度发出"让美国再强大"的口号,他一方面打算让美国的液化天然气占领欧洲能源市场以获得丰厚经济利益,实现能源霸权;另一方面希望通过让欧洲增加美国液化天然气的进口来排挤俄罗斯,将俄罗斯势力赶出欧洲。因此,特朗普极力反对、阻挠俄欧合作的"北溪-2"天然气管道项目。但对欧盟来说,如果从美国购买液化天然气,将比从俄罗斯购买管道天然气贵出 20%—30%。所以就目前而言,欧盟更愿意从俄罗斯进口天然气,这便是欧盟与俄罗斯合作天然气项目的主要动力。

美国深知自己的液化天然气并没有价格优势,欧俄合作铺设的"北溪-2"管道一旦落成意味着美国将很难控制欧洲能源市场,这对美国的能源产业将是一个沉重的打击,阻碍美国实现能源霸权的梦想。美国当然要竭力阻挠该项目实施,不断将"北溪-2"项目"政治化""安全化",恐吓参与该项目的欧洲盟友。2018 年 5 月 18 日,负责能源外交事务的美国助理国务卿桑德拉·奥德柯克到访柏林,对德国政府软硬兼施,表达美

---

① Holly Ellyatt,"Europe is fast-becoming a natural gas battleground for Russia and the US," January 8, 2019, https://www.cnbc.com/2019/01/08/russia-and-the-us-battling-over-europes-gas-market.html.

② Holly Ellyatt,"Europe is fast-becoming a natural gas battleground for Russia and the US," January 8, 2019, https://www.cnbc.com/2019/01/08/russia-and-the-us-battling-over-europes-gas-market.html.

③ Barack Obama, *National Security Strategy*, The White House, February 2015, p. 5.

国对"北溪-2"项目的"担忧"。奥德柯克警告德国,美国未来可能会对俄罗斯能源管道项目施加新的制裁,任何涉及这类项目的欧洲公司都将面临制裁风险。同时他还声称,俄罗斯未来可能会利用"北溪-2"在波罗的海区域从事监听等间谍活动,这将对欧盟与北约成员国的安全利益构成明显威胁。①

针对美国对俄德"北溪-2"天然气管道项目的仇视,默克尔在慕尼黑安全会议上呼吁美国放弃冷战思维,让美国放心,德国不会完全和单方面地依赖俄罗斯,该项目不会增加德国和欧洲对俄能源的依赖。默克尔反问美国,在东西方对峙的冷战时期联邦德国甚至可以大量进口苏联的天然气,为何如今情况会变得这么糟糕。② 欧洲最大的智库德国科学与政治基金会(Stiftung Wissenschaft und Politik)2019 年 2 月发表的分析报告认为,美国试图限制俄罗斯的天然气进口到欧洲是"直接针对被特朗普描述为'俄罗斯的俘虏'的德国联邦政府的","美国对俄罗斯政策中越来越多地使用经济权力工具,这对欧洲和德国的利益造成了负面影响。"③ 彭博社援引一名德国高级官员的话称,重建与俄罗斯的关系是目前德国政府的"核心政策目标"。随着 2018 年 5 月 31 日美国钢铝关税豁免期截止期限的接近,欧盟仍旧迟迟没有获得"豁免权"。与此同时,"特朗普退出伊核协议、一意孤行宣布承认耶路撒冷地位并将美国大使馆搬迁至耶路撒冷的做法也早已令默克尔无力招架"。在这种时候,"与其与毫无章

---

① 陈博:《美俄角力欧洲天然气市场》,《经济日报》2018 年 5 月 24 日,第 010 版。
② Angela Merkel, "Speech by Federal Chancellor Dr Angela Merkel on 16 February 2019 at the 55th Munich Security Conference," Feb 16, 2019, available at https://www.bundeskanzlerin.de/bkin-en/news/speech-by-federal-chancellor-dr-angela-merkel-on-16-february-2019-at-the-55th-munich-security-conference-1582318.
③ Sascha Lohmann and Kirsten Westphal, *US-Russia Policy Hits European Energy Supply*, Stiftung Wissenschaft und Politik, February 2019, p. 1.

法的特朗普为伍,转投更可预测的俄罗斯似乎是个不错的选择"。①

除了欧美分歧,欧盟内部也产生了分裂。除了俄罗斯,"北溪-2"管道的参与者还包括德国、法国和奥地利的大型能源企业。实际上,西欧国家并不过于担心对俄罗斯天然气的依赖。一方面,"俄气"在德国、法国等"老欧洲"国家的能源消费结构中的比例相对安全。这些国家要么有多元化的天然气进口来源,如德国从荷兰和挪威进口的天然气数量与从俄罗斯进口的数量几乎相同;要么天然气在能源消费总量中的比例并不高,比如法国更多地利用核能发电。他们抵御俄罗斯"天然气武器"的能力更强。

但对于东欧国家而言,由于天然气管道系统和进口来源缺乏多元化,对俄罗斯天然气的依赖程度极高,部分国家甚至达到90%以上。反对"北溪-2"管道项目最为积极的波兰和波罗的海国家正在努力建设液化天然气进口终端。对于它们而言,"北溪-2"管道的建设不仅不会减弱,反而会加强对俄罗斯的依赖。此外,乌克兰也是"北溪-2"项目绕不过去的坎。"今日俄罗斯"报道称,"北溪-2"管道将绕开乌克兰和其他东欧国家,进而影响它们的管道过境费用收入。乌克兰每个月从俄罗斯天然气过境运输费用中的收入超过1亿美元,乌克兰认为,"北溪-2"项目不仅会令乌克兰、斯洛伐克和波兰等国失去数十亿欧元的过境收入,还会增强"俄气"的霸权地位,削弱欧盟在与俄罗斯能源贸易中的实际竞争力,因而对乌克兰等国来说,这是一个没有商业价值的"政治项目"。②

"北溪-2"管道项目之所以遭遇重重阻碍,是因为它带有浓重的地缘政治属性。该项目集中体现了三对矛盾。一是美俄矛盾。由于两国在欧洲展开地缘政治竞争,美国不希望俄罗斯依靠能源出口增加其在欧洲的

---

① 陶凤、杨月涵:《"北溪"联手 默克尔为何选择普京》,《北京商报》2018年5月20日,http://www.bbtnews.com.cn/2018/0520/242203.shtml。

② 陶凤、杨月涵:《"北溪"联手 默克尔为何选择普京》,《北京商报》2018年5月20日,http://www.bbtnews.com.cn/2018/0520/242203.shtml。

影响力。对美国而言,冷战后的一大战略目标便是遏制俄罗斯在欧洲的势力扩张。而"北溪-2"项目被视作俄罗斯与欧洲紧密连接的纽带,这自然成为美国无法容忍的局面。二是美国与欧洲的矛盾。随着美国转型为能源出口国,它迫切希望在国际市场上推销其液化天然气,并视欧盟市场为重要目标。然而,欧洲国家出于经济考量,更倾向于购买价格更为低廉的俄罗斯天然气。面对此情况,美国不惜对欧洲盟友挥舞制裁"大棒",特别是对德国实施严厉制裁,这招致德国等参与国的强烈不满。三是部分欧洲国家与俄罗斯之间的矛盾。长期以来,乌克兰等国作为俄罗斯向欧洲输送天然气的中转站和过境国,获得了显著的经济和地缘政治利益。乌克兰、波兰等国家担忧,"北溪-2"管道的建成将使得欧洲对俄罗斯天然气的依赖度大幅提升,同时削弱过境国在能源运输中的议价权,进而使得俄罗斯能够更为自由地"要挟"欧洲。

2019年12月,美国总统特朗普签署了《2020财年国防授权法案》,该法案允许特朗普在60天内对参与"北溪-2"和"土耳其溪"天然气管道项目铺设工作的企业及个人实施制裁。"北溪-2"项目遭遇的严重挫折,让美国的欧洲盟友深受打击,而作为该项目的坚定推动者,德国深感愤怒却束手无策。德国外交部坚决表明立场,强调欧洲的能源政策应由欧洲自己来决定,而非受外部势力尤其是美国的干预。① 特朗普在"北溪-2"即将落成之际,给予其严厉制裁,不仅打击了俄罗斯,而且伤害了欧洲盟友,使跨大西洋关系面临严峻考验,甚至有可能在某种程度上促使欧俄站在"一致"对美的立场上。

---

① 《美制裁北溪2线让德国饱受窝囊"气"》,《科技日报》2019年12月27日,第2版。

第六章　特朗普政府时期的美欧俄关系

第三节　欧美俄关系的未来走向

一、美俄竞争日趋激烈

俄罗斯再次崛起为地区强国,并逐渐巩固了其全球大国的地位。尤金·鲁默(Eugene Rumer)和理查德·索科尔斯基(Richard Sokolsky)对此给出了深刻评价:"俄罗斯是当今世界舞台上不可或缺的重要角色,拥有远大的抱负和强大的实力。20世纪90年代的短暂退出并非其常态,而更像是一个短暂的失常。"[1]俄罗斯坚持在处理全球危机和区域冲突时占据一席之地,因此,对于美国而言,建立稳定、可持续的美俄关系显得尤为关键。原因具体而言,俄罗斯首先是一个核武器大国,其拥有的核力量是对美国及其主要盟国的直接威胁;其次,俄罗斯拥有丰富的自然资源,这些资源往往被其用作政治工具,特别是在与欧洲的政治博弈中,能源时常被"武器化";再者,俄罗斯在联合国安理会中拥有否决权,且多次利用这一权力来阻挠美国支持的关于叙利亚、委内瑞拉和朝鲜等议题的提案;此外,俄罗斯具备将军事力量投射至全球各地的能力,这一能力支持着其全球秩序和大国抱负的愿景;最后,俄罗斯的地缘政治野心与美国利益相悖,特别是在"后苏联空间",俄罗斯努力构建"排他"的势力范围,对统一

---

[1] Eugene Rumer and Richard Sokolsky, *Thirty Years of U. S. Policy Toward Russia: Can the Vicious Circle Be Broken?*, Carnegie Endowment for International Peace, 2019, p. 41.

的跨大西洋共同体,以及美国所维护的国际秩序构成挑战。①

在2018年"11·25"刻赤海峡事件中,俄罗斯的强势得到了淋漓尽致的展现。"当乌克兰三艘海军船只试图通过刻赤海峡(the Kerch Strait)时,遭到了俄罗斯海军的坚决拦截,不仅被炮火警告,更被强制扣留。这一激烈对抗后,乌克兰总统波罗申科立即宣布,与俄罗斯接壤的东部十个州进入为期30天的战时状态",以应对可能的进一步冲突。② 这一危机不仅凸显了俄罗斯在地缘政治舞台上的强势地位,更彰显了其对于任何试图挑战其底线行为的零容忍态度。俄罗斯凭借其强大的军事力量,对任何潜在的威胁都给予了坚决而强硬的回应。作为乌克兰危机和克里米亚问题的延续,刻赤海峡冲突进一步加剧了"俄罗斯与西方在东欧及黑海沿岸地区紧张的安全关系"。③

二战后,美国的外交政策历史似乎遵循着一种周期性的轨迹,它在积极干预的扩张主义与较为审慎的实用主义之间摇摆不定。每当美国在国际舞台上做出重大行动后,往往会迎来一段政策上的收缩和调整。鉴于这一历史规律,下一任美国总统或许将再次采纳"干涉主义"的外交策略,深化与欧洲的关系。然而,即便这样的趋势真的上演,也无法阻止全球舞台上的新兴大国伺机填补美国可能留下的权力真空。以俄罗斯在中东的重新崛起为例,这一趋势已初现端倪。④ 有学者认为,俄罗斯正通过一系列行动挑战北约,削弱跨大西洋关系,甚至"恐吓"其邻国。同时,俄罗斯也试图颠覆美国与中东一些重要国家——如土耳其、埃及和以色列——

---

① Eugene Rumer and Richard Sokolsky, *Thirty Years of U. S. Policy Toward Russia: Can the Vicious Circle Be Broken?*, Carnegie Endowment for International Peace, 2019, p. 4.
② 张弘:《刻赤海峡冲突与俄乌关系的困境》,《世界知识》2019年第1期,第34页。
③ 张弘:《刻赤海峡冲突与俄乌关系的困境》,《世界知识》2019年第1期,第35页。
④ Hans Kundnani and Jana Puglierin, *Atlanticist and "Post-Atlanticist" Wishful Thinking*, The German Marshall Fund of the United States, 2018, No. 01, p. 3.

第六章　特朗普政府时期的美欧俄关系

之间长达数十年的稳固战略伙伴关系。①

特朗普的"美国优先"外交政策在欧洲引发了一种明显的战略收缩态势，他不仅质疑北约的价值，甚至威胁要"退出"这一重要的军事联盟。与此同时，俄罗斯则敏锐地抓住了这一机会，积极分化北约联盟，试图拉拢美国的传统盟友。作为北约的关键成员国，土耳其向俄罗斯采购S-400系列防空导弹的决定无疑加剧了北约内部的裂痕。这一采购决策涉及国家防御体系的核心装备，无疑将土耳其与俄罗斯的关系推向了新的高度，而同时也使得原本就充满分歧的美土关系进一步恶化。美国国会在最新批准的《2020财年国防授权法案》中，明确提出将对土耳其实施制裁，包括禁止其继续参与F-35战机项目，除非土耳其放弃购买俄罗斯的S-400防空导弹系统。这一决定在土耳其引发了强烈的反弹。土耳其总统埃尔多安明确表示，土耳其可能会关闭其境内的美军因吉尔利克空军基地，作为对美国制裁威胁的回应。②

埃及，作为俄罗斯在中东地区极力争取的关键国家，其与美国的关系曾历经波折。自20世纪70年代起，埃及便逐渐融入美国的战略轨道，尤其在《戴维营协议》签订后，埃美关系得到了显著的巩固，埃及一度成为美国在该地区最可靠的伙伴之一。然而，"阿拉伯之春"运动在埃及引发的政治动荡为俄罗斯争取埃及提供了新的机遇。当阿卜杜勒·法塔赫·塞西（Abdel Fattah al Sisi）将军成功掌握政权后，美国于2013年做出了撤离埃及并暂停军事援助的决定。此时，俄罗斯迅速行动，抓住美国撤离的时机，积极与埃及建立联系。2014年，两国签署了冷战以来的首份重要武器协议，并持续推动后续合作协议的签署。塞西总统与普京总统也频繁举行会晤，巩固双边关系。在叙利亚问题上，埃及的立场也逐渐向俄罗斯靠

---

① Ilan Goldenberg and Julie Smith, "U.S.-Russia Competition in the Middle East Is Back," March 7, 2017, https://foreignpolicy.com/2017/03/07/u-s-russia-competition-in-the-middle-east-is-back/.

② 《分歧难消，美土关系再趋紧张》，《人民日报》2019年12月25日，第16版。

拢。塞西公开支持叙利亚总统阿萨德,认为只有像阿萨德这样的强势人物才能为叙利亚带来真正的稳定。与此同时,俄罗斯也坚定地站在埃及一边,支持陆军元帅哈里发·哈夫塔尔(Khalifa Haftar)在利比亚政府中发挥关键作用。① 2018年10月,俄罗斯与埃及签署了一份"最高级别的全面伙伴关系和战略合作协议",②这一里程碑式的协议标志着俄埃关系的进一步深化,同时也成为俄罗斯在中东地区战略布局中的又一重要胜利。

以色列成为俄罗斯日益提升影响力的又一鲜明例证。尽管对于以色列人来说,与美国的安全联盟关系依然坚不可摧,但以色列总理内塔尼亚胡频繁造访莫斯科,两国之间的交往显著密切。普京如今已涉足传统上由美国主导的外交领域,他试图在以色列和巴勒斯坦的和平进程中发挥一定作用,甚至试图促成内塔尼亚胡与巴勒斯坦权力机构主席阿巴斯之间的峰会。值得注意的是,过去几年中,以色列在多个场合中努力避免在联合国问题上被迫在莫斯科与华盛顿之间做出选择,这与过去坚定支持美国的立场形成鲜明对比。

俄罗斯的"见缝插针"策略正逐渐改变中东地区原本几乎完全倾向于美国的格局。对于中东国家而言,与俄罗斯建立更紧密的合作关系,不仅成为平衡与美国关系的重要策略,同时也带来了俄罗斯在政治外交和军事技术领域的宝贵支持。这一变化无疑对美国在中东的地缘战略利益构成了实质性的威胁。目前,美俄关系正处于冷战结束以来的最低谷。两国之间的互不信任根深蒂固,且陷入了欧洲及其他地区日益激烈的地缘政治竞争中。俄罗斯认为国际体系结构应该是多中心的,美国则追求在

---

① Ilan Goldenberg and Julie Smith, "U. S. -Russia Competition in the Middle East Is Back," March 7, 2017, https://foreignpolicy.com/2017/03/07/u-s-russia-competition-in-the-middle-east-is-back/.

② 《俄罗斯与埃及达成"全面伙伴关系和战略合作协议"》,2018年10月17日,http://eg.mofcom.gov.cn/article/jmxw/201810/20181002797517.shtml。

第六章　特朗普政府时期的美欧俄关系

单极霸权下领导世界。① 鉴于华盛顿和莫斯科似乎都无意改变各自的立场和政策，短期内缓解紧张局势、将双边关系引向更积极轨道的前景显得尤为渺茫。

二、跨大西洋关系："变局"还是"延续"？

美国和欧洲之间的关系滑向了一个前所未有的低谷。特朗普总统不仅多次公开讥讽北约盟友，同时将欧盟视作"潜在的对手"，更是直言不讳地指出德国因过度依赖俄罗斯的天然气供应而沦为俄罗斯的"傀儡"。特朗普政府单方面退出了伊核协议，并重新实施了对伊朗的全面制裁，这不仅可能导致欧洲与德黑兰之间的商业合作受到严重冲击，而且可能使原本在跨大西洋协议框架下针对伊朗的联合行动变得岌岌可危。展望未来，一旦在对俄罗斯实施制裁的问题上美欧双方的态度出现严重分歧，那么这种分歧很可能会成为颠覆美国立场的导火索，使得原本已经糟糕的美欧关系进一步恶化，甚至陷入危险的境地。②

针对欧洲多元立场的现实，以德国、法国、西班牙和比利时等国为代表的实用主义派系，与华盛顿累积的矛盾无疑成为一个鲜明的信号。这一信号预示着它们将进一步坚定独立的立场，致力于将欧盟塑造为一个在国际舞台上能够自主发声、自主行动的参与者。柏林与巴黎在罗马的坚定支持下，正积极推行一项旨在增强欧盟军事政治工具、强化国家军事

---

①　左凤荣：《普京开启第四任期与俄罗斯面临的挑战》，《当代世界》2018 年第 4 期，第 41 页。

②　Rachel Rizzo, "Europe and the United States: A Diverging Approach Toward Russia?" January 22, 2019, https://www.cnas.org/publications/commentary/europe-and-the-united-states-a-diverging-approach-toward-russia.

工业联合体能力的政策,彰显出对欧盟自主性的坚定追求。① 与此同时,另一类欧盟成员国——意大利、匈牙利、希腊、斯洛伐克,以及部分保加利亚和捷克——深受民粹主义运动和欧洲怀疑论情绪的影响,正逐渐在欧盟内部获取更大的话语权。相较于匈牙利、希腊或意大利,英国的欧洲怀疑论已经发展至更深层次。它不仅赋予欧洲怀疑论者以政治权力,更以英国脱欧的震撼性事件为欧洲政治格局带来了前所未有的动荡与变革,引发了一场席卷欧洲的政治地震。②

尽管跨大西洋关系历经风雨仍屹立不倒,但自冷战落幕以来,其坚固的安全合作之结构性基石却悄然受到侵蚀。欧洲对战略自主的强烈追求正是这一日益显著的分歧之果,因为欧盟愈发意识到必须独立应对自身的安全挑战。欧盟对美国安全保障信心逐渐削弱,而特朗普政府的上台更是加速了这一进程。无论是美国将战略重心转向亚洲,还是其外交和安全政策的再国有化,种种迹象均表明美国的目光已逐渐远离欧洲。③ 跨大西洋两岸的昔日目标——构建一个团结的西方阵营——如今已不再是共同追求;欧洲人也已摒弃了这样的想法。相反,当欧洲人提及"欧洲"时,他们将其视为多极世界中崛起的新一极,有能力与美国分庭抗礼。他们计划逐步减少对北约的依赖,建立更为独立的外交政策和外交力量。在这一过程中,欧盟和联合国成为他们推崇的机构。然而,这一变革在美

---

① Alexey Gromyko, "Political Landscape of Europe. The Spectre of Geopolitical Solitude," in Olga Potemkina ed., *The EU-Russia: the way out or the way down?*, Institute of Europe, Russian Academy of Sciences; Egmont—The Royal Institute for International Relations, 2018, p. 8.

② Alexey Gromyko, "Political Landscape of Europe. The Spectre of Geopolitical Solitude," in Olga Potemkina ed., *The EU-Russia: the way out or the way down?*, Institute of Europe, Russian Academy of Sciences; Egmont—The Royal Institute for International Relations, 2018, p. 8.

③ Margriet Drent, *European strategic autonomy: Going it alone?*, Clingendael Policy Brief, August 2018, pp. 3 - 4, available at https://www.clingendael.org/sites/default/files/2018-08/PB_European_Strategic_Autonomy.pdf.

第六章　特朗普政府时期的美欧俄关系

国和部分中欧国家看来却是令人担忧的。它们认为,联合国并非"西方阵营"的一部分,而欧盟亦非如此,唯有北约才是西方阵营的核心。如今,欧洲人意图构建一个独立于北约的体系,这无疑让美国感到其与西方盟友的关系不再如从前那般稳固。美国开始重新审视其外交政策,不再将西方阵营及其盟友置于优先地位。①

同样,欧盟似乎也意识到,美国并非一个始终可靠的安全伙伴,也缺乏切实意愿与其共同应对来自俄罗斯的威胁。在德国及其他欧洲国家,众多与俄罗斯有着深厚且长期业务联系的中小型制造商正忧心忡忡于自己可能沦为美国制裁的"靶心"。一旦美国的制裁措施迫使这些企业做出选择,它们可能会倾向于与俄罗斯保持联系,而非与美国合作。值得注意的是,德国与俄罗斯的商业往来规模庞大,约是美国与俄罗斯商业交易的2.5倍。尽管美国可能并不特别担忧对俄罗斯公司及其欧洲合作伙伴实施新制裁所带来的经济后果,然而,若真的采取此等制裁政策,美国必须面对一个现实:部分欧洲公司可能选择与俄罗斯站在同一阵营,而非美国。这种严峻的选择不仅将严重损害跨大西洋的伙伴关系,更可能削弱制裁的实际效果。②

未来带给欧洲的挑战更加艰巨,正如慕尼黑安全会议主席沃尔夫冈·伊申格尔所说:"欧盟需要面对三重新的挑战:特朗普政府可能放弃对欧洲的安全保护、欧洲一体化进程受阻以及威权国家回归使自由民主秩序受到挑战。"③面对特朗普咄咄逼人的欧洲政策,欧洲是应该保留跨大西洋伙伴关系还是脱离美国?欧洲对欧美关系的思考大致分为两派:

---

①　罗伯特·卡根:《天堂与权力:世界新秩序中的美国与欧洲》,刘坤译,北京:社会科学文献出版社,2013年,第119—120页。
②　Elizabeth Rosenberg, "U. S. Policy Toward Russia and a Deepening Transatlantic Divide," January 22, 2019, https://www.cnas.org/publications/commentary/u-s-policy-toward-russia-and-a-deepening-transatlantic-divide.
③　范一杨:《从慕安会看德国外交隐忧》,第一财经网,2019年2月17日,https://www.yicai.com/news/100118214.html.

"大西洋主义"(Atlanticism)和"后大西洋主义"(Post-Atlanticism)。大西洋主义者认为,不应该背弃美国,因为这"会给欧洲带来不安全",对美国的合理政策"必须超越美国对任何多边承诺持怀疑态度的特殊时期"并"为后特朗普时代建立一座桥梁"。[1] 乔尔格·刘(Jörg Lau)和伯恩德·乌尔里希(Bernd Ulrich)则批评大西洋主义者"与现实脱节"。二人认为,"跨大西洋危机不是始于特朗普,也不会随着特朗普任期的结束而消失","美国再也不会、也将不再是欧洲的稳定器和保护者"。因此,欧洲应该奉行"后大西洋西方政策"(Post-Atlantic Western Policy)。[2] "大西洋主义"和"后大西洋主义"的分歧体现了欧洲人在处理与美国关系问题上的犹豫和谨慎。同盟的惯性使得欧洲想继续依靠美国,无法承受离开美国的后果,而现实情况又要求欧盟独立,减少对美国不切实际的依赖。

事实上,欧美之间的矛盾并未如外界所渲染的那般尖锐,维系跨大西洋关系的纽带依然坚固。首先,跨大西洋关系的权势结构具有相当的稳定性。这种结构包含两个核心层面。一是实力对比的结构,即欧美之间在物质实力上的客观差距,具有一定的稳定性。欧洲的经济实力固然不弱,但欧盟内部各国实力差异显著,且在军事实力上与美国存在显著差距。这种实力对比使欧洲在军事支持和安全保护上难以完全摆脱对美国的依赖。二是外交和战略层面的结构,即美国主导、欧洲从属的局面。尽管这种结构在某种程度上具有可变性,欧洲也一直在寻求减少对美国的从属,如法国总统戴高乐对美国霸权的挑战,以及"老欧洲"在 2003 年美国入侵伊拉克时的强硬态度等,都体现了欧洲对这种结构的不满和试图

---

[1] Deidre Berger, James D. Bindenagel and Ralf Fücks et al., *In Spite of It All, America*, The German Marshall Fund of the United States, 2017, No. 34, p. 4, available at http://www.gmfus.org/publications/spite-it-all-america-transatlantic-manifesto-times-donald-trump-german-perspective.

[2] Jörg Lau and Bernd Ulrich, "Something New in the West," *Die Zeit Online*, October 25, 2017, https://www.zeit.de/politik/2017-10/foreign-policy-germany-atlanticism-relationships-values.

第六章　特朗普政府时期的美欧俄关系

改变的努力。这种结构性矛盾在跨大西洋同盟面对危机时会表露无遗。"然而,历史上的这些挑战终究没有成功,欧洲人仍然生活在美国人的霸权阴影之下,其主要原因不能不说欧洲的综合实力毕竟不敌美国,这不仅造成欧洲对美国的安全依赖,而且当双方发生矛盾时,欧洲对美国霸权的抵制只能是有心无力,最后以铩羽告终。"①其次,欧美之间仍然存在众多共同利益促使双方维护跨大西洋关系。这些共同利益主要体现在四个方面。一是美国维护全球霸权需要欧洲的支持,尤其在应对中国和俄罗斯崛起等全球和地缘政治挑战时,强大的大西洋同盟是美国取得竞争优势的关键。例如,伊肯伯里早就认为,随着中国的崛起和美国的相对衰落,美国必须加强与欧洲及其他盟国的团结,这样才能真正护持美国在现行国际体系中的霸权地位。② 二是尽管欧洲追求"战略自主",但其能力有限,仍需美国提供安全保障。三是美国和欧盟互为最大的贸易和投资伙伴,经济上的相互依赖是维系大西洋同盟的重要纽带。四是美国的主流社会和建制派对美欧关系持积极态度,支持维持与欧洲的传统政经合作和安全同盟,这一点在美国国会对加强北约的压倒性支持中得到了体现。③

尽管特朗普总统多次声称北约"过时",并敦促其盟友承担更为公平的防务责任,言辞间似乎透露出欧洲"搭便车"而美国独自承担巨大牺牲的印象。然而,深入剖析,这实则是特朗普的"先抑后扬"战术。他首先采用嘲讽和质疑的口吻试图贬低北约的价值,旨在获得与欧洲盟友谈判的筹码和优势。然而,这一策略的最终目标并非真正质疑北约的必要性,而

---

① 宋芳、洪邮生:《特朗普执政以来欧美关系新变化》,《国际论坛》2019 年第 5 期,第 67 页。
② G. John Ikenberry, "The Rise of China and the Future of the West: Can the Liberal System Survive?" *Foreign Affairs*, Vol. 87, No. 1, Jan./Feb. 2008, p. 34.
③ Von Naz Durakoglu, "Don't Let Late-night Tweets Distract You," 16 February 2019, https://www.faz.net/aktuell/politik/sicherheitskonferenz/trump-and-nato-don-t-let-late-night-tweets-distract-you-16037832.html.

是为了重新强调并提升北约的核心地位，使其能够继续成为遏制俄罗斯的有效"盾牌"。这一点在"捍卫者-2020"联合军演中得到了充分体现，美国与其北约盟友的此次演习明显针对俄罗斯，再次彰显了跨大西洋同盟的坚定立场和共同安全目标。

三、欧俄关系的调整

欧盟当前正面临着前所未有的内外部困境，这些挑战使得人们对于欧洲安全与稳定的忧虑达到了自20世纪90年代巴尔干战争以来的顶峰。乌克兰危机爆发后，欧盟紧随美国步伐对俄罗斯实施制裁，然而，这一系列制裁措施并未如预期般推动乌克兰问题的解决，反而给欧盟自身带来了巨大的经济损失，令其不幸成为美俄之间激烈竞争的无辜牺牲品。在经历了一系列挫折和打击后，欧盟的对外政策似乎正经历着重大调整。据俄罗斯政治分析家卢科亚诺夫（Fyodor Lukyanov）观察，欧盟将更多地专注于内部的发展和稳定，其扩张的野心在当下显得尤为不切实际。未来，欧盟可能会采取更为防御性的外交策略，其政策将变得更加务实和谨慎。在这样的背景下，对于欧俄关系而言，任何形式的野心或扩张计划都将变得毫无意义。当前，欧洲的工作重心将更多地放在减少财政支出、规避潜在风险上，以确保其自身经济的稳健和内部社会的和谐稳定。①

2019年5月17日，欧洲委员会部长委员会作为该组织的最高决策和执行机构，郑重发布了一项声明，明确指出："所有成员国均享有在平等基础上参与欧洲委员会两大核心机构——部长委员会和议会大会的权利。"此声明的核心含义在于，俄罗斯将有权参与即将举行的欧洲委员会议会大会（Parliamentary Assembly of the Council of Europe）的各项活

---

① Fyodor Lukyanov, "Dawn breaks on new era in EU-Russia relations," July 8, 2019, https://carnegie.ru/commentary/79452.

第六章　特朗普政府时期的美欧俄关系

动,包括秘书长及欧洲人权法院法官的选举。这标志着欧洲委员会实质上恢复了俄罗斯在该机构的投票权,从而迈出了停止排斥、重新接纳俄罗斯的重要一步。① 然而,值得注意的是,这一接纳举措并不意味着俄罗斯与欧洲主要国家之间期盼已久的友好关系已正式开启。事实上,这一变化更多地反映了欧洲内部政治和意识形态结构的动态调整。这一调整既是对当前国际局势的回应,也是对未来欧洲与俄罗斯关系走向的重新定位。

特朗普政府的上台及其与德国明显的疏远,迫使柏林方面不得不重新审视与俄罗斯的关系。相较于奥巴马政府,特朗普对于默克尔所拥护的自由主义全球秩序持有鲜明的反对立场。特朗普对德国国防贡献不足提出指责,并称德国参与了对美国的不公平贸易行为。② 特朗普政府对默克尔的冷淡态度在德国国内引发了深刻的反思,柏林方面开始认识到,德国无法再单纯依赖与美国的友好关系,甚至可能需要制定策略,将华盛顿视为潜在的对手。③ 这一转变是否会推动德国重新扮演东西方之间的调停者角色,成为国际观察的焦点。尽管默克尔对普京领导下的俄罗斯保持着警觉,但她和普京都深刻认识到,在伊朗等关键议题上开展务实合作的必要性。④

西方政界和媒体常常宣称俄罗斯分裂了欧洲,但实际上,这种分裂不仅限于欧洲,跨大西洋关系也因俄罗斯而产生了深刻的裂痕。与此同时,随着美国试图降低欧洲的战略重要性并转向亚太地区,复苏的俄罗斯也

---

① 曹晓云:《欧俄关系筑底有方,但反弹无力》,《世界知识》2019 年第 13 期,第 44 页。
② Angela Stent, *Putin's World: Russia Against the West and with the Rest*, New York: Twelve, 2019, Chapter 4.
③ Guy Chazan, "How Germany Became Trump's European Punchbag," Financial Times, August 3, 2018, https://www.ft.com/content/8f87c03c-93dc-11e8-b67b-b8205561c3fe.
④ Angela Stent, *Putin's World: Russia Against the West and with the Rest*, New York: Twelve, 2019, Chapter 4.

看到了在欧洲发挥更大影响力的机会。① 跨大西洋关系的恶化对欧洲和俄罗斯而言,既是挑战也是机遇。对于欧洲来说,它使得欧盟更加清醒地认识到战略自主的重要性;而对于俄罗斯而言,它则为其外交政策提供了在不同地缘政治方向上进行更多回旋的余地。②

本章小结

特朗普政府的"美国优先"政策是否能真正引领美国"重新伟大",这仍是一个需要时间去验证的议题。然而,一个显而易见的事实是,美国的外交政策正在经历一场更为深远且持久的结构性转变。美欧之间的结构性矛盾并非特朗普上台后才浮现,同样也不会因他的离任而轻易得到解决。这种矛盾自大西洋同盟诞生之初便存在,即美国的主导地位与欧洲的跟随态势所构成的等级结构。这种结构性的不平衡,一直影响着双方在国际事务中的合作与互动。与此同时,欧洲对于与美国关系的定位也在不断地思考与调整中。在"大西洋主义"与"后大西洋主义"之间,欧洲一直在探寻一条既能维护自身利益,又能与美国保持紧密合作的道路。

在特朗普政府的强大压力下,"欧洲痛感自立自强的重要性和紧迫性",可是一方面,"跨大西洋关系中也确实存在着如责任分担等长期悬而未决的问题,在支持特朗普的美国人看来他们的总统对欧洲的一些要求看上去合情合理";另一方面,"欧美双方共同利益迄今毕竟仍然是主要

---

① John Bew, "The new age of great power politics," 12 February 2018, https://www.newstatesman.com/politics/uk/2018/02/new-age-great-power-politics.

② Alexey Gromyko, "Political Landscape of Europe. The Spectre of Geopolitical Solitude," in Olga Potemkina ed., *The EU-Russia: the way out or the way down?*, Institute of Europe, Russian Academy of Sciences; Egmont—The Royal Institute for International Relations, 2018, p. 13.

第六章 特朗普政府时期的美欧俄关系

的,而欧洲的实力不足和凝聚力缺乏又决定了欧美外交关系的斗而不破,甚至欧洲最终不得不又一次屈从美国的要求"。[①] 对美国重要性的减弱使得欧洲在很大程度上丧失了影响美国对外政策的作用。欧美关系的变化对俄罗斯来说是一个良机,莫斯科思考的是能在多大程度上从跨大西洋分歧中获益。

---

① 宋芳、洪邮生:《特朗普执政以来欧美关系新变化》,《国际论坛》2019年第5期,第70页。

结束语

　　自 2000 年以来,国际环境的深刻变革,以及欧洲、美国和俄罗斯战略目标的重新定位(包括欧美同盟关系的微妙变化),已使欧亚地区的地缘政治博弈日趋激烈,这为本书深入探讨欧美对俄政策提供了丰富的背景。俄罗斯问题,现在乃至未来,都是影响跨大西洋关系动态的关键因素。欧盟与美国作为两个截然不同的国际行为体,其外交策略与影响力分布有着显著的差异。美国作为一个拥有全球视野和强大影响力的国家,其外交政策通常旨在维护其全球利益;而欧盟则更侧重于其欧洲(包括周边地区)的核心利益,并寻求在更广阔的国际舞台上塑造其独特的角色。在地缘战略考量上,欧美与俄罗斯的互动模式也各不相同。同时,两者在外交政策制定过程中也存在着明显的差异。美国的外交决策权高度集中,总统在决策过程中发挥着核心作用;而欧盟的外交决策则更为复杂,涉及各个成员国的共同协商与决策。这种差异不仅体现在对俄罗斯政策的制定上,也影响着欧美在全球事务中的合作与竞争关系。因此,在分析和理解欧美对俄政策时,我们必须充分考虑这些背景因素及其对政策制定和执行的深刻影响。

　　欧美对俄政策既具有一致性,又表现出比较明显的差别,这主要源于两对结构性矛盾:一是欧美与俄罗斯之间的结构性矛盾,这是欧美选择共同对抗俄罗斯的原因；二是欧美之间的结构性矛盾，以及欧美对俄脆弱性的不同，这是导致欧美选择不同对俄政策的重要原因。

首先，欧美与俄罗斯之间的结构性矛盾，本质上是西方意图巩固冷战胜利果实与俄罗斯挑战西方主导的国际秩序之间的冲突。这种矛盾在欧亚大陆势力范围的争夺中尤为突出，表现为欧美共同推动北约、欧盟的东扩，从而压缩俄罗斯的战略空间。在地缘政治竞争的环境中，欧美与俄罗斯在"后苏联空间"的战略利益相互排斥，同时，双方在价值观和世界观上的分歧加剧了彼此间的紧张关系。自2000年以来，在普京的领导下，俄罗斯逐渐恢复其国际影响力和地缘政治雄心，对欧美的"双东扩"策略进行了强有力的反击。欧美都将俄罗斯视为重要威胁，但美国更侧重于全球战略利益，而欧盟则更关注俄罗斯对欧洲安全的直接威胁，特别是《中导条约》废除后，欧洲国家面临俄罗斯导弹的新威胁。尽管如此，欧美在防范和压制俄罗斯的问题上仍有着共同的利益。

其次，欧美之间的结构性矛盾是导致双方对俄政策存在差异的重要原因。大西洋同盟内部长期存在着美主欧从的等级结构。这种结构导致了两个问题：一是欧洲盟国在同盟中处于从属地位，它们并非不想像美国一样"遏制"俄罗斯，但由于实力不足，更倾向于采取"软制衡"的策略，借助美国的力量来应对俄罗斯的威胁；二是欧盟希望改变与美国的这种不平等关系，摆脱美国的控制，根据自身利益制定更为"独立"的对俄政策。欧盟的策略是让美国与俄罗斯相互牵制，自己则保持一定的回旋余地，甚至在某些情况下能够从中获利。

综上所述，欧洲和美国由于安全威胁感受度、经济依赖度、战略文化及决策与执行能力等方面的差异，对俄罗斯采取了不同的政策。在面对俄罗斯时，欧盟往往表现出比美国更大的脆弱性。

欧盟对俄罗斯的脆弱性，主要体现在俄罗斯对欧洲政策所施加的政治、经济和军事层面的潜在影响力上，这种影响力能够显著限制欧盟的行动自由和策略选择。这也是导致欧盟在对待俄罗斯的政策上与美国存在显著分歧的核心因素。同时，欧洲各国对俄罗斯潜在行动的脆弱性呈现显著差异。尽管欧洲南部和西部的一些国家在经济层面对俄罗斯存在某种程度的依赖，并可能因双方之间的经济制裁而遭受暂时的损失，但部分欧洲北部和中部的欧盟/北约成员国，由于地理上紧邻俄罗斯，且历史上曾受苏联的统治，更易于受到俄罗斯行动的直接影响。这些国家不仅深受苏联帝国遗产的持续影响，还在某些情况下，持续感受这种历史遗产所带来的影响。在这些国家中，爱沙尼亚、拉脱维亚和立陶宛尤为突出，它们面临着严重的常规军事威胁。与此同时，它们的邻国如波兰、瑞典和芬兰也感受到越来越大的脆弱性。当然，欧洲和美国都面临着来自俄罗斯核力量的潜在威胁，而俄罗斯同样也容易受到来自美国、法国和英国的核力量影响。①

欧盟对俄政策展现为一种错综复杂的双层架构，其复杂性主要源于两大因素：一是作为欧盟安全政策核心驱动力的跨大西洋团结，二是成员国在俄罗斯问题上的深刻内部分歧。

首先，谈及跨大西洋的团结，欧盟与俄罗斯之间的关系，特别是在安全领域，无法与欧美和美俄关系割裂开来。这一三角关系在安全层面上交织紧密、相互影响。然而，在经济、文化（包括身份认同问题）等维度上，欧盟与俄罗斯的关系则更为独立，能够较为自主地处理，较少受到跨大西洋因素的影响。②

其次，欧盟成员国之间的内部分歧造成了两个层面的紧张：欧盟外交政策层面和各成员国外交政策层面。有西方学者认为，"自拉姆斯菲尔德

---

① F. Stephen Larrabee, Stephanie Pezard, Andrew Radin et al., *Russia and the West after the Ukraine Crisis: European Vulnerabilities to Russian Pressures*, RAND Corporation, 2017, p. 69.

② Andrey Kazantsev and Richard Sakwa, "New 'dividing lines' in Europe: A crisis of trust in European-Russian relations," Communist and Post-Communist Studies, 45 (2012), p. 293.

(Donald Rumsfeld)将欧洲俱乐部划分为'新''老'成员国以来,俄罗斯问题便成为欧盟内部最具分裂性的问题。20世纪90年代,欧盟成员国发现,在莫斯科问题上达成共识很容易。它们联合起来,制定了一项使虚弱不堪、债台高筑的俄罗斯民主化和西方化的战略,而这一战略如今已支离破碎。石油和天然气价格飙升使俄罗斯更强大、更不合作,尤其是对融入西方不感兴趣"。① 这种分析所揭示的现象是客观存在的,俄罗斯问题暴露出欧盟的共同外交和安全政策中固有的结构性弱点,尽管签署了《里斯本条约》和成立了欧盟对外行动署(European External Action Service, EEAS),但这些弱点并未得到实质性改善。曾任欧盟贸易专员的彼得·曼德尔森(Peter Mandelson)早在2007年就敏锐地指出,"没有哪个国家像俄罗斯那样暴露出我们之间的分歧,这是整个欧洲的失败,而不是某一成员国的失败"。② 从广义上讲,欧盟分裂为两派。一派认为,俄罗斯是一个潜在的合作伙伴,可以通过"缓慢推进的一体化进程"被纳入欧盟的轨道。他们赞成让俄罗斯参与尽可能多的机制,鼓励俄罗斯投资欧盟的能源领域,即使俄罗斯有时会违反规则。另一派视俄罗斯为威胁。他们认为,俄罗斯的扩张主义和对民主的蔑视必须通过遏制政策来制止。③

就跨大西洋关系来说,在冷战体系结构中,"西方"被共同的意识形态、威胁感知及世界观紧密捆绑。然而,当前学者们观察到,跨大西洋国家内部与外部的体系层面和行为体层面的变化已显著动摇了这一传统概念框架的基石。跨大西洋关系的未来演变将深刻受到欧洲和美国在目

---

① Mark Leonard, Nicu Popescu, "A Power Audit of EU-Russia Relations," European Council on Foreign Relations, 2007, p. 1.
② Peter Mandelson, "The EU and Russia: Our Joint Political Challenge," A European Commissioner for Trade, Bologna, April 20, 2007.
③ Mark Leonard and Nicu Popescu, *A Power Audit of EU-Russia Relations*, London: European Council on Foreign Relations, 2007, p. 2.

标、手段及行为模式上趋同或分歧的影响。① 这种务实关系的转变在特朗普执政时期尤为显著，美国敦促欧洲在同盟关系中承担更多责任与义务，而欧洲也不得不加强"战略自主"以应对来自美国的压力。尽管欧美之间的隔阂日益加深，是否会影响双方的对俄政策尚难断言，但有一点是明确的：只要俄罗斯继续对美国和欧洲构成威胁，两者仍会携手应对。2022 年 2 月乌克兰危机的爆发也证明了这一点。这场危机为美欧关系带来了弥合裂痕的契机，让欧洲重新认识到，在面对外部威胁时，美国依然是保障欧洲安全不可或缺的力量。面对共同的敌人，美欧双方不得不搁置分歧，携手合作，共同应对挑战。北约，这一曾受到特朗普指责"过时"和被马克龙批评"脑死亡"的组织，在乌克兰危机中再次凸显了其存在的价值和意义，重申了核心使命——为欧洲提供集体领土防御。展望未来，欧美对俄罗斯的政策仍将无法脱离本书所提出的这两对结构性矛盾的框架。这两对矛盾将继续左右着跨大西洋国家在对待俄罗斯问题时的策略选择与行动方向。

深入研究欧美俄关系，特别是揭示欧美对俄政策中的结构性矛盾，其意义不仅在于学术探讨，更在于为中国外交提供有价值的参考和建议。拜登政府于 2022 年 10 月发布的《美国国家安全战略》报告中，将中国视为唯一兼具意图与实力重塑国际秩序的竞争者，明确提出了针对中国的竞争战略，并制定了"投资、结盟、竞争"的策略欲实现这一目标。② 与冷战时期美苏之间在两大独立体系下的对抗不同，美国与中国的战略竞争发生在同一全球化体系内，各国间因经济联系和相互依赖而紧密相连。在这种背景下，美国试图通过单方面实施脱钩断链、出口管制等手段来遏制中国，显然难以实现其预期目标，所以盟友的角色在其对华竞争中变得

---

① Nathalie Tocci and Riccardo Alcaro, *Three Scenarios for the Future of the Transatlantic Relationship*, Transworld, Working Paper 04, September 2012, p. 18.

② The White House, National Security Strategy, October 12, 2022, p. 38.

尤为关键。拜登政府将深化与欧洲的伙伴关系作为其对华战略的核心支柱,协助欧洲盟友增强自身军事能力,动员欧洲各国介入亚太事务,[①]并且推动北约"亚太化"。

然而,在美国逼迫欧洲参与对华竞争时,欧洲实际上在实施一种"蛋糕主义"[②]的平衡策略,即在中美之间"不选边站队",保持一种矛盾和摇摆的立场,同时希望能够避免因得罪任何一方而遭受重大利益损失。[③] 欧美之间的结构性矛盾决定了欧洲参与中美竞争的两面性:一方面,欧洲国家仍难以摆脱对美国的依赖,为了维护这一同盟关系并彰显其有效性,欧洲国家不得不在一定程度上迎合美国的全球战略;另一方面,欧洲国家与中国之间并不存在类似的结构性矛盾,因此双方并不愿意恶化中欧关系或升级中欧之间的分歧,而是希望保持良好的经贸合作,共享经济发展机遇。

---

① 樊吉社:《从亚太到"印太":美国地区安全战略的变迁与回归》,《国际安全研究》2022年第5期,第47页。

② "蛋糕主义"是指相信有可能同时享有两种令人满意但又相互排斥的方案带来的利益。

③ 宋芳:《欧盟在中美之间的艰难选择——基于"蛋糕主义"视角的分析》,《国际展望》2021年第3期,第76页。

参考文献

一、外文文献

（一）著作

1. Agnieszka Pikulicka-Wilczewska and Richard Sakwa, eds., *Ukraine and Russia: People, Politics, Propaganda and Perspectives*, Bristol, UK: E-International Relations Publishing, 2015.
2. Ainius Lašas, *European Union and NATO Expansion: Central and Eastern Europe*, New York: Palgrave Macmillan, 2010.
3. Andrei P. Tsygankov, *Russia and the West from Alexander to Putin: Honor in International Relations*, New York: Cambridge University Press, 2012.
4. Andrei P. Tsygankov, *Russia's Foreign Policy: Change and Continuity in National Identity*, London: Rowman & Littlefield, 2010.
5. Andrei P. Tsygankov, *Russophobia: Anti-Russian Lobby and American Foreign Policy*, New York: Palgrave Macmillan, 2009.

6. Andrew Wilson, *Ukraine Crisis: What it means for the West*, New Haven and London: Yale University Press, 2014.

7. Angela E. Stent, *The Limits of Partnership: U. S.-Russian Relations in the Twenty-First Century*, Princeton and Oxford: Princeton University Press, 2014.

8. Angela Stent, *Putin's World: Russia Against the West and with the Rest*, New York: Twelve, 2019.

9. Anna-Sophie Maass, *EU-Russia Relations, 1999 – 2015: From Courtship to Confrontation*, London and New York: Routledge, 2016.

10. Aurel Braun, ed., *NATO-Russia Relations in the Twenty-First Century*, New York: Routledge, 2008.

11. Barry Buzan and Ole Waver, *Regions and Powers: The Structure of International Security*, Cambridge: Cambridge University Press, 2003.

12. Bertil Nygren, *The Rebuilding of Greater Russia: Putin's Foreign Policy Towards the CIS Countries*, London, New York: Routledge, 2008.

13. Bobo Lo, *Vladimir Putin and the Evolution of Russian Foreign Policy*, London: Chatham House, 2008.

14. Carl Jacobsen, ed., *Strategic Power: USA/USSR*, London: Macmillan, 1990.

15. Christian Thorun, *Explaining Change in Russian Foreign Policy: The Role of Ideas in Post-Soviet Russia's Conduct towards the West*, Basingstoke, UK: Palgrave Macmillan, 2009.

16. Dmitri Trenin, *Getting Russia Right*, Washington, D. C.: Carnegie Endowment for International Peace, 2007.

17. Dmitri Trenin, *Post-Imperium: A Eurasian Story*, Washington, D. C. : Carnegie Endowment for International Peace, 2011.
18. Edward Lucas, *The New Cold War: How the Kremlin Menaces Both Russia and The West*, London: Bloomsbury Publishing, 2008.
19. Edward Lucas, *The New Cold War: Putin's Russia and the Threat to the West*, New York: Palgrave Macmillan, 2008.
20. Emel Parlar Dal and Emre Erssen, eds., *Russia in the Changing International System*, Switzerland: Palgrave Macmillan, 2020.
21. Ethan B. Kapstein and Michael Mastanduno, eds., *Unipolar Politics: Realism and State Strategies after the Cold War*, New York: Columbia University Press, 1999.
22. Eugene R. Wittkopf and James M. McCormic, eds. *The Domestic Sources of American Foreign Policy: Insights and Evidence (Fifth Edition)*, Lanham: Rowman & Littlefield Publishers, Inc., 2008.
23. Federiga Bindi, ed., *The Foreign Policy of the European Union: Assessing Europe's Role in the World*, Washington, D. C. : Brookings Institution Press, 2010.
24. Francis Fukuyama, *The End of History and the Last Man*, New York: The Free Press, 1992.
25. Fraser Cameron, *An Introduction to European Foreign Policy*, New York: Routledge, 2007.
26. Geir Lundestad, ed., *International Relations Since the End of the Cold War: New and Old Dimensions*, Oxford: Oxford University Press, 2013.
27. Gerard Toal, *Near Abroad: Putin, the West, and the Contest over*

Ukraine and the Caucasus, New York: Oxford University Press, 2017.

28. G. John Ikenberry, ed., *America Unrivaled: The Future of the Balance of Power*, Ithaca and London: Cornell University Press, 2002.

29. G. John Ikenberry, *Liberal Leviathan: The Origins, Crisis, and Transformation of the American World Order*, Princeton: Princeton University Press, 2011.

30. Gordon M. Hahn, *Ukraine over the Edge: Russia, the West and the New Cold War*, Jefferson, North Carolina: McFarland & Company, 2018.

31. Hartmut Mayer and Henri Vogt, eds., *A Responsible Europe? Ethical Foundations of EU External Affairs*, New York: Palgrave Macmillan, 2006.

32. Heather Grabbe, *The EU's Transformative Power: Europeanization through Conditionality in Central and Eastern Europe*, Basingstoke: Palgrave Macmillan, 2006.

33. Hiski Haukkala, *The EU-Russia Strategic Partnership: The Limits of Post-Sovereignty in International Relations*, Abingdon: Routledge, 2010.

34. H. J. Mackinder, *Democratic Ideals and Reality: A Study in the Politics of Reconstruction*, New York: Henry Holt and Company, 1919.

35. Howard J. Wiarda, *American Foreign Policy in Regions of Conflict: A Global Perspective*, New York: Palgrave Macmillan, 2011.

36. Irina Isakova, *Russian Governance in the Twenty-First Century:*

Geo-strategy, Geopolitics and Governance, London, New York: Frank Cass, 2005.

37. Jack Snyder, *The Soviet Strategic Culture: Implications for Limit Nuclear Operations*, Santa Monica: Rand, 1977.

38. Jakob Hedenskog, Vilhelm Konnander and Bertil Nygren, et al., eds. *Russia as a Great Power: Dimensions of Security under Putin*, Abingdon, UK: Routledge, 2005.

39. James M. Goldgeier and Michael McFaul, *Power and Purpose: U. S. Policy toward Russia after the Cold War*, Washington, D. C.: Brookings Institution Press, 2003.

40. Jan Hallenberg and Håkan Karlsson, eds., *Changing Transatlantic Security Relations: Do the US, the EU and Russia Form a New Strategic Triangle?* New York: Routledge, 2006.

41. Janusz Bugajski, *Expanding Eurasia: Russia's European Ambitions*, Washington, D. C.: Center for Strategic and International Studies, 2008.

42. Jeffrey Anderson, G. John Ikenberry and Thomas Risse, eds., *The End of the West?: Crisis and Change in the Atlantic Order*, Ithaca, NY: Cornell University Press, 2008.

43. Jeffrey Mankoff, *Russian Foreign Policy: The Return of Great Power Politics*, Boulder, CO: Rowman & Littlefield, 2009.

44. J. L. Black and Michael Johns, eds., *The Return of the Cold War: Ukraine, the West and Russia*, London and New York: Routledge, 2016.

45. Joe Burton, *NATO's Durability in a Post-Cold War World*, Albany, NY: State University of New York Press, 2018.

46. Kjell Engelbrekt and Bertil Nygren, eds., *Russia and Europe:

Building Bridges，Digging Trenches，New York：Routledge，2010.

47. Magda Leichtova，*Misunderstanding Russia：Russian Foreign Policy and the West*，England & USA：Ashgate，2014.

48. Mancur Olson，*The Logic of Collective Action*，Cambridge，Massachusetts：Harvard University Press，1965.

49. Mark Bowker，*Russia，America and the Islamic World*，London：Ashgate，2007.

50. Mark Webber，James Sperling and Martin A. Smith，*NATO's Post-Cold War Trajectory Decline or Regeneration*？England：Palgrave Macmillan，2012.

51. Mark Webber，*Russia and Europe：Conflict or Cooperation*？New York：St. Martin's Press，2000.

52. Marvin Kalb，*Imperial Gamble：Putin，Ukraine，and the New Cold War*，Washington, D. C.：Brookings Institution Press，2015.

53. Mary Kaldor and Iavor Rangelov，eds.，*The Handbook of Global Security Policy*，UK：John Wiley & Sons Ltd，2014.

54. Maxine David，Jackie Gower and Hiski Haukkala，eds.，*National Perspectives on Russia：European Foreign Policy in the Making*？Milton Park，Abingdon，Oxon：Routledge，2013.

55. Mikhail Zygar，*All the Kremlin's Men：Inside the Court of Vladimir Putin*，New York：Public Affairs，2016.

56. Nicholas J. Spykman，*America's Strategy in World Politics：The United States and the Balance of Power*，New York：Harcourt，Brace and Company，1942.

57. Nicholas Ross Smith，*A New Cold War？Assessing the Current US-Russia Relationship*，Switzerland：Palgrave Macmillan，2019.

58. Nicholas Ross Smith, *EU-Russian Relations and the Ukraine Crisis*, Cheltenham, UK/Northampton, USA: Edward Elgar Publishing, 2016.
59. Nicola Casarini and Costanza Musu, eds., *European Foreign Policy in an Evolving International System: The Road Towards Convergence*, Basingstoke, New York: Palgrave Macmillan, 2007.
60. Paul James Cardwell, ed., *EU External Relations Law and Policy in the Post-Lisbon Era*, The Hague: T. M. C. Asser Press, 2012.
61. RichardS akwa, *Frontline Ukraine: Crisis in the Borderlands*, London: I. B. Tauris & Co Ltd, 2015.
62. Richard Sakwa, *Russia against the Rest: The Post-Cold War Crisis of World Order*, Cambridge: Cambridge University Press, 2017.
63. Robert H. Donaldson, Joseph L. Nogee and Vidya Nadkarni, *The Foreign Policy of Russia: Changing Systems, Enduring Interests*, New York: M. E. Sharpe, 2014.
64. Robert Jervis, *Perception and Misperception in International Politics*, Princeton: Princeton University Press, 1976.
65. Robert Kagan, *The Return of History and the End of Dreams*, New York: Alfred A. Knopf, 2008.
66. Robert Keohane, *After Hegemony: Cooperation and Discord in the World Political Economy*, Princeton: Princeton University Press, 1984.
67. Robert Legvold, ed., *Russian Foreign Policy in the Twenty-first Century and the Shadow of the Past*, New York: Columbia University Press, 2012.
68. Robert Legvold, *Return to Cold War*, Cambridge: Polity, 2016.
69. Roger E. Kanet and Matthew Sussex, eds., *Power, Politics and*

Confrontation in Eurasia: Foreign Policy in a Contested Region, England: Palgrave Macmillan, 2015.

70. Roger E. Kanet, ed., *A Resurgent Russia and the West: The European Union, NATO and Beyond*, USA: Republic of Letters Publishing, 2009.

71. Roger E. Kanet, ed., *Russia: Re-Emerging Great Power*, Houndmills, UK: Palgrave Macmillan, 2007.

72. Ronald Asmus, *A Little War that Shook the World: Georgia, Russia, and the Future of the West*, New York: Palgrave Macmillan, 2010.

73. Ronald E. Powaski, *Ideals, Interests, and U. S. Foreign Policy from George H. W. Bush to Donald Trump*, Switzerland: Palgrave Macmillan, 2019.

74. Roy Allison, Margot Light and Stephen White, *Putin's Russia and the Enlarged Europe*, London: Chatham House, 2006.

75. R. W. Rauchhaus, ed., *Explaining NATO Enlargement*, London: Frank Cass, 2001.

76. Stanley R. Sloan, *NATO, the European Union, and the Atlantic Community: The Transatlantic Bargain Reconsidered*, Lanham: Rowman & Littlefield Publishers, 2002.

77. Stephen F. Cohen, *War with Russia: From Putin & Ukraine to Trump & Russiagate*, New York: Hot Books, 2019.

78. Stephen G. Brooks and William C. Wohlforth, *World Out of Balance: International Relations and the Challenge of American Primacy*, Princeton: Princeton University Press, 2008.

79. Stephen Walt, *The Origins of Alliances*, Ithaca, New York: Cornell University Press, 1987.

80. Ted Galen Carpenter and Barbara Conry, eds., *NATO Enlargement: Illusions and Reality*, Washington, D. C.: Cato Institute, 1998.
81. Ted Hopf, ed., *Russia's European Choice*, New York: Palgrave Macmillan, 2008.
82. Thomas Ambrosio, *Challenging America's Global Preeminence: Russia's Quest for Multipolarity*, London and New York: Routledge, 2005.
83. Thomas Juneau, *Squandered Opportunity: Neoclassical Realism and Iranian Foreign Policy*, Stanford, California: Stanford University Press, 2015.
84. Thomas L. Ilgen, ed., *Hard Power, Soft Power and the Future of Transatlantic Relations*, England & USA: Ashgate, 2006.
85. Timothy Snyder, *The Road to Unfreedom: Russia, Europe, America*, New York: Tim Duggan Books, 2018.
86. Tom Casier and Joan DeBardeleben, eds., *EU-Russia Relations in Crisis: Understanding Diverging Perceptions*, London and New York: Routledge, 2017.
87. T. V. Paul, James J. Wirtz and Michel Fortmann, *Balance of Power: Theory and Practice in the 21st Century*, Stanford: Stanford University Press, 2004.
88. Vicki L. Birchfield and Alasdair R. Young, eds., *Triangular Diplomacy among the United States, the European Union, and the Russian Federation: Responses to the Crisis in Ukraine*, Switzerland: Palgrave Macmillan, 2018.
89. Vinod K. Aggarwal and Kristi Govella, eds., *Responding to a Resurgent Russia: Russian Policy and Responses from the European Union and the United States*, New York: Springer,

2012.

90. Warwick Armstrong and James Anderson, eds., *Geopolitics of European Union Enlargement: The Fortress Empire*, London: Routledge, 2007.

91. William Zimmerman, *The Russian People and Foreign Policy: Russian Elite and Mass Perspectives, 1993 – 2000*, Princeton: Princeton University Press, 2009.

（二）期刊论文

1. Albert Bressand, "Between Kant and Machiavelli: EU foreign policy priorities in the 2010s," *International Affairs*, Vol. 87, No. 1, 2011, pp. 59 – 85.

2. Alexander Rahr, "Germany and Russia: A Special Relationship," *The Washington Quarterly*, Vol. 30, No. 2, 2007, pp. 137 – 145.

3. Allen C. Lynch, "The Realism of Russia's Foreign Policy," *Europe-Asia Studies*, Vol. 53, No. 1, 2001, pp. 7 – 31.

4. Andrew Moravcsik, "Striking a New Transatlantic Bargain," *Foreign Affairs*, Vol. 82, No. 4, July/August 2003, pp. 74 – 89.

5. Andrew T. Wolff, "The Future of NATO Enlargement after the Ukraine Crisis," *International Affairs*, Vol. 91, No. 5, 2015, pp. 1103 – 1121.

6. Andrey Kazantsev and Richard Sakwa, "New 'Dividing Lines' in Europe: A Crisis of Trust in European-Russian Relations," *Communist and Post-Communist Studies*, Volume 45, Issues 3 – 4, 2012, pp. 289 – 293.

7. Angela Stent, "Berlin's Russia Challenge," *The National Interest*, Vol. 9, No. 88, March/April 2007, pp. 46 – 51.

8. Angela Stent, "US-Russia Relations in the Second Obama Administration," *Survival*, Vol. 54, No. 6, 2013, pp. 123 – 138.
9. Arif Bağbaşlıoğlu, "The Implications of the Ukraine Crisis for NATO's Solidarity: NATO Between Cooperative Security and Collective Defence," *Hitit University Journal of Social Sciences Institute*, Year 9, Issue 2, 2016, pp. 652 – 653.
10. Asle Toje, "The Consensus-Expectations Gap: Explaining Europe's Ineffective Foreign Policy," *Security Dialogue*, Vol. 39, No. 1, 2008, pp. 121 – 141.
11. Barry Posen, "Emerging Multipolarity: Why Should We Care?" *Current History*, Vol. 108, No. 721, 2009, pp. 347 – 352.
12. Charles King, "The Five-Day War: Managing Moscow after the Georgia Crisis," *Foreign Affairs*, Vol. 87, No. 6, November/December 2008, pp. 2 – 11.
13. Christopher Layne, "The Waning of US Hegemony – Myth or Reality? A Review Essay," *International Security*, Vol. 34, No. 1, Summer 2009, pp. 147 – 172.
14. Clenn H. Snyder, "Mearsheimer's World-Offensive Realism and the Struggle for Security: A Review Essay," *International Security*, Vol. 27, No. 1, 2002, pp. 149 – 173.
15. Condoleezza Rice, "Promoting the National Interest," *Foreign Affairs*, Vol. 79, No. 1, January/February 2000, pp. 45 – 62.
16. Constanze Stelzenmüller, "Germany's Russia question: A New Ostpolitik for Europe," *Foreign Affairs*, Vol. 88, No. 2, 2009, pp. 89 – 100.
17. Cristian Nitoiu, "Towards Conflict or Cooperation? The Ukraine Crisis and EU-Russia Relations," *Southeast European and Black*

Sea Studies, Vol. 16, Issue 3, 2016, pp. 378 – 379.

18. Daniel C. Thomas and Ben Tonra, "To What Ends EU Foreign Policy? Contending Approaches to the Union's Diplomatic Objectives and Representation," *The Hague Journal of Diplomacy*, Vol. 7, No. 1, January 2012, pp. 11 – 29.

19. Daniel C. Thomas, "Explaining the negotiation of EU foreign policy: normative institutionalism and alternative approaches," *International Politics*, Volume 46, Issue 4, July 2009, pp. 339 – 357.

20. David Cadier, "Eastern Partnership vs Eurasian Union? The EU-Russia Competition in the Shared Neighbourhood and the Ukraine Crisis," *Global Policy*, Volume 5, Supplement 1, October 2014, pp. 76 – 85.

21. David Lane, "The Orange Revolution: 'People's Revolution' or Revolutionary Coup?" *Journal of Politics and International Relations*, Vol. 10, Issue 4, 2008, pp. 525 – 549.

22. Deborah Welch Larson and Alexei Shevchenko, "Russia says no: Power, status, and emotions in foreign policy," *Communist and Post-Communist Studies*, Volume 47, Issues 3 – 4, 2014, pp. 269 – 279.

23. Deborah Welch Larson and Alexei Shevchenko, "Status Seekers: Chinese and Russian Responses to U. S. Primacy," *International Security*, Vol. 34, No. 4, 2010, pp. 63 – 95.

24. Derek Averre, "Competing Rationalities: Russia, the EU and a Shared Neighbourhood," *Europe-Asia Studies*, 2009, Volume 61, Issue 10, pp. 1689 – 1713.

25. Derek Averre, "Russia and the European Union: Convergence or

Divergence?" *European Security*, Vol. 14, No. 2, 2005, pp. 175 – 202.

26. Dmitry Gorenburg, "The Future of the Sevastopol Russian Navy Base," *Russian Analytical Digest*, Vol. 75, No. 10, 2010, pp. 11 – 13.

27. Dov Lynch, "Russia's Strategic Partnership with Europe," *The Washington Quarterly*, Vol. 27, No. 2, Spring 2004, pp. 99 – 118.

28. Dušica Lazarević, "NATO Enlargement to Ukraine and Georgia: Old Wine in New Bottles?" *Connections*, Vol. 9, No. 1, Winter 2009, pp. 29 – 66.

29. Elizabeth Pond, "Germany's Real Role in the Ukraine Crisis: Caught between East and West," *Foreign Affairs*, Vol. 94, No. 2, March/April 2015, pp. 173 – 177.

30. Ellen Hallams, "The Transatlantic Alliance Renewed: The United States and NATO since 9/11," *Journal of Transatlantic Studies*, Volume 7, Issue 1, 2009, pp. 38 – 60.

31. Eugene Rumer and Angela Stent, "Russia and the West," *Survival*, Vol. 51, No. 2, 2009, pp. 91 – 104.

32. Franz Oswald, "Soft Balancing Between Friends: Transforming Transatlantic Relations," *Debatte: Journal of Contemporary Central and Eastern Europe*, Vol. 14, No. 2, 2006, pp. 145 – 160.

33. Galia Press-Barnathan, "Managing the Hegemon: NATO under Unipolarity," *Security Studies*, Vol. 15, No. 2, 2006, pp. 271 – 309.

34. Gideon Rose ed., "Letting Go," *Foreign Affairs*, Vol. 97, No. 2, March/April 2018, pp. 1 – 45.

35. G. John Ikenberry, "The End of Liberal International Order?" *International Affairs*, Volume 94, Issue 1, January 2018, pp. 7 – 23.

36. G. John Ikenberry, "The Illusion of Geopolitics: The Enduring Power of Liberal Order," *Foreign Affairs*, Vol. 93, No. 3, May/June 2014, pp. 80 – 90.

37. G. John Ikenberry, "The Rise of China and the Future of the West: Can the Liberal System Survive?" *Foreign Affairs*, Vol. 87, No. 1, January/ February 2008, pp. 23 – 37.

38. Glenn H. Snyder, "Alliance Theory: A Neorealist First Cut," *Journal of International Affairs*, Vol. 44, No. 1, 1990, pp. 103 – 123.

39. Glenn H. Snyder, "The Security Dilemma in Alliance Police," *World Politics*, Vol. 36, No. 4, July 1984, pp. 461 – 495.

40. Graeme Gill, "The Stabilization of Authoritarian Rule in Russia?" *Journal of Elections*, Volume 25, Issue 1, 2015, pp. 62 – 77.

41. Graham Timmins, "German-Russian Bilateral Relations and EU Policy on Russia: Between Normalization and the 'Multilateral Reflex'," *Journal of Contemporary European Studies*, Vol. 19, No. 2, 2011, pp. 189 – 199.

42. Henrik Boesen LindboLarsen, "The Russo-Georgian War and beyond: Towards a European Great Power Concert," *European Security*, Vol. 21, No. 1, March 2012, pp. 102 – 121.

43. Hiski Haukkala, "From Cooperative to Contested Europe? The Conflict in Ukraine as a Culmination of a Long-Term Crisis in EU-Russia Relations," *Journal of Contemporary European Studies*, Vol. 23, No. 1, 2015, pp. 25 – 40.

44. Hiski Haukkala, "Lost in Translation? Why the EU Has Failed to Influence Russia's Development," *Europe-Asia Studies*, Vol. 61, No. 10, 2009, pp. 1757 – 1775.

45. Hiski Haukkala, "The European Union as a Regional Normative Hegemon: The Case of European Neighbourhood Policy," *Europe-Asia Studies*, Vol. 60, No. 9, 2008, pp. 1601 – 1622.

46. Howard J. Wiarda, "The Politics of European Enlargement: NATO, the EU, and the New U. S.-European Relationship," *World Affairs*, Vol. 164, No. 4, 2002, pp. 178 – 197.

47. Isaac Kfir, "NATO and Putin's Russia: Seeking to Balance Divergence and Convergence," *Comparative Strategy*, Vol. 35, No. 5, 2016, pp. 447 – 464.

48. Jacob Heilbrunn, ed., "What is America's Purpose?" *The National Interest*, September/October 2015, pp. 18 – 45.

49. Jean-Yves Haine, "A new Gaullist moment? European Bandwagoning and International polarity," *International Affairs*, Vol. 91, No. 5, 2015, pp. 991 – 1008.

50. Jeff Checkel, "Ideas, Institutions, and the Gorbachev Foreign Policy Revolution," *World Politics*, Vol. 45, No. 2, Jan. 1993, pp. 271 – 300.

51. Jeffrey J. Anderson, "Rancor and Resilience in the Atlantic Political Order: The Obama Years," *Journal of European Integration*, Volume 40, Issue 5, 2018, pp. 621 – 636.

52. Jeffrey Mankoff, "Russia and the West: Taking the Longer View," *The Washington Quarterly*, Vol. 30, No. 2, 2007, pp. 123 – 135.

53. John J. Mearsheimer, "Back to the Future: Instability in Europe after the Cold War," *International Security*, Vol. 15, No. 1,

Summer 1990, pp. 5 - 56.

54. John J. Mearsheimer, "Why the Ukraine Crisis Is the West's Fault: The Liberal Delusions That Provoked Putin," *Foreign Affairs*, Vol. 93 No. 5, September/October 2014, pp. 1 - 12.

55. John J. Mearsheimer, "Why We Will Soon Miss the Cold War," *The Atlantic Monthly*, Vol. 266, No. 2, August 1990, pp. 35 - 50.

56. John Peterson, "Is the Wolf at the Door this Time? Transatlantic Relations after Iraq," *European Political Science*, Volume 5, Issue 1, March 2006, pp 52 - 61.

57. Jolyon Howorth and Anand Menon, "Still Not Pushing Back: Why the European Union Is Not Balancing the United States," *Journal of Conflict Resolution*, Vol. 53, No. 5, October 2009, pp. 727 - 744.

58. Jonathan N. Markowitz and Christopher J. Fariss, "Power, Proximity, and Democracy: Geopolitical Competition in the International System," *Journal of Peace Research*, Vol. 55, No. 1, 2018, pp. 78 - 93.

59. K. B. Kanat, "Transatlantic Relations in the Age of Donald Trump," *Insight Turkey*, Vol. 20, No. 3, Summer 2018, pp. 77 - 88.

60. Keir A. Lieber, Gerard Alexander, "Waiting for Balancing: Why the World Is Not Pushing Back," *International Security*, Vol. 30, No. 1, Summer 2005, pp. 109 - 139.

61. Laetitia Langlois, "Trump, Brexit and the Transatlantic Relationship: The New Paradigms of the Trump Era," *Revue LISA / LISA e-journal*, Vol. 16, No. 2, 2018, pp. 1 - 19.

62. Lawrence Freedman, "Ukraine and the art of limited war," *Survival*, Vol. 56, No. 6, 2014, pp. 7–38.

63. Maria Demertzis and Gustav Fredriksson, "The EU Response to US Trade Tariffs," *Intereconomics*, Vol. 53, Issue 5, 2018, pp. 260–268.

64. Maria Demertzis, André Sapir and Guntram B. Wolff, "Europe in a New World Order," *Wirtschaftsdienst*, Vol. 98, No. 13, 2018, pp. 24–30.

65. Marianne Riddervold and Akasemi Newsome, "Transatlantic Relations in Times of Uncertainty: Crises and EU-US Relations," *Journal of European Integration*, Volume 40, Issue 5, 2018, pp. 505–521.

66. Matthew Kroenig, "Facing Reality: Getting NATO Ready for a New Cold War," *Survival*, Vol. 57, No. 1, 2015, pp. 49–70.

67. Michael Cox, "The Transatlantic Crisis: the Wolf is at the Door," *European Political Science*, Volume 5, Issue 1, March 2006, pp. 34–40.

68. Michael Mandelbaum, "The New Containment: Handling Russia, China, and Iran," *Foreign Affairs*, Vol. 98, No. 2, March/April 2019, pp. 123–131.

69. Mikael Wigell and Antto Vihma, "Geopolitics versus Geoeconomics: The Case of Russia's Geostrategy and its Effects on the EU," *International Affairs*, Vol. 92, No. 3, 2016, pp. 615–616.

70. Natalia Eremina, "Advent of a New Civilization Project: Eurasia in-U.S. out?" *Journal of Eurasian Studies*, Vol. 7, No. 2, July 2016, pp. 162–171.

71. Nicholas J. Spykman, "Geography and Foreign Policy, II,"

American Political Science Review, Volume 32, Issue 2, April 1938, pp. 213 - 236.

72. Nicholas Ross Smith, "The EU's Difficulty in Translating Interests into Effective Foreign Policy Action: A Look at the Ukraine Crisis," *Baltic Journal of European Studies*, Volume 4, Issue 1, 2014, pp. 54 - 68.

73. Nicole Gnesotto, "Reacting to America," *Survival*, Vol. 44, No. 4, 2002, pp. 99 - 106.

74. Nikita Lomagin, "Interest Groups in Russian Foreign Policy: The Invisible Hand of the Russian Orthodox Church," *International Politics*, Volume 49, Issue 4, July 2012, pp. 498 - 516.

75. Niklas I. M. Nováky, "Why so Soft? The European Union in Ukraine," *Contemporary Security Policy*, Vol. 36, No. 2, 2015, pp. 244 - 246.

76. Oran R. Young, "Regime Dynamics: The Rise and Fall of International Regimes," *International Organization*, Vol. 36, No. 2, Spring 1982, pp. 291 - 295.

77. Peter Rutland, "Still out in the cold? Russia's place in a globalizing world," *Communist and Post-Communist Studies*, Volume 45, Issues 3 - 4, 2012, pp. 343 - 354.

78. Randall L. Schweller, "Bandwagoning for Profits: Bringing the Revisionist State back in," *International Security*, Vol. 19, No. 1, 1994, pp. 72 - 107.

79. Randolph Siverson and Harvey Starr, "Regime Change and the Restructuring of Alliances," *American Journal of Political Science*, Vol. 38, No. 1, February 1994, pp. 145 - 161.

80. Richard E. Ericson and Lester A. Zeager, "Ukraine Crisis 2014: A

Study of Russian-Western Strategic Interaction," *Peace Economics, Peace Science and Public Policy*, Vol. 21, No. 2, 2015, pp. 153 - 190.

81. Richard Pipes, "Is Russia Still an Enemy?" *Foreign Affairs*, Vol. 76, No. 5, September/October 1997, pp. 65 - 78.

82. Robert A. Pape, "Soft Balancing against the United States," *International Security*, Vol. 30, No. 1, Summer 2005, pp. 7 - 45.

83. Robert H. Legvold, "U. S. Policy Toward Russia," *Bulletin of the American Academy of Arts and Sciences*, Vol. 63, No. 2, 2010, p. 43.

84. Robert Jervis, "Cooperation under the Security Dilemma," *World Politics*, Vol. 32, No. 2, 1978, pp. 167 - 214.

85. Robert Legvold, "Managing the New Cold War: What Moscow and Washington Can Learn from the Last One," *Foreign Affairs*, Vol. 93 No. 4, July/August 2014, pp. 74 - 84.

86. Roland Paris, "Global Governance and Power Politics: Back to Basics," *Ethics & International Affairs*, Vol. 29, No. 4, 2015, pp. 407 - 418.

87. Ryan Kennedy, "The Limits of Soft Balancing: The Frozen Conflict in Transnistria and the Challenge to EU and NATO Strategy," *Small Wars & Insurgencies*, Vol. 27, No. 3, 2016, pp. 512 - 537.

88. Sergey Lavrov, "State of the Union Russia-EU: Prospects for Partnership in the Changing World," *Journal of Common Market Studies*, Vol. 51, Issue S1, 2013, pp. 6 - 12.

89. Sonja Kaufmann and Mathis Lohaus, "Ever closer or lost at sea? Scenarios for the future of transatlantic relations," *Futures*, Volume 97, March 2018, pp. 18 - 25.

90. Stanley Hoffmann, "Towards a Common European Foreign and Security Policy?" *Journal of Common Market Studies*, Vol. 38, No. 2, 2000, pp. 189 - 198.

91. Stefan Auer, "Carl Schmitt in the Kremlin: the Ukraine crisis and the return of geopolitics," *International Affairs*, Vol. 91, No. 5, 2015, pp. 953 - 968.

92. Stephen F. Szabo, "Germany's Commercial Realism and the Russia Problem," *Survival*, Vol. 56, No. 5, 2014, pp. 117 - 128.

93. Stephen G. Brooks and William C. Wohlforth, "Hard Times for Soft Balancing," *International Security*, Vol. 30, No. 1, Summer 2005, pp. 72 - 108.

94. Stephen M. Walt, "Alliances in a Unipolar World," *World Politics*, Vol. 61, No. 1, January 2009, pp. 86 - 120.

95. Stephen M. Walt, "Why Alliances Endure or Collapse," *Survival*, Vol. 39, No. 1, Spring 1997, pp. 156 - 179.

96. Taras Kuzio, "Neither East nor West: Ukraine's security policy under Kuchma," *Problems of Post-Communism*, Vol. 52, No. 5, 2005, pp. 59 - 68.

97. Thomas Gehring, Kevin Urbanski and Sebastian Oberthür, "The European Union as an Inadvertent Great Power: EU Actorness and the Ukraine Crisis," *Journal of Common Market Studies*, Vol. 55, No. 4, 2017, pp. 727 - 743.

98. Thomas Gomart, "France's Russia Policy: Balancing Interest and Values," *The Washington Quarterly*, Vol. 30, No. 2, 2007, pp. 147 - 155.

99. Thomas G. Weiss, "The United Nations and Sovereignty in the Age of Trump," *Current History*, Vol. 117, Issue 795, January

2018, pp. 10 - 15.

100. Timofei Bordachev, "Russia and the European Union: Lessons Learned and Goals Ahead," *Strategic Analysis*, Vol. 40, No. 6, 2016, pp. 561 - 572.

101. Tom Sauer, "The Origins of the Ukraine Crisis and the Need for Collective Security between Russia and the West," *Global Policy*, Vol. 8, Issue 1, February 2017, pp. 82 - 91.

102. Tracey German, "NATO and the Enlargement Debate: Enhancing Euro-Atlantic Security or Inciting Confrontation?" *International Affairs*, Vol. 93, Issue 2, 2017, pp. 291 - 308.

103. Tuomas Forsberg, "From Ostpolitik to 'frostpolitik'? Merkel, Putin and German foreign policy towards Russia," *International Affairs*, Vol. 92, No. 1, 2016, pp. 21 - 42.

104. T. V. Paul, "Soft Balancing in the Age of U. S. Primacy," *International Security*, Vol. 30, No. 1, Summer 2005, pp. 46 - 71.

105. Waltz Kenneth, "Structural Realism after the Cold War," *International Security*, Vol. 25, No. 1, 2000, pp. 5 - 41.

106. Zbigniew Brzezinski, "Balancing the East, Upgrading the West: U. S. Grand Strategy in an Age of Upheaval," *Foreign Affairs*, Vol. 91, No. 1, January/February 2012, pp. 97 - 104.

(三) 官方文献

1. Angela Merkel, "Speech by Federal Chancellor Dr. Angela Merkel on 16 February 2019 at the 55th Munich Security Conference," Feb 16, 2019, available at https://www. bundeskanzlerin. de/bkin-en/ news/speech-by-federal-chancellor-dr-angela-merkel-on-16-february-

2019-at-the-55th-munich-security-conference-1582318.

2. Barack Obama, *National Security Strategy*, The White House, February 6, 2015.

3. Barack Obama, *National Security Strategy*, The White House, May 27, 2010.

4. Bill Clinton, *A National Security Strategy for a Global Age*, The White House, December 1, 2000.

5. Bill Clinton, *A National Security Strategy for a New Century*, The White House, December 1, 1999.

6. Council of the European Union, *A Secure Europe in a Better World: European Security Strategy*, Brussels, December 12, 2003.

7. Council of the European Union, *European Security Strategy: A Secure Europe in a Better World*, Belgium, 2009.

8. Donald Trump, *National Security Strategy of the United States of America*, The White House, December 18, 2017.

9. European Council, *Report on the Implementation of the European Security Strategy – Providing Security in a Changing World*, December 11, 2008.

10. European Council, *Shared Vision, Common Action: A Stronger Europe – A Global Strategy for the European Union's Foreign and Security Policy*, June 2016.

11. George H. W. Bush, "Toward a New World Order," address to a joint session of Congress, September 11, 1990.

12. George W. Bush, *The National Security Strategy of the United States*, The White House, March 16, 2006.

13. George W. Bush, *The National Security Strategy of the United States*, The White House, September 17, 2002.

14. Mikhail Gorbachev, "Europe as a Common Home," address to the Council of Europe, Strasbourg, 6 July 1989.
15. NATO, "Bucharest Summit Declaration Issued by the Heads of State and Government participating in the meeting of the North Atlantic Council in Bucharest on 3 April 2008," 3 April 2008, http://www.nato.int/cps/en/natolive/official_texts_8443.htm.
16. United States Department of Defense, *Summary of the 2018 National Defense Strategy of The United States of America*, 2018.
17. Vladimir Vladimirovich Putin, *On the Russian Federation's National Security Strategy*, The Kremlin, December 31, 2015.
18. Vladimir Vladimirovich Putin, "Remarks by Russian President Vladimir Putin at NATO Bucharest summit press conference," April 4, 2008, available at http://en.kremlin.ru/events/president/transcripts/24903.
19. Vladimir Vladimirovich Putin, "Russia and the Changing World," February 27, 2012.

（四）研究报告

1. Dakota L. Wood, ed., *The 2019 Index of U.S. Military Strength*, The Heritage Foundation, 2019.
2. Daniel S. Hamilton and Teija Tiilikainen, eds., *Domestic Determinants of Foreign Policy in the European Union and the United States*, Washington, D.C.: Center for Transatlantic Relations and Finnish Institute of International Affairs, 2018.
3. David A. Shlapak and Michael W. Johnson, *Reinforcing Deterrence on NATO's Eastern Flank*, RAND Corporation, 2016.

4. Deidre Berger, James D. Bindenagel and Ralf Fücks, et al., *In Spite of It All*, *America*, The German Marshall Fund of the United States, 2017.

5. Dmitri Trenin, *The Ukraine Crisis and The Resumption of Great-power Rivalry*, Carnegie Moscow Center, July 2014.

6. Eugene Rumer and Richard Sokolsky, *Thirty Years of U.S. Policy Toward Russia: Can the Vicious Circle Be Broken?* Carnegie Endowment for International Peace, 2019.

7. Federiga Bindi, ed., *EU Foreign Policy: Assessing the EU's Role in the World*, Washington D.C.: The Brookings Institution, 2010.

8. F. Stephen Larrabee, Stephanie Pezard and Andrew Radin, et al., *Russia and the West after the Ukraine Crisis: European Vulnerabilities to Russian Pressures*, RAND Corporation, 2017.

9. Global Agenda Councils, *Outlook on the Global Agenda* 2015, World Economic Forum, 2014.

10. Hans Kundnani and Jana Puglierin, *Atlanticist and "Post-Atlanticist" Wishful Thinking*, The German Marshall Fund of the United States, 2018.

11. Ian Bond, *Has the Last Trump Sounded for the Transatlantic Partnership?* Center for European Reform, May 2018.

12. James Sherr, *Russia and the West: A Reassessment*, Shrivenham Paper Number 6, January 2008.

13. Janusz Bugajski, *Georgian Lessons: Conflicting Russia and Western Interests in the Wider Europe*, Center for Strategic & International Studies, November 2010.

14. Jeremy Shapiro and Dina Pardijs, *The Transatlantic Meaning of Donald Trump: A US-EU Power Audit*, European Council on

Foreign Relations, September 2017.

15. John Edwards and Jack Kemp, *Russia's Wrong Direction: What the United States Can and Should Do*, New York: Council on Foreign Relations Report, March 2006.

16. Julianne Smith, *The NATO-Russia Relationship: Defining Moment or Déjà Vu?* Center for Strategic and International Studies, November 2008.

17. Kadri Liik, *Winning the Normative War with Russia: an EU-Russia Power Audit*, European Council on Foreign Relations, May 2018.

18. Károly Grúber and Tamás Vaszari, *The Development and Direction of Russo-German Political and Economic Relations after* 1990, Institute for Foreign Affairs and Trade, 2016.

19. Laure Delcour and Hrant Kostanyan, *Towards a Fragmented Neighbourhood: Policies of the EU and Russia and Their Consequences for the Area that Lies in Between*, Centre for European Policy Studies, October 17, 2014.

20. Lilia Shevtsova and Andrew Wood, *Change or Decay: Russia's Dilemma and the West's Response*, Carnegie Endowment for International Peace, 2011.

21. Manfred Huterer, *The Russia Factor in Transatlantic Relations and New Opportunities for U. S.-EU-Russia Cooperation*, Foreign Policy at Brookings, May 2010.

22. Margriet Drent, *European strategic autonomy: Going it alone?* Clingendael Policy Brief, August 2018.

23. Mark Leonard and Nicu Popescu, *A Power Audit of EU Russia Relations*, London: European Council on Foreign Relations, 2007.

24. Mark Leonard, ed., *Connectivity Wars*, European Council on Foreign Relations, 2016.
25. Nathalie Tocci and Riccardo Alcaro, *Three Scenarios for the Future of the Transatlantic Relationship*, Transworld, Working Paper 04, September 2012.
26. Nicu Popescu and Andrew Wilson, *The Limits of Enlargement-lite: European and Russian Power in the Troubled Neighbourhood*, European Council on Foreign Relations, 2009.
27. Olga Potemkina, ed., *The EU-Russia: the way out or the way down?* Institute of Europe, Russian Academy of Sciences, Egmont – The Royal Institute for International Relations, 2018.
28. Patricia Lewis and Jacob Parakilas, et al., *The Future of the United States and Europe: An Irreplaceable Partnership*, Chatham House Report, The Royal Institute of International Affairs, 2018.
29. Peter Van Ham, *The EU, Russia and the Quest for a New European Security Bargain*, Clingendael Report, November 2015.
30. Rachid El Houdaigui, *The NATO Summit in Warsaw: the chiaroscuro of the return to containment*, OCP Policy Center, Rabat, October 2016.
31. Reinhard Krumm, *Europe's Security Governance and Transatlantic Relations: The West, Russia and Europe's Security Order*, Friedrich-Ebert-Stiftung, November 2016.
32. Riccardo Alcaro, ed., *West-Russia Relations in Light of the Ukraine Crisis*, Edizioni Nuova Cultura, 2015.
33. Roger E. Kanet, *Russia and the European Union: The U.S. Impact on the Relationship*, Jean Monnet/Robert Schuman Paper

Series, Vol. 9 No. 2, January 2009.

34. Sascha Lohmann and Kirsten Westphal, *US-Russia Policy Hits European Energy Supply*, Stiftung Wissenschaft und Politik, February 2019.

35. The OCP Policy Center, *Atlantic Currents: Overcoming the Choke Points*, 5th Edition of the Annual Report on Wider Atlantic Perspectives and Patterns, December 2018.

36. Xenia Wickett, *Transatlantic Relations: Converging or Diverging?* Chatham House Report, The Royal Institute of International Affairs, 2018.

(五) 网络文献

1. Agelos Delis, "How US Tariffs will Affect Different Parts of the EU," June 7, 2018, http://theconversation.com/how-us-tariffs-will-affect-different-parts-of-the-eu-97651, 登录时间：2019年2月2日。

2. Alexander Tziamalis, "Explainer: What is Protectionism and could it Benefit the US Economy?" March 1, 2017, https://theconversation.com/explainer-what-is-protectionism-and-could-it-benefit-the-us-economy-73706, 登录时间：2019年3月5日。

3. Alexander Vershbow, "Remarks by NATO Deputy Secretary General Ambassador Alexander Vershbow," April 3, 2014, http://www.nato.int/cps/en/natolive/opinions_108850.htm?selectedLocale=en, 登录时间：2017年5月19日。

4. Andrew Monaghan, "The Ukraine Crisis and NATO-Russia Relations," 2014, http://www.nato.int/docu/review/2014/Russia-Ukraine-Nato-crisis/Ukraine-crisis-NATO-Russia-relations/EN/index.htm, 登录时间：2017年10月4日。

5. Arabella Lang,"Conditions for Using Force in Humanitarian Intervention," International Affairs and Defence Section,August 29,2013,SN06716,http://researchbriefings.parliament.uk/ResearchBriefing/Summary/SN06716#fullreport,登录时间:2017年12月8日。

6. Askold Krushelnycky,"The end of Ukraine's balancing act," *Foreign Policy*,February 6,2013,https://foreignpolicy.com/2013/02/06/the-end-of-ukraines-balancing-act/,登录时间:2018年3月2日。

7. Beatrix Immenkamp,"The End of the INF Treaty? A Pillar of European Security Architecture at Risk," February 4,2019,http://www.europarl.europa.eu/RegData/etudes/BRIE/2019/633175/EPRS_BRI(2019)633175_EN.pdf,登录时间:2020年1月16日。

8. Branko Marcetic,"The Mysteriously Vanished NATO Critique," July 16,2018,https://www.jacobinmag.com/2018/07/nato-donald-trump-putin-cold-war,登录时间:2019年1月2日。

9. Daniel Fried,"The Current Situation in Georgia and Implications for U.S. Policy," September 9,2008,https://2001-2009.state.gov/p/eur/rls/rm/109345.htm,登录时间:2018年1月5日。

10. Donald J. Trump,"The World Trade Organization finds that the European Union subsidies to Airbus has adversely impacted the United States, which will now put Tariffs on \$11 Billion of EU products! The EU has taken advantage of the U.S. on trade for many years. It will soon stop!" Twitter,April 9,2019,https://twitter.com/realDonaldTrump/status/1115578769518018560?ref_src=twsrc％5Etfw％7Ctwcamp％5Etweetembed％7Ctwterm％5E1115578769518018560&ref_url=https％3A％2F％2Fwww.

rt. com%2Fbusiness%2F455973-tariffs-eu-products-trump%2F，登录时间：2019年4月28日。

11. Donald J. Trump, "We have a MASSIVE Trade Deficit with Germany, plus they Pay FAR LESS than They should on NATO & Military. Very bad for U. S. This will Change," Twitter, May 30, 2017, https://twitter.com/realDonaldTrump/status/869503804307275776,登录时间：2019年6月7日。

12. Elizabeth Rosenberg, "U. S. Policy Toward Russia and a Deepening Transatlantic Divide," January 22, 2019, https://www.cnas.org/publications/commentary/u-s-policy-toward-russia-and-a-deepening-transatlantic-divide,登录时间：2019年2月24日。

13. Erik Brattberg and Nathaniel Rome, "The Limitations of the U. S. Approach to Brexit," November 28, 2018, https://carnegieendowment.org/2018/11/28/limitations-of-u.s.-approach-to-brexit-pub-77820,登录时间：2019年3月7日。

14. Erik Brattberg, "What's in Store for Trump and Europe in 2019?" January 8, 2019, https://carnegieendowment.org/2019/01/08/what-s-in-store-for-trump-and-europe-in-2019-pub-78082,登录时间：2019年6月12日。

15. European Commission, "European Commission Reacts to the US Restrictions on Steel and Aluminium Affecting the EU," press release, 31 May 2018, http://europa.eu/rapid/press-release_IP-18-4006_en.htm,登录时间：2018年9月2日。

16. Fareed Zakaria, "FDR Started the Long Peace. Under Trump, It May Be Coming to an End," *Washington Post*, January 26, 2017, https://www.washingtonpost.com/opinions/global-opinions/fdr-started-the-long-peace-under-trump-it-may-be-coming-to-an-end/

2017/01/26/2f0835e2-e402-11e6-ba11-63c4b4fb5a63_story.html?utm_term=.a3b8e163ae02,登录时间:2018年7月26日。

17. "France, Germany extend hand to Russia at seaside summit," *France 24 International News*, October 18, 2010, https://www.france24.com/en/20101018-france-germany-extend-hand-russia-seaside-summit-deauville,登录时间:2018年5月4日。

18. Fyodor Lukyanov, "Dawn Breaks on New Era in EU-Russia Relations," July 8, 2019, https://carnegie.ru/commentary/79452,登录时间:2020年2月20日。

19. Gregory Korte, "Trump blasts US ally Germany as 'captive to Russia' in tense opening of NATO summit," USA TODAY, July 11, 2018, https://www.usatoday.com/story/news/politics/2018/07/11/trump-nato-germany-totally-controlled-and-captive-russia-defense-spending/774308002/,登录时间:2018年10月27日。

20. Holly Ellyatt, "Europe is fast-becoming a natural gas battleground for Russia and the US," January 8, 2019, https://www.cnbc.com/2019/01/08/russia-and-the-us-battling-over-europes-gas-market.html,登录时间:2019年10月11日。

21. Ilan Goldenberg and Julie Smith, "U.S.-Russia Competition in the Middle East Is Back," March 7, 2017, https://foreignpolicy.com/2017/03/07/u-s-russia-competition-in-the-middle-east-is-bacb/,登录时间:2018年12月23日。

22. Interview by Maral Tavitian, Benyamin Poghosyan, Interviewee, "Armenia's Tricky EU-Russia Balancing Act," April 5, 2018, https://www.cfr.org/interview/armenias-tricky-eu-russia-balancing-act,登录时间:2019年4月9日。

23. Ivo Daalder, "The Best Answer to Russian Aggression is

Containment," *Financial Times*, October 16, 2016, https://www. ft. com/content/258cffe0-9171-11e6-8df8-d3778b55a923,登录时间:2018年8月30日。

24. Jeremy Shapiro and Philip H. Gordon, "How Trump Killed the Atlantic Alliance," March 5, 2019, https://www. ecfr. eu/article/commentary_how_trump_killed_the_atlantic_alliance,登录时间:2019年7月7日。

25. Jeremy Shapiro, "Trump is a Mere Symptom of the Rot in the Transatlantic Community," September 25, 2017, https://warontherocks. com/2017/09/trump-is-a-mere-symptom-of-the-rot-in-the-transatlantic-community/,登录时间:2018年4月5日。

26. John Bew, "The new age of great power politics," 12 February 2018, https://www. newstatesman. com/politics/uk/2018/02/new-age-great-power-politics,登录时间:2018年10月10日。

27. John Hughes, "The United States and Europe May Return to Common Sanctions Policies on Russia," January 22, 2019, https://www. cnas. org/publications/commentary/the-united-states-and-europe-may-return-to-common-sanctions-policies-on-russia,登录时间:2019年9月20日。

28. Jörg Lau and Bernd Ulrich, "Something New in the West," October 25, 2017, https://www. zeit. de/politik/2017-10/foreign-policy-germany-atlanticism-relationships-values,登录时间:2018年9月16日。

29. Kingston Reif, "The European Phased Adaptive Approach at a Glance," Arms Control Association, January 2019, https://www. armscontrol. org/factsheets/phasedadaptiveapproach,登录时间:2019年8月6日。

30. Licínia Simão,"The new European bipolarity," *Open Democracy*, March 14, 2014, https://www.opendemocracy.net/can-europe-make-it/licinia-simao/new-european-bipolarity, 登录时间:2017年6月21日。

31. Manuel Ochsenreiter, "Russian analyst on NATO aggression: Neither Europe nor Russia benefit," *Free West Media*, March 15, 2017, http://freewestmedia.com/2017/03/15/russian-analyst-about-nato-aggression-neither-europe-nor-russia-benefit/, 登录时间:2017年4月3日。

32. Martin Walker, "The Clinton Doctrine," *The New Yorker*, October 7, 1996, p. 6, https://www.newyorker.com/magazine/1996/10/07/the-clinton-doctrine, 登录时间:2017年3月29日。

33. Michael Gorodiloff, "Just how effective are sanctions as a tool of foreign policy?" *Russia Direct*, August 12, 2015, http://www.russia-direct.org/opinion/just-how-effective-are-sanctions-tool-foreignpolicy, 登录时间:2018年4月20日。

34. Michael Gove and Kai Diekmann, "Full Transcript of Interview with Donald Trump," *The Times*, January 16, 2017, https://www.thetimes.co.uk/article/full-transcript-of-interview-with-donald-trump-5d39sr09d, 登录时间:2017年11月3日。

35. Michael Kofman, "The August War, Ten Years On: a Retrospective on the Russo-Georgian War," August 17, 2018, https://warontherocks.com/2018/08/the-august-war-ten-years-on-a-retrospective-on-the-russo-georgian-war/, 登录时间:2019年6月4日。

36. Nayef Al-Rodhan, "Strategic Culture and Pragmatic National Interest," 22 July 2015, https://www.globalpolicyjournal.com/blog/22/07/2015/strategic-culture-and-pragmatic-national-interest,

登录时间：2017 年 12 月 6 日。

37. Peter Mandelson,"The EU and Russia: Our Joint Political Challenge," Speech, Bologna, Italy, 20 April 2007, http://europa.eu/rapid/press-release_SPEECH-07-242_en.pdf,登录时间：2017 年 11 月 16 日。

38. Press and Information Team of the Delegation to Russia,"The European Union and the Russian Federation," European External Access Service, November 21, 2017, https://eeas.europa.eu/headquarters/headquarters-homepage/35939/european-union-and-russian-federation_en,登录时间：2019 年 5 月 12 日。

39. Rachel Epstein,"Why NATO Enlargement Was a Good Idea," September 13, 2016, https://politicalviolenceataglance.org/2016/09/13/why-nato-enlargement-was-a-good-idea/,登录时间：2017 年 11 月 23 日。

40. Rachel Rizzo,"Europe and the United States: A Diverging Approach Toward Russia?" January 22, 2019, https://www.cnas.org/publications/commentary/europe-and-the-united-states-a-diverging-approach-toward-russia,登录时间：2019 年 8 月 8 日。

41. Robert D. Crane,"Psychostrategic Warfare and a New U.S.-Russian Cold War," *The American Muslim*, February 12, 2015, http://theamericanmuslim.org/tam.php/features/articles/psychostrategic-warfare-and-a-new-u.s.-russian-cold-war,登录时间：2017 年 11 月 6 日。

42. Sarah Pruitt,"How a Five-Day War with Georgia Allowed Russia to Reassert its Military Might," September 4, 2018, https://www.history.com/news/russia-georgia-war-military-nato,登录时间：2019 年 1 月 26 日。

43. Simon Shuster, "NATO Too Wary of Russian Threats to Let Ukraine Join," *Time*, September 4, 2014, http://time.com/3271057/nato-ukraine-membership/,登录时间:2017年6月14日。

44. Stephen F. Cohen, "If America 'Won the Cold War', Why Is There Now a 'Second Cold War with Russia'?" *The Nation*, February 14, 2018, https://www.thenation.com/article/if-america-won-the-cold-war-why-is-there-now-a-second-cold-war-with-russia/,登录时间:2018年7月14日。

45. Stephen M. Walt, "NATO Owes Putin a Big Thank-You," September 4, 2014, http://www.foreignpolicy.com/articles/2014/09/04/nato_owes_putin_a_big_thank_you_russia_ukraine,登录时间:2019年1月2日。

46. Stephen Zunes, "U.S. Role in Georgia Crisis," August 14, 2008, https://fpif.org/us_role_in_georgia_crisis/,登录时间:2018年2月17日。

47. Steven Erlanger, "The World: Learning to Fear Putin's Gaze," New York Times, February 25, 2001, https://www.nytimes.com/2001/02/25/weekinreview/the-world-learning-to-fear-putin-s-gaze.html,登录时间:2017年7月14日。

48. The Rt Hon Christopher Patten, "Declaration on Chechnya," Speech/99/166, European Parliament, Strasbourg, 17 November 1999, http://europa.eu/rapid/press-release_SPEECH-99-166_en.htm,登录时间:2017年7月27日。

49. T. V. Paul, "How 'Soft Balancing' Can Restrain Trump's America," August 9, 2018, http://policyoptions.irpp.org/magazines/august-2018/how-soft-balancing-can-restrain-trumps-america/,登录时间:2018年10月21日。

50. Von Naz Durakoglu,"Don't Let Late-night Tweets Distract You," 16 February 2019, https://www.faz.net/aktuell/politik/sicherheitskonferenz/trump-and-nato-don-t-let-late-night-tweets-distract-you-16037832.html,登录时间:2019年8月17日。

51. Will Hutton,"Time to stop being America's lap-dog," Guardian, February 17, 2002, https://www.theguardian.com/world/2002/feb/17/eu.foreignpolicy,登录时间:2018年2月4日。

52. Петр Акопов, Европа обречена на союз с Китаем против США, ВЗГЛЯД, 27 марта 2019, https://vz.ru/politics/2019/3/27/970174.html.(彼得·阿科波夫,《欧洲注定要与中国结盟反对美国》,《观点报》2019年3月27日,登录时间:2019年5月5日。)

二、中文文献

(一) 著作

1. 安琪拉·斯登特:《有限伙伴:21世纪美俄关系新常态》,欧阳瑾、宋和坤译,北京:石油工业出版社,2016年。

2. 巴里·波森:《克制:美国大战略的新基础》,曲丹译,北京:社会科学文献出版社,2016年。

3. 查尔斯·库普乾:《美国时代的终结:美国外交政策与21世纪的地缘政治》,潘忠岐译,上海:上海人民出版社,2004年。

4. 德米特里·特列宁:《帝国之后:21世纪俄罗斯的国家发展与转型》,韩凝译,北京:新华出版社,2015年。

5. 恩斯特-奥托·岑皮尔:《变革中的世界政治:东西方冲突结束后的国际体系》,上海:华东师范大学出版社,2000年。

6. 古斯塔夫·盖拉茨、陈志敏:《欧洲联盟对外政策一体化:不可能的使命?》,北京:时事出版社,2003年。

7. 汉斯·摩根索:《国家间政治:权力斗争与和平》(第七版),徐昕、郝望、李保平译,北京:北京大学出版社,2006年。

8. 亨利·基辛格:《大外交》(修订版),顾淑馨、林添贵译,海口:海南出版社,2012年。

9. 肯尼思·华尔兹:《国际政治理论》,信强译,上海:上海人民出版社,2017年。

10. 库钦斯主编:《俄罗斯在崛起吗?》,沈建译,北京:新华出版社,2004年。

11. 罗伯特·D.卡普兰:《即将到来的地缘战争》,涵朴译,广州:广东人民出版社,2013年。

12. 罗伯特·基欧汉:《霸权之后:世界政治经济中的合作与纷争》,苏长和、信强、何曜译,上海:上海人民出版社,2006年。

13. 罗伯特·卡根:《天堂与权力:世界新秩序中的美国与欧洲》,刘坤译,北京:社会科学文献出版社,2013年。

14. 乔治·弗里德曼:《欧洲新燃点:一触即发的地缘战争与危机》,王祖宁译,广州:广东人民出版社,2016年。

15. 斯蒂芬·范·埃弗拉:《战争的原因:权力与冲突的根源》,何曜译,上海:上海人民出版社,2014年。

16. 斯蒂芬·柯克莱勒、汤姆·德尔鲁:《欧盟外交政策:第2版》,刘宏松等译,上海:上海人民出版社,2017年。

17. 斯蒂芬·沃尔特:《联盟的起源》,周丕启译,上海:上海人民出版社,2018年。

18. 沃尔特·拉费伯尔:《美国、俄国和冷战:1945—2006》,牛可、翟韬、张静译,北京:世界图书出版公司,2011年。

19. 夏尔·戴高乐:《希望回忆录》,本书翻译组译,北京:中国人民大学出版社,2005年。

20. 亚历山大·温特:《国际政治的社会理论》,秦亚青译,上海:上海人民出版社,2008年。
21. 叶·普里马科夫:《没有俄罗斯世界会怎样?》,李成滋译,北京:中央编译出版社,2016年。
22. 约翰·米尔斯海默:《大国政治的悲剧》,王义桅、唐小松译,上海:上海人民出版社,2015年。
23. 詹姆斯·M.戈德盖尔、迈克尔·麦克福尔:《权力与意图:后冷战时期美国对俄罗斯政策》,徐洪峰译,北京:社会科学文献出版社,2017年。
24. 詹姆斯·多尔蒂、小罗伯特·普法尔茨格拉夫:《争论中的国际关系理论(第五版)》,阎学通、陈寒溪等译,北京:世界知识出版社,2003年。
25. 兹比格纽·布热津斯基:《大棋局:美国的首要地位及其地缘战略》,中国国际问题研究所译,上海:上海人民出版社,2015年。
26. 毕洪业:《俄罗斯与欧洲关系研究》,北京:中央编译出版社,2009年。
27. 陈新明:《合作与冲突:2000年以来俄罗斯与欧盟关系》,北京:中国社会科学出版社,2018年。
28. 樊勇明:《西方国际政治经济学》(第三版),上海:上海人民出版社,2017年。
29. 冯康波、王勇编选:《谁主沉浮:2005世界政治经济年报》,兰州:兰州大学出版社,2005年。
30. 冯绍雷主编:《构建中的俄美欧关系——兼及新帝国研究》,上海:华东师范大学出版社,2010年。
31. 高华:《透视新北约:从军事联盟走向安全——政治联盟》,北京:世界知识出版社,2012年。
32. 洪邮生等:《二战后欧美关系的演进及其动力研究》,南京:南京大学出版社,2020年。

33. 洪邮生等：《让渡还是坚守：一体化语境中的欧洲人主权观研究》，南京：南京大学出版社，2015年。

34. 黄凤志主编：《当代国际关系》，长春：吉林大学出版社，2002年。

35. 孔刚：《欧盟共同安全与防务政策（1999—2009）》，北京：军事谊文出版社，2010年。

36. 李骏阳：《德国的统一：1989—1990》，上海：上海大学出版社，2013年。

37. 李兴等：《亚欧中心地带：俄美欧博弈与中国战略研究》，北京：北京师范大学出版社，2013年。

38. 李兴、刘军等：《俄美博弈的国内政治分析》，北京：时事出版社，2011年。

39. 李兴：《转型时代俄罗斯与美欧关系研究》，北京：北京师范大学出版社，2007年。

40. 林燕：《欧洲一体化与欧盟内外政策》，北京：中国社会出版社，2003年。

41. 刘军、毕洪业等：《俄欧关系与中国欧亚战略》，北京：时事出版社，2015年。

42. 刘军、李海东：《北约东扩与俄罗斯的战略选择》，上海：华东师范大学出版社，2010年。

43. 罗英杰：《利益与矛盾：冷战后俄罗斯与欧盟关系研究》，北京：世界知识出版社，2009年。

44. 罗志刚：《俄罗斯—欧盟关系研究》，北京：中国社会科学出版社，2009年。

45. 梅孜编著：《美俄关系大事实录：1991—2001年》，北京：时事出版社，2002年。

46. 秦亚青：《霸权体系与国际冲突：美国在国际武装冲突中的支持行为（1945—1988）》，上海：上海人民出版社，2008年。

47. 宋才发:《社会主义经济建设历史经验研究》,武汉:华中师范大学出版社,1997年。

48. 唐晋主编:《大国外交》,北京:华文出版社,2009年。

49. 吴宏伟主编:《俄美新较量:俄罗斯与格鲁吉亚的冲突》,长春:长春出版社,2009年。

50. 吴征宇:《霸权的逻辑:地理政治与战后美国大战略》,北京:中国人民大学出版社,2010年。

51. 许海云:《北约简史》,北京:中国人民大学出版社,2005年。

52. 易文彬:《欧盟东扩的安全因素分析》,北京:社会科学文献出版社,2013年。

53. 俞正梁等:《大国战略研究:未来世界的美、俄、日、欧(盟)和中国》,北京:中央编译出版社,1998年。

54. 张启良:《海军外交论》,北京:军事科学出版社,2013年。

55. 赵怀普:《当代美欧关系史》,北京:世界知识出版社,2011年。

56. 赵景芳:《美国战略文化研究》,北京:时事出版社,2009年。

57. 赵鸣文:《普京大外交:面向21世纪的俄罗斯对外战略:1999—2017》,北京:人民出版社、研究出版社,2018年。

58. 钟振明:《超越现实主义? 冷战后的北约及美欧联盟关系》,上海:上海社会科学院出版社,2014年。

59. 周丕启:《合法性与大战略:北约体系内美国的霸权护持》,北京:北京大学出版社,2005年。

(二) 报刊文章、学位论文

1. A. 克里科维奇,Y. 韦伯:《美国行为的根源——以美国对俄政策为例》,《俄罗斯研究》2016年第2期。

2. 弗兰科·阿尔吉利:《对欧盟共同外交与安全政策的要求》,《世界经济与政治》2004年第8期。

3. 毕洪业:《欧盟东扩与俄罗斯的选择》,博士学位论文,华东师范大学,2005 年。

4. 毕洪业:《新普京时代的俄欧关系走势分析》,《东北亚论坛》2013 年第 3 期。

5. 曹晓云:《欧俄关系筑底有方,但反弹无力》,《世界知识》2019 年第 13 期。

6. 曹阳:《普京时期俄罗斯与欧洲关系研究》,博士学位论文,吉林大学,2007 年。

7. 陈博:《美俄角力欧洲天然气市场》,《经济日报》2018 年 5 月 24 日,第 010 版。

8. 陈水胜:《非传统安全视角下的欧盟发展困境探析》,《国际研究参考》2017 年第 1 期。

9. 陈新明:《俄欧关系的走向分析》,《俄罗斯中亚东欧研究》2012 年第 6 期。

10. 陈新明:《论影响俄欧关系的三大要素》,《国际论坛》2008 年第 6 期。

11. 成键:《俄欧关系——以能源合作为向度》,《俄罗斯研究》2007 年第 5 期。

12. 初智勇:《俄罗斯对外结盟的目标形成及影响因素:基于权力结构、地缘关系、意识形态视角的分析》,《俄罗斯研究》2015 年第 3 期。

13. 崔宏伟:《试析新形势下欧美关系的发展前景》,《国际关系研究》2017 年第 2 期。

14. 丁原洪:《前途多舛的跨大西洋关系》,《北京日报》2017 年 3 月 29 日,第 10 版。

15. 董露、陈兢:《以盾为剑——评美国在东欧部署反导系统》,《现代军事》2008 年第 3 期。

16. 董一凡、孙成昊:《欧洲防务自主的"北约困境"》,《环球时报》2019 年 2 月 22 日,第 14 版。

17. 樊吉社：《从亚太到"印太"：美国地区安全战略的变迁与回归》，《国际安全研究》2022年第5期。

18. 范军：《俄欧关系：一个共同的欧洲家园?》，《华东师范大学学报》(哲学社会科学版)2004年第1期。

19. 范军：《欧洲的边界在哪里——欧盟东扩与俄欧关系》，《俄罗斯研究》2004年第2期。

20. 冯绍雷：《俄欧关系的两重性及其当代路径》，《当代世界》2018年第6期。

21. 冯玉军、尚月：《美俄关系新发展与中国的政策选择》，《中国国际问题研究》(英文版)2018年第5期。

22. 冯仲平：《当前欧美矛盾及其影响》，《当代世界》2015年第7期。

23. 冯仲平：《欧洲安全观与欧美关系》，《欧洲研究》2003年第5期。

24. 高飞、张建：《乌克兰危机背景下的大国博弈及其对国际安全格局的影响》，《和平与发展》2014年第6期。

25. 高华：《俄欧关系的现状与前景》，《和平与发展》2008年第2期。

26. 顾伟、刘曙光：《试析美国战略文化的两面性》，《美国问题研究》2016年第1期。

27. 韩克敌：《美国学界政界对乌克兰危机的反应与思考》，《美国研究》2014年第4期。

28. 韩璐：《俄欧关系：困境与前景》，《国际问题研究》2008年第3期。

29. 洪邮生：《欧盟与美国对华战略比较——兼论中欧美三边互动》，《现代国际关系》2005年第8期。

30. 黄登学：《俄罗斯与北约关系：问题与前景》，《现代国际关系》2010年第9期。

31. 季志业：《俄格冲突对国际关系的影响探析》，《现代国际关系》2008年第9期。

32. 焦阳、曹阳：《政治文化视阈下的俄罗斯与欧洲关系》，《东北亚论坛》

2009 年第 6 期。

33. 金玲:《跨大西洋关系:走向松散联盟?》,《社会科学文摘》2018 年第 10 期。

34. 金玲:《欧盟周边政策新调整:利益优先取代价值导向》,《当代世界》2016 年第 6 期。

35. 李文红、窦明月:《试析特朗普上台以来的德美争议》,《现代国际关系》2018 年第 2 期。

36. 李永全:《乌克兰危机折射出的大博弈》,《俄罗斯学刊》2014 年第 3 期。

37. 梁强:《从"近邻政策"到"向东看":乌克兰危机与普京的战略决策》,《外交评论》(外交学院学报)2015 年第 6 期。

38. 梁强:《美国在乌克兰危机中的战略目标——基于美乌关系的分析(1992—2014)》,《俄罗斯东欧中亚研究》2015 年第 2 期。

39. 梁雪秋:《乌克兰危机后俄罗斯与欧盟关系走向研究》,《西伯利亚研究》2016 年第 2 期。

40. 林萃:《新时期俄欧关系》,《西伯利亚研究》2006 年第 5 期。

41. 林婕:《冷战后北约东扩与美欧关系》,博士学位论文,武汉大学,2005 年。

42. 凌胜利:《联盟管理:概念、机制与议题——兼论美国亚太联盟管理与中国的应对》,《社会科学》2018 年第 10 期。

43. 刘丰:《大国制衡行为:争论与进展》,《外交评论·外交学院学报》2010 年第 1 期。

44. 柳丰华:《普京总统第三任期俄美关系演变与第四任期双边关系走势》,《俄罗斯研究》2018 年第 2 期。

45. 路晓军:《俄欧关系:"新时代"已经来临?》,《当代世界》2001 年第 9 期。

46. 罗英杰:《俄罗斯与欧盟的经济关系》,博士学位论文,外交学院,2004年。

47. 罗志刚:《北约与俄欧关系》,《现代国际关系》2006年第2期。

48. 钮维敢:《国际格局转型中的北约运行及美国对外战略变化——从科索沃战争到乌克兰危机》,《北华大学学报》(社会科学版)2016年第3期。

49. 潘广云:《"古阿姆"集团的新发展及其影响》,《国际信息资料》2006年第9期。

50. 潘兴明:《欧俄共同近邻地区的竞争与合作探析》,《俄罗斯研究》2010年第1期。

51. 阮宗泽:《俄欧关系缘何渐行渐近》,《求是》2005年第14期。

52. 申义怀:《美俄欧三角关系新变化及其影响》,《亚非纵横》2002年第4期。

53. 史亚军:《欧盟东扩视角下的俄欧关系》,《世界经济与政治论坛》2008年第4期。

54. 宋芳:《"北约过时论"的历史演变与现实意涵》,《国际观察》2020年第3期。

55. 宋芳、洪邮生:《特朗普执政以来欧美关系新变化》,《国际论坛》2019年第5期。

56. 宋芳:《欧盟在中美之间的艰难选择——基于"蛋糕主义"视角的分析》,《国际展望》2021年第3期。

57. 孙灿、钮维敢:《冷战后美国亚太安全护持战略行为模式——以南海外交为例》,《国际安全研究》2016年第3期。

58. 谈谭、叶江:《俄罗斯与北约:脆弱但可持续的伙伴关系》,《俄罗斯研究》2010年第3期。

59. 陶坚、栾天怡:《欲正其规,必立其信——美国政府行为冲击国际秩序中信任关系》,《世界知识》2018年第16期。

60. 王成洋:《俄罗斯向西方打出"能源牌"》,《金融时报》2014年4月12日,第008版。

61. 王海滨:《特朗普执政后的俄美关系及其趋势分析》,《现代国际关系》2018年第6期。

62. 王海运:《乌克兰危机、俄罗斯战略调整与国际格局演变》,《国际石油经济》2014年第10期。

63. 王郦久:《俄欧关系新特点及发展趋势》,《和平与发展》2008年第1期。

64. 王文明:《俄欧关系的现状和展望》,《南京财经大学学报》2009年第1期。

65. 韦宗友:《制衡、追随与不介入:霸权阴影下的三种国家政策反应》,博士学位论文,复旦大学,2004年。

66. 魏光启:《欧美同盟的域外行动剖析》,《欧洲研究》2011年第6期。

67. 徐弃郁:《欧盟独立防务继续小步慢跑》,《解放军报》2008年11月11日,第005版。

68. 许文鸿:《美欧对俄金融制裁的影响及若干思考》,《俄罗斯学刊》2017年第5期。

69. 叶江:《单边主义与多边主义的相互转换——试析多边主义在布什第二任期回归的可能》,《美国研究》2004年第4期。

70. 殷翔:《后冷战时代的美欧安全机制研究》,博士学位论文,上海交通大学,2011年。

71. 袁鹏:《美国对俄战略析论——依据、目标、框架、变化》,《现代国际关系》2006年第1期。

72. 张彬彬:《"规范性力量"视角下的俄欧关系》,《南京航空航天大学学报》(社会科学版)2013年第3期。

73. 张弘:《刻赤海峡冲突与俄乌关系的困境》,《世界知识》2019年第1期。

74. 张茂明:《欧盟共同外交与安全政策:机制与问题》,《欧洲研究》1999年第 5 期。
75. 周谭豪:《法俄关系:今生难续前缘?》,《世界知识》2014 年第 19 期。
76. 左凤荣:《普京开启第四任期与俄罗斯面临的挑战》,《当代世界》2018年第 4 期。